南社旧体文学著述叙录

初　编

陈国安　著

上海古籍出版社

图书在版编目（CIP）数据

南社旧体文学著述叙录初编／陈国安著. —上海：
上海古籍出版社，2016.11
ISBN 978－7－5325－7948－8

Ⅰ.①南… Ⅱ.①陈… Ⅲ.①南社—近代文学—目录
Ⅳ.①Z88：I216.1

中国版本图书馆 CIP 数据核字（2016）第 019644 号

南社旧体文学著述叙录初编

陈国安　著

上海世纪出版股份有限公司
上　海　古　籍　出　版　社　出版

（上海瑞金二路 272 号　邮政编码 200020）
（1）网址：www.guji.com.cn
（2）E－mail：guji1@guji.com.cn
（3）易文网网址：www.ewen.co
上海世纪出版股份有限公司发行中心发行经销
浙江临安曙光印务有限公司印刷

开本 890×1240　1/32　印张 9.375　插页 2　字数 220,000
2016 年 11 月第 1 版　2016 年 11 月第 1 次印刷
印数：1—1,300
ISBN 978－7－5325－7948－8

I·2965　定价：38.00 元

如有质量问题，请与承印公司联系

序

黄　霖

南社,先是一个在反清旗号下集结起来的文人团体。在辛亥以后,人员迅速膨胀而渐趋复杂,政治色彩则越来越显得模糊,活动的时间却绵延了近半个世纪,活动的地点又广布在全国各地。在中国历史上,一个文人团体有如此之长的生存时间,如此之广的活动天地,如此之杂的组成人员,实在是不多见的。这本身就决定了对它的研究是有相当的难度。更何况,它离开我们是那么的近,那些亲属故友都拥有着这样或那样的特殊的发言权。它存在的半个世纪中,又是风云多变幻,政局常动荡,清王朝倒台之后,你倒袁我拥袁,你反蒋我护蒋,你抗日我降日,你反共我亲共,你宗唐我崇宋,你守旧文学我学新文体,走马灯似的各色人等与错综复杂的关系往往会使人眼花缭乱而感到手足无措,或干脆划一条红线,作些简单化的处理,这样就难免会自觉或不自觉地去关注一些而冷落一些,张扬一些而遮蔽一些,难以有客观、全面、深入的研究成果。这种情况同样也表现在文献资料的搜集与整理方面,即使有一些规模较大的设想,恐怕也难以跳出这种已经形成定势的框框。时至今日,一般的研究著作与论文,点来点去,就是点了那几个将。有些曾经很活跃的南社人物,恐怕早已被人们遗忘,至于他们的著作,也就在存亡之间了。因此，当前要突破南社研究的"瓶颈"，必须要真正解放思想，特别要做好一些基础文献的搜集与整理工作，让人们去全面地了解，客观地论说。如今，安子弟交出的这本《南社旧体文学著述叙录初编》就是向着这个方向所做的一次努力。

本来，研究南社，不仅仅只研究他们的文学作品，还要考察所有成员在各方面的表现，更何况有的本来就不是以文学名世的；研究他们的文学作品也不仅仅只是注意他们的"旧体文学"，南社中也有写"新小说""新诗"的；但毫无疑问，"旧体文学"是南社成员间赖以维系的重要纽带，是南社作为一个文化团体而存在的主要标志，研究他们的"旧体文学"无疑是抓住了研究南社的重中之重。现据安子弟统计，南社人员中约有近百七十人、三百种"旧体文学著述"，数量十分可观。从目前情况来看，将这些文本全部整理出版或者加以数字化，恐怕还有困难，而要研究者通观这些分散在各地图书馆中的文本，更是难上加难。因此，当前出版一本尽量完全地绍介南社"旧体文学著述"的"叙录"，给人指点路径，让人去按图索骥，就显得十分必要了。现在，我们稍翻一下这本《叙录》，有些十分陌生的南社作家，就会跳入我们的眼帘。如湘籍女诗人陈家庆，曾有《碧湘阁集》、《碧湘阁近稿》、《汉魏六朝诗研究》及与其夫徐澄宇共作的《黄山揽胜集》等。早年加入同盟会，后共入南社。工诗词，当是南社中较有成绩的女诗人。但现在除了湘籍人士还关注曾经有过这样一个难得的女诗人之外，在一些有关南社的研究著作或资料编集中，常常找不到她的名字了。再如另一位与南社有关的女诗人程蕴秀也可注目。在陈以义《先烈陈仲权先生遗著》的叙录中，提到了《南社丛选》文选卷五中有一篇《程蕴秀女士事略》，记述了女士嫁给了同里陈以义后两人有《倚云楼唱和集》。1901 年 11 月，程因产后淤血去世。垂危之际，谓夫曰：

"吾日夕入地,君将如何?"以义曰:"吾名以义(陈仲权,名以义,字仲权),何忍负义独生?"女士曰:"君误矣。……君若殉义,如一家何!苟奉倩恸妇而亡,只博一义夫之名,识者非之。时局至此,正豪杰并起亡秦之日,君不计及此,而拚一有用之身,以图一冥冥中不可必得之会合,毋乃愚乎?请君努力前途,毋殉小义。他日如为祖国殉大义,则死得有价值。九原有知,当来欢迎。否则即或地下重逢,吾亦相避不见矣。"真可谓一奇女子也。其夫陈以义有《悼亡诗十九首》,提及程氏能诗之事云:"腰瘦休文力不支,伤心惟有一灯知。旧时诗稿都焚却,不遣悲怀不作诗。"则写出了这位女诗人的另一面。而陈以义本身也有不少慷慨悲歌,值得一读,如《双十节》其三云:"中原遍是贼民官,万姓闻风胆亦寒。安得横磨十万剑,廓清宇内万人看。"而今读来,也可令人拔剑而起。可惜现在的论者,已多不大关注了。所以,当我在这本《叙录》中看到这些文字时,一下子就感觉到这本不厚的书真是很有用处,很有份量了。

本书名为"叙录",就不同于一般简略的书志或提要,既要有"叙",又要有"录"。按其通例,这本《叙录》的工作是做得相当地道的。它以书列目,先志版本,再记其人,然后"撮其指要",即简介其基本内容,或间作点评,又再选录若干序跋与作品附其后。这样,一则叙录,即交代了一书的基本面貌,可为研究南社者导夫先路。当然,由于南社人员的著作流传不久,翻印覆刻者不多,故版本问题一般并不复杂,但有时也有例外。比如,高吹万的诗集与文集当年都不止印过一次。其《吹万楼文集》见有蓝印本与墨印本两种,均题刊于民国三十年。显然,此蓝印本并非是供校勘用的初刷样本,而是民国期间流行的正式出版本,这就使人容易误认为蓝印与墨印只是同一版本的两种印制而已。可是安子弟从墨印本中发现有高吹万题跋一则,说明了此墨印本实晚于蓝色初印本2年，其间"字句及校正误笔达百数十字之多"。这不但指出了两本的差异，并从中使人知道"初印者之未必遂为善本也"。这可见安子弟的细心精微之处。再如汪兆铭的《扫叶集》，作者又另外介绍了龙榆生的手批本，增加了一些批校修订的内容，也足资参考。至于《叙录》在绍介作品的基本内容时也间有评识，往往能直指肯綮，一笔点睛。如在叙录上述陈家庆的《碧湘阁集》时，称"其诗散淡，有六朝古意"，"其词清丽，得南宋风韵"，评陈夔《虑尊词》云"作者长词短调俱工，受常州词派影响明显，或是遵从周济家法，多效梦窗、清真而不废稼轩路数"，诸如此类，均有所见。而在此本《叙录》中，"录"的比重甚大，既录作品，也录序跋。往往通过这些选"录"，表明了叙录者的审美倾向，也保存了若干有价值的材料。如曾风云一时的吕天民，其《偶得诗集》卷首有李根源的序言及作者自序各一首，都颇有价值。叙录者就不厌其烦，均全文录入。今见其自序论诗云："吾人欲获高尚优美之生活，非仅宜有物质之知识，尤贵有精神之修养"，"惟陶写性灵，自适其乐，以为精神修养之一助。若谓玩物丧志，则非可以言诗者"云云，都有见地。集中不少纪事诗确"可作近代史诗读"，"如《春怨》（甲午中日之役，吴某统兵驻辽御敌。一日执望远镜窥见积雪满山，疑是敌人营幕，惊惧失措，未战先逃，兵士自相残踏，死者甚众，遂大败。因反唐人《春怨》诗意，戏成一绝）：'莫打枝上莺，莺啼妾梦惊。雪山皆敌幕，怕梦辽西营。'《南社同人宴集畿辅先哲祠分韵得客字》：'卓荦眼千秋，昂藏躯七尺。相携湖海豪，远作幽燕客。市骏轻黄金，驱蝇全白璧。风萧易水寒，慷慨先哲祠。'"前一首写了甲午海战之一幕，可见当时之士气；后一首写了南社一次集会的情景，一些年轻的社员都豪气冲天。这些诗都有很强的历史感。于此一例，即可见叙录者确有识见，能在茫茫书海中拣得碎金付与人。

　　读罢这本《叙录》，深感此书见工夫，有价值，能为后来者客观而全面地研究南社开了一扇门，铺了一条路，肯定会得到大家的欢迎。然遗憾的是，此书仅是"初编"，尚有百馀种著述的叙录还有待于继续完成。俗话说，业可进而不可退，气可鼓而不可泄。希望安子弟能抓紧时间，排除干扰，再接再厉，一鼓作气，将剩下的全部攻下，让这部著作以全璧的姿态传之于世。

2014 年 7 月 30 日

前　言

1909 年 11 月 13 日,陈去病、柳亚子等 17 人在苏州虎丘张东阳祠诗酒雅集,南社应运而生。1922 年 6 月 11 日,高旭、胡朴安等 23 人在上海半淞园聚会后,南社走向衰落。前后十多年间,有社友千余人,"南社人很庞杂,有实业家,有教育家,有政客官僚,有武人将帅,也不都是腹笥便便、笔底生花的有学之人,有的社员只是粗通文墨"①,南社素来又有近现代最大文学团体之称,其在中国近现代文化转型中作用之巨、影响之大,少有其他文学社团能与之比肩。

随着南社研究深入,原始文献整理必然将成为研究进展之"瓶颈",即南社社友诗词曲文收集编辑和原有诗词曲文集整理校勘将为现有南社研究提供必要基础,甚或对近现代文学政治思想诸多领域研究亦会产生重要影响。自上海文艺出版社陆续刊印《柳亚子文集》(1983—1994 年)始,其后陆续出版别集已有苏曼殊、高燮、姚光、林庚白、徐蕴华、姚鹓雏、吴梅、吕碧城、陈去病等约三十家。若要将南社社友作整体研究,探讨中国近现代

---

① 孙之梅:《南社及南社研究》,《山东大学学报》,2000 年第 6 期,页13。

文化转型时这一庞杂群体心路历程,证其同质,析其异趣,如今已有之基本文献整理显然不足。同时现有南社社友其他作品集(如《南社丛刻》、《南社诗选》、《南社诗话》)整理刊行也无法满足南社研究继续深入。

然而,大规模整理刊行南社社友作品一时又无法做到,于是,十六年来(1994—2010年)千二百馀篇南社研究学术论文,四十馀种学术专著,所关涉作家相对集中在南社中十多位重要人物身上,论著涉及最多者:柳亚子、苏曼殊、陈去病、吴梅、高旭等。而社友作品集一旦整理刊行,随之便会引起研究者极大关注,继之即会集中发表有关学术论著,这已成为一种普遍现象,其最典型例子是之前不被关注者如姚鹓雏、徐蕴华、林寒碧,在《姚鹓雏文集》和《徐蕴华林寒碧诗文合集》刊行之后,三年内已有十多篇论文刊发,同时还有硕士论文作专题作家作品研究。

因此,在整理南社社友诗词曲文集的同时,面对不能快速大量刊行南社社友著述之情况,对整个南社社友作品著述做一番清查似乎更是迫在眉睫。《南社旧体文学著述叙录初编》即为此而作。本编以南社旧体文学著述(诗词曲文)为范围,以作家(南社社友)为纲目,对已有南社旧体文学著述单行本一一作叙录。所谓叙录,当详于提要,既描述版本,也叙述内容,并甄录序跋与诗词文篇,为一般研究者提供可资依据之文献。本编甄录标准为:有助于反映南社社友之间交游,有助于读出一个时代之"文学印象",有助于窥出彼一时代南社社友心灵轨迹。故纪事诗选录甚多,尤重南社社友之间唱和诗文与重要历史事件中作为"记录"之旧体文学文本。

本编叙录均为笔者目检手过之著,以馆藏相对集中的苏州、上海、北京图书馆相关藏品编成初编。基于南社社友中绝大部分作家作品未必能够刊行的现实,笔者在叙录的同时选辑出经眼著述序跋勒为一编:《南社旧体文学著述序跋综录初编》,待刊,以备研究者作史料读,作文学文本读,亦可作文艺理论文本读。

本编所叙录南社作家九十馀人,著述集百八十馀种。南社社友有旧体文学著述刊行者近百七十人,著述约三百种,详于附录所列,故此仅为初编,续编有待来日,范围也将扩大到其他地方图书馆馆藏,力求全面描述南社旧体文学著述基本情况和主要成就。本编所收均为1949年前单独刊行之文言文著述,1949年之后非公开出版单行本酌情收入。1949年后公开刊行之著述,原则上不列入。

凡　例

一、所选作者均为南社社友，以老南社期间成员为主，新南社期间成员与老南社成员有较多交游者酌情选入。

二、所选以有旧体文学（诗文词曲）集刊行者为主，或有已成稿本而未刊行者，或已于各报刊连载旧体诗文词曲虽未辑集但已成规模者。

三、南社社友其他社会学科文言著述酌情收入，以与文学相关者为标准，研治传统甲乙丙诸部学术著述者酌情选入。

四、所选旧体文学著述及若干学术著述刊行时间、稿本成书时间及所载报刊发行时间均以 1949 年 9 月 30 日为下限。1949 年之后非公开出版物酌情收入。

五、本编以作家列目，著述列于著者目下，单行本以空行区别，一集中分卷题名，则不空行。

六、本编排列以著者姓氏拼音为序。

七、本编选录诗词曲文及序跋以体现社友交游与反映时代重要历史事件为标准。重要者不避其长，不重要者虽精悍短小亦不录。

目　录

1

南社旧体文学著述叙录

陈世宜 《陈匪石先生遗稿》三册,(《声执》二卷,《旧时月色斋诗》一卷,《倦鹤近体乐府》五卷,《续集》一卷),1960 年油印本。

陈匪石(1884—1959),名世宜,号小树,又号倦鹤,江苏南京人。"匪石"乃其早年为新闻记者,从事反袁(世凯)斗争时所用笔名,取义于《诗·邶风·柏舟》"我心匪石,不可转也",以示革命意志之坚定,后遂以此为名。早年就读尊经书院,曾随张次珊学词。1901 年于南京创办新学,为幼幼学堂国文老师。1906 年赴日学习法律,随即加入同盟会。1908 年返国,任法政学堂教员。从朱祖谋研究词学,著有《宋词举》。编《七襄》刊物。

第一册:《声执》二卷,封面沈尹默题签:陈匪石先生遗稿,下署"尹默",钤白文"沈尹默印"。扉页,仍为沈尹默题签。次,陈匪石先生遗像一帧。次,总目:《声执》二卷、《旧时月色斋诗》一卷、《倦鹤近体乐府》五卷、《续集》一卷。

有序二:徐森玉,钟泰。钟泰序,较长不录。1960 年九月徐森玉(时年八十)序:"老友陈匪石先生既殁,其女公子芸悉以遗书捐献国家,且以遗金印行遗著,匪石为不死矣。匪石邃于倚声,守律至严,为近时词流所难者。所著《声执》二卷,精审缜密,为词学先导。所为词,瓣香两宋,谨饬不苟。朱彊村、况蕙风以下,殆罕其俦。诗则前所未知,顷始获读,亦斐然无愧作手,洵贤者无所不能也。匪石女公子芸来索序言,余于匪石之学所知良浅,殊未敢承,重违其诚意,爰勉书数语以归之。"

斯册《声执》,又有潘伯鹰题署:声执。书前有自叙,书后有夏敬观、汪东、向迪琮读后赞语。

第二册:《旧时月色斋诗》一卷,前有钟泰(钟钟山)题签:旧时月色斋诗。各体诗作共计96题190首。交游诗有《吴江陈巢南为其先德乞诗》、《赠刘辑之》、《赠王后知》、《赠孙少江》、《陈二仲恂以诗见怀,述近状报之》、《和履川次韵》、《题履川十一世诗集》、《答狄君武》、《重晤姚若一霍松林》等。

哀挽之作,则有《挽邵翼如》、《挽胡翔冬》、《哭蔡正华》等,其《挽邵次公》诗前小序云:"丁丑十二月四日,次公病殁大梁。越两月,始闻其审。次公年甫五十,劬学不倦,中道而逝,良可悲也。"诗共三首,其二云:"泰誓冤词辨,齐诗坠绪探。文章曹子建,书势褚河南。短梦成今古,劳生问苦甘。青灯曾对坐,余味尚醰醰。"《大壮自沉梅村桥下,为挽章苦不就,越半载,既叙其乐章,复得四十字,不足写心悲也》诗则云:"笙磬原虚器,苕岑有宿缘。补天成一梦,鈇玉故难全。涛涌胥江上,梅孤研意前。楼台残烛在,忍泪理尘笺。"

时事诗,有《日寇请降,河山再造,归期近矣,率成二章》,其一云:"受降坛启九秋初,虎踞龙蟠复旧居。喜见弯弓真弹日,漫嗟插架久无书。三冬足用瓢儿菜,一饭难忘石首鱼。出峡少陵期纵酒,多应吾亦爱吾庐。"

第三册:《倦鹤近体乐府》五卷,《续集》一卷,前有向迪琮题签:倦鹤近体乐府。次,向迪琮、柳肇嘉题词《台城路》各一首。

2

向词有云："石帚仙才，兰成赋笔，谁识雄文高世？"

卷一，录词 19 首，分别辑自《市箫集》、《娵隅集》、《芦中集》。其有关交游者，有《水调歌头·癸丑春自海外归，檗子赋词相劳，次韵酬之，越十馀年，乃克改定，檗子已不及见矣》、《淡黄柳·寒食和白石并送剑华》、《瑞龙吟·乙卯秋初陪彊邨翁游沪西园林，和清真同檗子作》、《甘州·丙辰春禊，是日余初度》、《水龙吟·挽檗子》。

卷二，录《渐筑集》词 51 首，其《惜红衣·永定门秋望》云："过眼云孤，寻秋地窄，凤城今夕。岸苇无情，盈颠为谁白？荒坛废宇，斜照外，神鸦颜色犹昔。灯火几家，矗高楼西北。　尘香九陌，如梦笙歌，春深旧京国。兰台再试，赋笔惘然忆。谱入水风残调，一片鼓笳声急。算燕鸿来去，乔木百年能识。"盖寓居北京时所作也。

卷三，录《桓笛集》词 46 首，有《内家娇·怀次公大梁》、《木兰花慢·彊邨翁下世一年矣，追念成赋》、《换巢鸾凤·送疢斋翁之广州》、《碧牡丹·赠半樱》。

卷四，录《麻鞋集》词 65 首，有《水龙吟·吴瞿安挽词》："酒边恻恻吞声，瘴云万叠薶忧地。低垂白首，浮湘梦断，沼吴残泪。不见江南，杏花春雨，先生归只。但相期早日，中原北定，丁宁嘱、蒸尝事。　金马碧鸡遥指。玉龙哀，斜阳红里。平生仿佛，评量月露，咀含宫徵。惨绿年华，冷红亭馆，昔游馀几。郁人间百感，高歌风动，又当前是。"盖作于民国三十三年也。此年双十节，作《蓦山溪·双十闻捷》，有"好风吹送，帆影随湘转。千里指江陵，浪花中、峡云初展"之句，大有太白"千里江陵一日还"气势。又有《凄凉犯·离乱以来，旧时吟侣次公、沤梦、盦龛、晦翁、太狷、霜厓、半樱先后物化，与大壮话旧及之，怆然不怡，和白石并寄述庵、戣素》。

卷五,录《松径集》21首。其中有《减字木兰花·叶楚伧挽词》:"剪淞有梦,三十年前笺管共。晦雨鸣鸡,记得杯干烛跋时。 东风似虎,劫后春光怀故土。小住星轺,不分骑箕上碧霄。"

卷后有作者跋语云:"学词四十年,癸酉、丁丑,两写清本。甲申旅渝,复厘为五卷,皆未移时,辄多改削。盖词之为事,条理密,消息微,惬心綦难也。尝谓即卑无高论,亦须妥溜中律,意境气格,不涉鄙倍卑浅,斯未能信,曷敢示人。毛德孙、李敦勤、霍松林、唐治乾诸君,坚乞录副,履川老友,力予怂恿,日暮途远,姑徇其意,益以近作,过而存之,一息尚存,仍待商榷,若曰定稿,则非所承矣。一九四八年十一月,自记于南冈赁庑,时年六十五。"

次,受业李敦勤跋语:"著者陈匪石先生,为中央大学教授,生于民国纪元前二十八年,民十一至十六年间,授词北京,著《宋词举》一书,治词者传录为研究资料。三十五年冬,始得先生许可,付正中书局印行。此为其四十年来所作,敦勤等就手稿迻录,自视欿然,尚未许付梓也。先生学于张仲炘,远承张惠言、周济之绪论,近被王鹏运、郑文焯、朱孝臧之熏陶,心所向往,欲以南宋之面、北宋之骨,融合为一,兼采柳永、贺铸、苏轼、秦观、姜夔、吴文英、王沂孙之长,而折衷于周邦彦,论者许为正宗云。"

末为《倦鹤近体乐府续集》,计词47首。有《倦寻芳·题孙正刚岁寒词隐图》、《清平乐·题冒鹤亭水绘庵填词图》、《疏影·题缪子彬校书图并以为寿子彬,艺风先生子》、《踏莎行·题螺川诗屋雅集图》。书末为一九六〇年三月作者女儿陈芸女士跋:"解放前,先君任教于重庆私立南林学院,后南林停办,于一九五一年东归来沪,就养于芸,政府聘先君为上海文物管理委员会通信编纂，……去年三月，卒以不起，……念先君毕生致力文学，不敢使之湮没，爰检手稿三种，曰《声执》二卷、曰《旧时月色斋诗》一卷、曰《倦鹤近体乐府》六卷……先君别有《宋词举》一书，久行于世，更不重刊，附志于此。"

蔡守 《寒琼遗稿》，一册，不分卷，民国三十二年（1943）铅印本。

蔡守（1879—1941），原名珣，字奇璧，一字哲夫，号成城，别号寒琼，别署思琅、离骚子、检泪词人。广东顺德龙江坦田人。1912年与宁调元、谢英伯等组建南社广州分社——粤社。1924年入南社湘集。1938年后定居南京，居鼓楼二条巷，自比杜茶村，故晚年自署曰"茶丘残客"。

封面题签：寒琼遗稿，月色署。钤印：月色便金。扉页题签：癸未仲秋，寒琼遗稿，谈月色书。钤印：月色溶写便金。谈月色，其夫人也。次，蔡守肖像。次，谈月色所作《蔡守碑记》。

次，陈啸湖《蔡寒琼诗词序》，云："江淮河海皆水也，西涧南溪亦水也，乃至于砚滴檐溜，沟浍之行潦，积洼之沮洳，安得谓之非水哉？泰岱嵩华皆山也，鸡笼覆舟亦山也，乃至于丘垤拳石，园池之堆秀，縑素之点皴，安得谓之非山哉？窃谓文流所称诗与词，以彼物比此物，其为深浅巨细之差别也，亦若是乎而已矣。夫诗者，文字之精华，而词又诗之精华也。圆颅方趾，分山川灵气八斗一石之一粒，用之不见诸事功，而有益于人，有益于世；舍之不自洁其身，入深山而归密林，非仙非俗，不隐不官，惟语言之业是修。吾友蔡寒琼殆亦堕入其中之一人。寒琼殁将三稔，其耦谈女士集其所为诗词，以余知寒琼，殷勤属余为之序。余维《陆鲁望集》有云：'闻淫畋渔者，谓之暴天物。天物既不可暴，又可抉摘刻削，露其情状乎？使自萌卵至于槁死，不得隐伏，天能不致罚耶？长吉夭，东野穷，玉溪生官不挂朝籍而死，正坐是哉！正坐是哉！'寒琼呕出心血，幸存四百余首，六十余阕。其为广大不测，是否能生草木、居禽兽、兴宝藏、蓄蛟龙、殖货财，他日上之梨枣、垂之名山，后世读者自能辨其酸咸，奚用啬夫喋喋为？而于天物，盖未尝不刻削露其形状，使其不得隐伏，可断言矣。寒琼神交遍宇内，宇内谈艺之流罔不闻声相思，裁笺赠答，但未见有月旦其文字者。余既三复斯集，胝沫不尽。语其幽，则古瓦生苔，玉殿飞鼠；语其声，则水芹努芽，山芷争春；语其逸，则云生洞壑，乌门庭花；语其放，则海若教战，玳瑁乘潮；语其闲，则山魈听松，夜僧敲月；语其邃，则丛筱大橡，可休可吟；语其寂，则闲坐瓦馆，兵避白苎；语其狂，则鲁酒一杯，卢茶七碗；语其恨，则老夫不出，满径蓬蒿；语其奇，则蝌蚪盈案，龙生九子；语其穷，则秋至昭关，赵国多寒；语其淡，则露脚斜飞，吴质倚桂。'自有仙才自不知，上清沦谪得归迟'，此玉溪句也；'客路迢迢信难越，寒江浪起千堆雪'，此东野句也；'正是青春日将暮，桃花乱落如红雨'、'衰兰送客咸阳道，天若有情天亦老'，此长吉句也。嗟乎寒琼，奚奴背古锦，金濑废曹务，楚客怨江离。吾欲手君大作，望古而叩三贤。有以异乎？无以异乎？魂兮归来！试听卅载故人，濡秃豪，状君咳唾，果许其能似万一否也？滇南陈啸湖书于小仓山畔邻袁野屋之景袁堂。"

次，黄宾虹叙文一篇，云："忆自乙酉，余恫时艰，将之皖江，道经沪渎。时黄晦闻、邓秋枚两君刊辑《国学丛书》，蔡君哲夫共襄其事，因缔交焉。蔡君研究古籀文字，诗学宋人，书画篆刻，靡不涉猎。海内知名之士，文翰往还，几无虚日。又尝奔走吴越，拟游泰岱，适战事作，遂还粤中居十余年。以余笃好三代文字，时为得古印谱寄余。后以访友重来，旋寓金陵，偕其配月色夫人文艺自乐，倡和尤多。然坎坷无所遇，处境益贫，而诗日益进。性独嗜茶，自比于杜茶村，而卒郁郁以老。嗟夫！茶村挟济世才，丁时数奇，忧患流离，羁栖转徙。其所为诗，读者谓为天宝之杜甫、义熙之陶潜，前后不同。以蔡君之才之遇，方之茶村，古今一辙，当无不同。遗编仅存，世乱未已，晦闻先没，秋枚老病，哀成斯集，将付梓人，倘令黄、邓两君见之，感慨何如也？壬午初冬，歙黄宾虹叙。"

次，湛斐识一则。次，谈月色识一则。

诗，录288题322首。有《送抱香之南洋》、《送潘兰史入都》、《答刘三陆灵素伉俪寄怀原韵》、《留别杨匏香》、《送邓尔雅返里》、《挽潘蕙畴》、《寿蔡蔚挺六十》、《寄马竹厂》等诗。《问曼殊病》诗云："从痴有爱病菩萨，调伏众生可除病。病原无病药无药，早悟真如灵觉性。"《为刘三画黄叶楼图》诗云："此是刘三读书处，危楼一角秋无垠。天涯有个悲愁客，也是江南黄叶村。"《七月四夕和天梅韵》诗云："氍氀年时洴澼世，推排何处著狂生。海红复帐三星烂，雨屋深灯六玉明。才信黄金作人语，微闻瑶草要龙耕。楚庭花事休重问，记取销魂第一声。"《画梅和胡汉民叶楚伧赠诗原韵》："写枝初学宾虹师，换得公卿几首诗。易画无轩偿印债，赌茶俊物署壶痴。者梅花作如是相，满肚皮都不合时。冠盖京华能念旧，可容铍佩与君期。"

词，录62阕。有《西湖月·用黄蓬瓮原韵》、《忆江南双调·题白丁画兰》、《浣溪沙·和屯艮》、《金缕曲·九日同南社诸子谒孝陵》等阕。《甘州令·用柳屯田韵寄蕴瑜》云："断云飞，乱水急，心儿俱野春去也。绿成红谢。想人人，背银烛，泪珠偷洒。欲邮楮，恐殷羡，却不筶，恋书无价。　目成镜，槛魂消，吟榭问游媭，怎轻抛舍。定情帏，合欢几，可怜良夜。仗瓶花，伴孤寂，又愁杀，影欹香冶。"《风入松·罗三以赠陈大词见示和原韵答之》云："君从岛市数名流。盛说陈侯侬。今□乞米知胡贾,金银气、幻作蜃楼。空间繁华顷刻,谁能姓氏千秋。 著狂无处送琼州。盼载归休。兵书一篋都焚了,逃秦卧、不起安刘。自有空山绝业,人间富贵云浮。"

后补诗二首:《萤帐行》、《与缤郁兰味作胡旋舞》。

《苏州游草》共录各体诗 16 首,乃在苏州游玩所作。有《丁丑二月廿二日,与胡眉仙、靳仲云、张秋柳、郑晨礼、关颖人、陈啸湖、王惕山入小王山访曲石》,云:"去岁我来君临病,今朝君问我何颓。登堂拜母佗城会,谒墓同人寒食来。欲耸石林频伐土,约居松海为栽梅。遍山题刻多师友,好待山妻着麝煤。"

《寒琼劫稿》录各体诗 60 题 79 首。有《赠橘叟》、《腊八怀邹静存》、《三月六日送月色去南京》等诗。

后有陈道量跋语一则,云:"顺德蔡寒翁下世之三年,其耦谈月色女士编次翁之诗词,醵资而刊行之。先是,丁丑明年,余来白下,寒翁、月色亦自当涂辟兵归,互闻声而未识,而余招饮于秦淮酒肆,始定交。翁所居在茶丘左近,慕杜茶村之为人,曾举茶寿之会,寄冷趣于高复之界以自娱。性不善饮,嗜茶,榜曰'茶恩茶喜茶四妙之亭'。己卯九日,冶城登高,会者甚盛。时翁已病,犹策杖来会。思之旦暮间事耳。今墓草已宿,遗集幸未湮没,凡翁所造,余往年皆见之。类以古拙真率见胜,如吉金贞珉,古色斑斓,光气照人眉宇,识者自能辨之。夫以翁之朴学媚古,终身蹇滞,抱残而殉,岂所谓命耶? 重展此集,为之太息久之。是为跋。中华民国三十二年癸未夏日,镇海陈道量。"

蔡钺 《先考季谟府君事略》,民国二十年(1931)武进蔡氏铅印本。

蔡钺,字有虔,号焦桐。江苏武进人。《事略》附在蔡钺父季谟遗著《咏晖祠堂遗稿》卷首。

《咏晖祠堂遗稿》,蔡承己撰,卷首有无锡侯鸿鉴、门生钱方度序各一,卷尾有蔡钺跋。蔡承己(1840—1896),字君贻,更字季谟,以字行。蔡钺父也。

蔡钺跋云:"先君子虽隐于商,而性好吟咏,生平所为诗,计共十余厚册,不下二千首,第不自收拾,每廛杂商店簿籍中,任市掾携取传观,无所爱惜。其后,商店几经转徙,诗稿乃散失泰半。光绪丙申,先君子弃养,余急往店中求之,则仅存两册矣。既而余赴天津,课钱氏昆季轶裴、骏骖读,得与其伯兄骏华交。骏华年少负才名,时方致力于诗古文辞,声誉播南北,余亟出先君子遗稿乞为校订。因选存古近体诗一百八十七首,诗余二十六首,今所付刊者,即骏华当日所鉴定者也。嗟乎!自先君子弃养,而骏华曾不数年亦相继以逝。时日奄忽,迄今已阅一世矣。人生朝露,世变沧桑。既深风树之悲,更切人琴之感。刊竟是稿,余将何以为情耶!爰附数语,以志余痛。民国二十年岁次辛未春仲,不孝子钺谨跋。"

陈范 《蜕翁诗词刊存》,一册,民国三年(1914)铅印本;《蜕翁诗词文续存》,一册,民国四年(1915)铅印本。

陈范(1860—1913),原名彝范,字叔柔、叔畴,号梦坡、瑶天、蜕翁、蜕庵等,祖籍湖南衡山,生于江苏阳湖(今属江苏常州)。清光绪十五年(1889)中乙科(举人),嗣任江西铅山知县。光绪二十年(1894)以教案被劾罢官,退居上海。光绪二十六年(1900)购得上海《苏报》产权,遂锐意经营报业。"苏报案"后,被列入逮捕名单,脱险后东逃日本,与孙中山、陈少白等革命党人结识后,往来于东京、横滨、香港。光绪三十一年(1905)春返国,在上海被捕入狱,翌年获释。武昌起义后,先后主持京沪《太平洋报》、《民主报》笔政。遗稿有《映雪轩初稿》、《烟波吟舫诗存》、《卷帘集》、《庚申集》、《蜕僧余稿》、《东归行卷》等,由其妹夫汪文溥编为《陈蜕庵先生文集》、《蜕翁诗词刊存》、《蜕翁诗词文续存》三种。

《蜕翁诗词刊存》,汪兰皋题签。史采厓和汪兰皋重新整理,柳亚子、姚石子、高天梅、高吹万等南社社友出资助刊,以汪兰皋主编《中华实业丛报》名义出版。为非卖品。由《映雪轩初稿》、《烟波吟舫诗存》、《寄舫偶存》、《闲情香草诗》、《息庵诗》、《夜梵集》、《蜕僧馀稿》组成。

《蜕翁诗词文续存》,整理刊刻同《蜕翁诗词刊存》,由《卷帘集》、《残宵梵诵》组成。

录其诗如次,《有感》:“我闻西海之西有瑶岛,穆王一死千年杳。汉家虽遣青鸟来,宛马不闻求水草。东封只尽成仙陲,遣使误报天鸡晓。岁星便识东王公,蓝桥已渡许丁卯。可怜阿母守空宫,蟠桃落尽红颜老。岂无桃叶与桃根,采江击楫春光早。昨夜芳菲待再来,再来已叹含枝少。三回再转琴心繁,余音枉自花间绕。持问如来笑不言,明镜菩提待洒扫。现前如是况后先,百年只是一分秒。分秒本非暂,百年亦非遥。——自贯注,不间毫与毛。我所居子禹九州,我所与分尧之俦。何论山海隔陬澨,一通神气谁能留。”古风跌宕起伏,有风云气。《述梦》:“有梦都为累,无情未是空。佛言因一念,我欲证双通。自古都言幻,斯人未发蒙。残灯亦如病,相对怯秋风。”《自叹》:“久欲离尘去,身心大网罗。支公称遁误,谢傅得安多。过去都非我,当前尽梦婆。山花随处放,可叹又如何。”《读南史有感》:“南朝俊物数桓刘,三史余灵乞李欧。处仲可儿何足道,茂宏仲父亦堪羞。山河空置新亭展,风月常存北固楼。莫说汉唐足先后,英雄只此许风流。"律诗学杜,颇多感慨。

陈家庆 《碧湘阁集》,一册,不分卷,民国二十二年(**1933**)铅印本;《碧湘阁近稿》,一册,不分卷,民国安徽大学石印本。

陈家庆(1904—1969),女。湖南宁乡人。字秀元、秀园、绣原,别署丽湘,室名丽湘阁、碧湘阁、芸鞭草堂。家鼎、家鼐其兄,家英、家杰其姊,其夫徐英(徐澄宇)。早年参加同盟会,后来与夫同入南社,也是南社湘集社友。工诗词,有《黄山揽胜集》、《汉魏六朝诗研究》等。先后于安徽大学、重庆大学、南京政治大学教授词学。解放后与夫同执教于武汉大学,"文革"期间被迫害去世。

《碧湘阁集》,线装,半页 11 行,行 36 字。无序跋。扉页为癸酉年霜厓题写书名,后为作者近照及其夫徐澄宇手书《校碧湘稿毕即系一绝》题诗,再为林损、黄侃、高步瀛、徐澄宇、陈家英、吴梅等人题词。

是书分诗、词、文三部分。诗共 93 题,238 首。词 122 首。文 14 篇。

其诗散淡,有六朝古意。《丁卯三月,与澄宇结褵颐和园,澄宇即席有作,因和其韵》:"小谪人寰意万端,赤绳珍重系飞鸾。为怜此日逢萧史,翻意前身住广寒。三月春华长在手,百年心事笑凭栏。璇闺自有琴书乐,留取新诗次第看。"《闻雁哭先伯兄汗园》:"西楼一夜暮寒催,漠漠龙沙雁字回。汾水北来声断续,湘江南去影低徊。城中聊共疏砧语,月下偏随画角哀。最是天涯伤折翼,愁怀万种郁难开。"《己巳毕业国立北平大学留别师友》:"着鞭敢让祖生先,珍重临歧倍惘然。风雨一堂劳别梦,弦歌三载乐华年。素心人海悲离合,明月天涯证缺圆。莫负师门嘘拂意,名山绝业我能传。"《校勘先伯兄汗园代议遗诗集梅村句哭之》:"极目风尘哭杜鹃,平生兄弟剧流连。文章座上惊黄绢,把卷无人意惘然。""黄花秋水五湖船,爱把青樽掷万钱。最是风流挥玉麈,一官诗酒乱离年。""放怀天地总浮鸥,故国伤心恐泪流。修禊只今添俯仰,鹳鸰原上使人愁。"

其词清丽,得南宋风韵。《夜合花》(乙巳二十三岁初度寄清畹诸姊):"粉蝶沾衣,燕泥落几,闲来细步兰房。花语缤纷,熏风吹送微香。惊逝水,惜流光。叹客中、易误年芳。暗寻思处,珠楼话月,玉砌追凉。　　十年一梦他乡,只麻姑东海,几见沧桑。登临万感,江流曲似回肠。歌婉转,调凄凉。看九天,飞堕琼章。故人天末,凭谁寄语,云水相望。"《石州慢》(希明姊东游,眷怀祖国,触绪兴悲。既返旧京,来书道念,作此寄之):"海上行歌,蓬岛赋诗,褰裳高举。羡他破浪乘风,不负频年羁旅。山川信美,只恐异国飘零,仲宣郁郁终怀土。袖底有乾坤,又飘然归去。　　延伫,燕云万里,目断锦鳞,渺渺云树。多少闲情,欲说又还无语。风云大陆,梦里起舞闻鸡,抚时我亦愁如许。何日便同游,诉满怀离绪。"《如此江山》(辽吉失陷和澄宇):"西风容易惊秋老,愁怀那堪如许。胡马嘶风,岛夷入犯,断送关河无数。辽阳片土。正豕突蛇奔,哀音难诉。月黑天高,夜阑应有鬼私语。　　中宵但闻歌舞,叹隔江自昔,尽多商女。帐下美人,刀头壮士,别有幽情欢绪。英雄甚处。看塞北烽烟,江南筚鼓。不信终军,请缨空有路。"

《碧湘阁近稿》,洋纸,包背装。民国安徽大学石印本。88页,半页12行,行32字。

是集无序跋,分两部分,一为《黄山纪游词》,收词21阕;一为诗集,共28题,诗38首。此集所收诗词,皆《碧湘阁集》所未收者,可知此本印于后。

《木兰花慢》(长姐定元函招赴沪,澄宇独留山中逭暑。登车小别,不胜怅惘,填此示之,并辞山灵):"翠微招隐处,记携酒,访山灵。正听雨灯前,餐霞物外,渐隔红尘。同珍清游岁月,只相期,不负百年身。留取吟怀依旧,他年来伴松筠。 芳辰吟袖暂相分,欲语意难伸。叹小别无端,愁凝远黛,梦逐飚轮。微鼙猿惊鹤怨,问何时,重作避秦人。待写银钩小字,尺书遥倩江鳞。"《望江南》(澄宇得青龙潭一石,名曰铁骨桃花砚,词以志之):"桃花砚,秋水正盈盈。曾伴高人吟晚翠,空山明月写幽情。片石拟连城""桃花砚,铁骨杂琼英。腕底烟云惊纸贵,夜窗风雨作龙吟。掷地有金声。"

《秋节南楼雅集和李范之先生韵》:"胜日多佳咏,生花笔梦江。举杯月有偶,惊座句无双。云外飘向粟,墙阴守骏龙。晚来负手立,隔水听钟撞。"《重九社集分韵得吹字》:"海国逢重九,西风竟日吹。花开微雨夜,酒醒薄寒时。觅句多佳客,扶轮有大师。六街灯火盛,归去未嫌迟。"《与澄宇及安徽大学同事诸君访石钟山》:"宵深过彭蠡,来访石钟山。两岸青峰远,一江春水环。清音拟仙乐,胜境在人间。却忆东坡老,明月自往还。"《京沪车中寄怀澄宇》:"尘海栖迟久,年年课子情。山河伤历劫,人月共双清。小别千忧集,浮生百感横。思君频怅望,便欲计归程。"《第四次海上社集集龚定盦句》:"江左吟坛百倍狂,连宵灯火宴秋堂。东南不可无斯乐,郁怒清深两坛场。"

陈夔 《虑尊词》,一册,不分卷,民国间铅印本。

陈夔,原名陈蜕,字子韶,号伯弢,浙江诸暨店口人,诸生。一门兄弟六人皆南社中人。为学冥心希古,诗文洁净精微。辑有《宋元词类钞》,录词五六百阕,校字多寡之数,声之平仄之差，于词律词格之误，一一加以纠正。马一浮先生谓其词胜于诗，遂专心致力于词，生前未梓集，传世《虑尊词》，为其门人刊录。

封面题签竖排"虑尊词"，下有小字"附然脂词"。扉页题签"虑尊词，湛翁题"，下钤朱文"毕竟空舍"。

次自序一则，云："己卯春季，先叔父归自武林，赐便面一帧，上书李太白《忆秦娥》词，时尚未能句读，请于叔父，授以读法，三复熟之。私念安所得类此者，使吾朝夕讽诵之乎？弱冠，应秋试，得朱氏《词综》、万氏《词律》，忘寝食披览，愈入愈歧，然固乐此不为疲也。戊申，游吴门，时族兄梦蝶方与吴中耆旧讲求声律，始得见汲古诸刻。鼎革后，获交会稽马一浮先生，曾以所业就正，谓词胜于诗，始专致力于词，故编词自壬子始。先生年少于余，而学行纯备，则固心中悦服，钻仰弥穷者也。惟规模远大，方将刊落声华，顾安肯以文艺授人，而不佞独学无友，实奉其言以为正鹄，独恨不雕之质，于所指示，犹有欲从莫由之叹也。及门诸子，阿私所好，谓即此已足以问世。自顾衰白，终必碌碌无所表见，姑殉其意以饷同学，而自述其嗜好之偏有如此者，至好之笃而不能入之深，则实境遇之累，而材力复限之也。壬戌春日陈夔自叙。"

正文："虑尊词，诸暨陈夔子韶"。词作编年，自壬子至辛酉岁暮，计78题85阕。

交游词有《国香慢·郑平甫绘秋兰见赠赋此答之》、《石湖仙·题柳亚子分湖旧隐图》、《疏影·夏丏尊以小某花屋图索题，且谓系念故乡，容当重绘灯机老屋图，故并及之》、《石州慢·题李息霜前尘影事卷子》等。《踏莎行·题钱斐仲〈雨华盦词〉》云："漱玉清词，然脂妙句。家传书画俱千古。封胡羯末尽多才，芳心独解吟风絮。　　记燕窥帘，恨鹃催去。梦魂怕入西堂路。遗编零乱女儿箱,芝芙肠断修箫谱。"

作者长调小令俱工,受常州词派影响明显,或是遵从周济家法,多效梦窗、清真而不废稼轩路数。其《兰陵王·岁暮归舟遇雨,用清真韵》云:"暮帆直。凉月一痕瘦碧。空江畔,荒苇败芦,摵摵萧萧弄寒色。闲沤寄水国。应识尘劳过客。孤衾冷,愁梦未成,夜雨江声听千尺。　狂游浪踪迹。几颖脱囊中,筹借前席。随阳旅雁同谋食。凭万里鱼浪,一枝梅信,欲将珠泪寄远驿。奈迢递南北。心恻。乱愁积。待划尽愁根,难破岑寂。予怀渺渺情何极。叹枉自焚砚,更谁邀笛。欹枕无寐,听剩雨,共泪滴。"再录其《金缕曲》:"送客江头路。忒迷离,轻遮望眼,迷离烟树。最是无情江上水,惯载离人别去。怕不道,天涯从此。今夜孤舟溪桥泊,倚篷窗,解得相思否?风月岸,酒醒处。　穷途我已伤迟暮。算年来,随阳旅雁,稻粱谋苦。漫说元龙湖海气,曾向邯郸学步。又只恐,蛾眉人妒。涌起琼台棋局悔,才华却被儒冠误。君去也,更谁语。"

次,《然脂词》,计23阕,不编年。盖专为伶人所作,最夥者为冯春航,凡九阕,有《苏幕遮·观春航演血泪碑感赋》、《青玉案·观春航演自由血感赋》、《西子妆·赠春航,忆壬寅秋过沪上,观演阴阳河,体贴入微。予时方悼亡,为之涕下,距今盖十四年矣》、《点绛唇·别春航》、《水龙吟·寿春航二十七初度》等。其他伶人则有孙菊仙、王克琴、露兰春、小金铃、小月红、陆菊芬等。最后一词之末,附有作者识语云:"余有所作辄就正马一浮先生,直谅多闻,获益良多,而奖借之意尤盛。壬子秋季,此词脱稿,颇自满志,顾先生怫然不喜,以换头以下,词意近亵也。自兹以往,即或托体闺襜,亦不敢流入狎昵,惧为识者所呵也。故既删而复存之,以志吾过,且告后人。"盖此卷原本皆《虑尊词》所删也,由词涉伶人,故多有艳语俗辞,从而删去之也。录其一首以窥豹,《昭君怨·张少泉》云:"场上管弦清脆,场外月华如水。袍笏乍登场,韵悠扬。嫁个上头夫婿,双宿水云深处。暖玉种蓝田,已生烟。"然卷末《台城路》一阕无赠人之词序,风格亦工雅,与全卷不同,可视作陈氏于风月中之自识。其词云:"霜钟惊荡诗魂堕,西风又吹头白。瘦菊啼黄,疏苔惨绿,深锁一庭秋色。羁愁似织,只老去情怀,最难将息。欲寄相思玉铛,何计倩鳞翼。红墙知隔几尺,楼阴空怅望,眉黛凝碧。约后蔷薇,香销豆蔻,反悔年时相识。屏山路窄,待强遣灵犀,远寻芗泽。梦未分明,砌蛩声正急。"

末,跋文一则,云:"右陈先生所为词凡百阕,宗敞等请业之余,后先录存者也。先生之为学,冥心希古,遗弃一切,当其发愤,实有忘食忘忧之意,以故年来骎骎入穷乡而处之晏如,不废铅椠,尝语人曰:'昔人谓一命为文人,便无足观。若予则欲为文人而不得耳。'盖有慨夫识时之彦误人家国而不恤而有托而逃焉者也。其所述作,皆不敢自信,以此仅仅百阕,实为性情之所寄。宗敞等固请刊行,亦遂许可。呜呼!时会之变,国粹日即于沦亡,则此一编者,亦犹鲁诸生之弦诵不辍而已。壬戌春,受业弟子陈锡桢、何宗敞等八人敬跋。"

陈绵祥、陈绵乾辑　《吴江陈氏褒扬后录》,一册,民国铅印本。

陈绵祥(1900—1985),字亨利,一字馨丽,号希慮(同伏),江苏吴江人,南社女诗人。陈去病长女,受其父及柳亚子、徐自华、徐小淑影响,爱好诗词,工蝇头小楷,自号秋梦斋主。

封面为陈绵祥题签。

谨按:《褒扬后录》所收,皆南社同人诗、文、对联及书牍。卷首有南社上杭包一骐题词,卷尾有陈绵祥跋。盖民国二十年,内政部《褒扬法》通过。陈去病为其先德建坊表,而以《褒扬录》持请题词。钟祥彭养光《陈去病先生先德坊表落成题辞》小序云:"民国二十年辛未,养光侧身立法院。春三月,政府以内政部《褒扬法》交议。同列中有以民国不宜尚此虚典者,养光叹曰:'为善者不必褒,胡以劝善? 自非圣人,孰有不待国家之奖而权、怒而威者乎?'于是《褒扬法》卒经院议可决焉。不数日,吴江陈去病君为其先德建坊表,而以《褒扬录》持请题辞。读之,乃知去病君,明德之后也,宜乎其身县,其德成,其学粹。为先人请文以志其坊表,盖仁人孝子之用心也。我先大总统孙公之褒扬其先,乃仁政之大者也。两美并呈于叔季之世,于政教人心风俗之补益,至深且巨,故乐而为之辞。辞云:'为善必昌,天道之常。陈氏屡代,德潜而光。宜乎厥后,闻达家邦。国典煌煌,迭沛累彰。坊表千古,于江之阳。系出有虞,源远流长。代有达人,亦孔之将。敬仲八世,已大于姜。卜今以昔,必金必张。光远有耀,祚永无疆。'"

陈绵祥跋云:"家大人既营坊表于竺坞之原,即思詹吉落成,以隆大典。适五月九日,为先王父百龄冥诞,而祖母下世,亦周卅载。于是撰启征文,治觞邀客,作为盛大之纪年。而四方贤豪长者,与里之父老昆弟,亦莫不牵羊载酒,赋诗作颂,来相庆贺。一时聚星堂上,大启宾筵;百尺楼边,争投车辖。非(谨按:辖、非二字原颠倒,今已是正)献缟而赠苧,即挂剑以倾觞。说者谓国家礼数之隆,与晚近嘉宾之会,讵有逾乎吾家者矣。何况丧乱之余,名教沦胥,节义扫地。得此一举,而后天下咸知敦伦饬纪,化俗型方,固兴朝所不废也。行见风声所播,懦立顽廉,由一乡以及无垠,如春风之起苹末,而膏泽乃遍乎原野,岂不休哉。礼既成,祥乃集诸馈赠,与妹绵乾写而刊布之,以志勿谖,亦冀来者,有所矜式焉。七月一日绵祥谨记。"

陈啸湖 《车茵集》一册,一卷,民国铅印本。

陈啸湖(1880—1953),云南宣威人。原名陈祖基,字啸湖,一作少胡,以字行。1913年至1924年历任众议院议员。

国图所藏本封面题签阙失。扉页题签"车茵集,章炳麟题",下钤朱文"太炎"。次,柳诒徵题签"车茵集,丙子春二月"。

有序三:乙亥嘉平月南海关赓麟序,二十四年古重阳后五日邹慎斋序,乙亥秋陈啸湖自序。

正文:款署"宣威陈啸湖初稿"。计76题80首诗。以诗记游,间有风物考证,如《五月三日晨由吉安进发,午后三时,抵永丰。明日雨后观凤髻遗花,至恩江桥纳凉古樟下》诗后,附有《凤髻遗花考》:"《永丰县志》,旧传隆佑太后暨太子避难邑西张王庙。须臾,门结蛛丝,飞尘万叠,追兵至,以为无人,遂不入。太后获免,抽簪插地,遽产珍花。谢倬与汤阜赋诗。倬云:'盛暑敷阴,隆寒不减。深秋缀蕊,入夏始芳,花色似栗而加黄,花气似栀而尤烈。实等蕃厘琼树,海内更无双云。'"又,《龙眼小于荔枝又名荔奴》:"炎云罥翠枝,小实已离离。皮里黄龙绢,香浮白蜜脾。星丸攒绿影,霞片湿红肌。似有勾留意,待他透熟时。"其《扁舟淮上宿营》五律一首,颇为清新轻快:"西棹清淮水,泊舟夜宿营。星明微月色,风动小潮声。矬屋低头入,短衣坐地更。藉波眠不惯,起坐略谈兵。"倒数第二首为《夜泊镇江》:"夜色金焦手可摩,晨游重复认崇阿。骚人数过烟波韵,佛子频惊组练多。犹是江流资守御,如何天堑剩吟哦。伤心忍讳六州错,铁瓮城低北固嵯。"

陈栩(天虚我生) 《栩园丛稿》,一函,十册,民国间家庭工业社铅印本;《湖楼集》,一册,民国二十二年

（1933）铅印本；《珞珈游记》，民国间朱格钞本，《游记丛钞》第16册；《西湖夜泛记》，民国间朱格钞本，《游记丛钞》第8册。

陈栩（1879—1940），原名寿嵩，字昆叔，后改名栩，号蝶仙，别署天虚我生，浙江钱塘人。清贡生。为鸳鸯蝴蝶派主要作家之一。专意著述，著述甚丰，词曲享誉一时。1916年加入南社。其夫人朱氏，字小蝶；其女璇，字翠娜，皆负文名。陈栩著译之小说甚夥，如《泪珠缘》、《柳非烟》、《郁金香》、《疗妒针》、《间谍生涯》、《杜宾侦探案》等。

《栩园丛稿》，《初编》、《二编》各五册，每册各为一卷。香雪楼藏版。初编、二编扉页均有"西湖伊兰"题签。此系陈栩并其女陈璇合集。

初编目录：

第一卷：自序、旧序、题词、集外书目、复序。

第二卷：《栩园诗集》目录、《栩园诗集》之一。

第三卷：《栩园诗集》之二。

第四卷：《栩园词集》目录、《栩园词集》、跋。

第五卷：《栩园曲稿》目录、《栩园曲稿》、跋。

二编目录：

第一卷：《栩园诗剩》、《天风楼诗剩》、《栩园诗剩二集》。

第二卷：《香雪楼词》、《香雪楼词二集》。

第三卷：《栩园文稿》。

第四卷：《翠楼吟草》。

第五卷：《翠楼文草》、《翠楼曲稿》。

《初编》第一册，卷首有陈栩自序，及白门孙浚源瘦鹤、歙县吴承煊东园、会稽张采薇达夫、湾沚翟能振亚、镇海倪壮青轶池、余杭王湘卿女士、梁溪温倩华女士、镇海倪承焘埜庐序各一。又有凌莘子、尤翔父玄、左虎孙蔚风、闻人风野鹤、杨瑞文绍彭、范怀月女士、孙锡寅虎臣、宋焜文献、孙寿芝女士、李钟麒癯梅、张荣培植甫、顾焕文兰阶、谢南无、颖秃生、姚晋洪慕隐、张荐青然犀、跫庐、陆世英醉龙、范龟岁君博、范鹤裔、程松生筠甫、江素琼女士、华钟协西州、陈树轩女士、赵从龙赓云、周恒容月坡、劳稼存等人题词。

《栩园集外书目》存目传奇七种、弹词二种、剧本八种、说部一百零二种、杂著二十种。均系作者译著或撰著者，或为单行本，或发表于刊物上，或藏于家。作者以其多不足传世，《栩园丛稿》概不收。末附小识云："右集外书目编于癸亥除夕。凡不列于本目中者，已为作者摒弃。其自甲子以后，续有所作，当俟异日再为补录，以志爪雪。编者附志。"

末有门人叶启华后叙一篇。

《栩园诗集》收在《初编》第二册及第三册。署"泉唐陈栩蝶仙撰，余杭周之盛拜花辑"。末有周之盛编后案语云："《栩园诗稿》原不止此。曩其门人滕志新为刊《一粟园丛稿》时已有十二卷。其中《宫词》二卷，一和王建，一和花蕊夫人，均依原韵各一百首。又和《白香词谱》全韵一百首，皆髫年时作也。后均删弃。……此外尚有《瓜山竹枝词》一百廿首，刊《游戏杂志》中。栩园以为无所取，故不阑入正集。其初署名为惜红生，所作辄投《申报》及《新闻报》刊行，不自留稿。……今余此编，存诗仅一千一百七十二首，胥为丙辰以前所作。其自丁巳以后所著诗词曲稿，则已另有著易堂刊行之《栩园诗剩》一卷。但《诗剩》刊于辛亥，其中仍未全录。而自癸亥以后，迄今丙寅，有阅三载，奚囊所储，亦复充满，当再另刊《诗剩》二集。"

《栩园诗集》又分若干集：《惜红精舍诗》四十四首、《惜余春山房诗》五十二首、《紫玲珑阁诗》二十八首、《醉花仙馆诗》二十六首、《夕阳红半楼诗》一百八首、《水流云在堂诗》三十四首、《碧梧漏月轩诗》四十三首、《九香楼纪事诗》一百八十首、《心海热潮诗》一百十首、《新疑雨集诗》一百十九首、《栩园芰剩草》三百首、《海山仙馆诗》一百三十三首。右自辛卯年始至丙辰止，丁巳以后另刊别集。

《惜红精舍诗》之《落叶》七律四首，颇有情调。兹录其第一、第三首。其一："容易枝条一洗清，萧骚时作不平鸣。日高深院秋无影，靋响空廊月有声。摇落自成今古憾，漂流尝寓别离情。门前剩有冬青树，留与孤松结旧盟。"其三："秃叶无声谢故枝，秋光如水浸空池。炉头烧火人长病，坟角旋风鬼唱诗。一尺乱烟埋蟀语，三更和月挂蛛丝。须知我是悲秋客，莫遣西风吹入帷。"

《新疑雨集诗》之《又题梦游婳嬛图》绝句四首。其一："不是巫山六六峰，药香如海袭人浓。白髯老道无年纪，藜杖一支将化龙。"

第四册《栩园词集》，分《海棠香梦词》、《眉山冷翠词》、《清可轩词》、《掐花记月词》、《海山仙馆词》五种。

录其《浣溪沙》："晓拨熏笼宿火留，梅花香福几生修。一枝斜入小妆楼。　纸帐夜寒疑有梦，洞天春晓了无愁。只余心上一分秋。"(《眉山冷翠词》)

《临江仙》："雪窗深夜停红烛，熏篝添上龙涎。峭寒犹自怯重棉。天涯今夜，料也不成眠。　宝钗凄馨怜素腕，几时携手灯前。芳樽辜负晚来天。纵教沉醉，惟有梦相怜。"(《掐花记月词》)

末有周之盛跋。

第五册《栩园曲稿》，所用宫调有《北正宫》、《南北仙侣入双角》、《南越调》、《南正宫》等。录其《南北仙侣入双角合套》之《山坡羊》："蓦生生拈花惹草，好端端自寻烦恼，闹哄哄击鼓吹箫，醉昏昏睡不醒扬州觉。魂易销，断肠经几遭。怕何郎老了，老了被花枝笑。值得胡嘲，不堪潦倒。萧条，把闲愁一担挑。牢骚，把相思一笔消。"

末有著易堂主人涂筱巢跋。

《二编》第一册，《栩园诗剩》、《天风楼诗剩》、《栩园诗剩二集》三种。

《栩园诗剩》有周之盛序。录《公无出门》一首："公无出门，门前道路生烟云。嗥嗥饿虎方成群。长房叱地使倒行，仙人足底生雷霆。夜深月黑鬼灯出，刮地罡风吹不灭。千金之子五十金，化作苌弘土中血。"

《天风楼诗剩》则为陈栩弱冠以前所作歌诗四十四首。有《秋柳三迭和渔洋韵十四首》，足见才情。录其一："霸陵桥上几销魂，风景依稀记白门。浅草池塘摇日落，隔溪楼阁露灯痕。萧萧病马秋风岸，点点归鸦老树村。莫问姑苏台上事，更无人在有谁论？"有周之盛后序一篇。

《栩园诗剩二集》。不录。无序跋。篇什无多。

《二编》第二册《香雪楼词》，无序跋，录《金缕曲》："国粹沦亡矣。于今孝经伦理，完全圈起。一自欧风东渐后，述作纷纷歧异。把手泽等闲抛弃。纵有箕裘传世业，不三年，改尽先人志。难得见，克家子。　　丁兰刻木从前事，信天公钟灵独厚，凤毛能继。尺幅遗存夸拱璧，珍重前贤题字。喜辉映后先如此。非曰能之吾愿学，好家庭且续龙门史。留榜样，此图志。"

《二编》第三卷《栩园文稿》，如《颖川氏族谱图考》、《先府君行状》、《芝园怀旧记》、《嵝西先生墓志铭》、《重印古文详注序》并有价值。末有著者自跋。

《二编》第四卷《翠楼吟草》,卷首有陈栩序云:"吾女嫁矣,吾心中乃有万千感想,竟莫能措一词。"

谨按:存诗自乙卯年始,时年十三。

《翠楼吟草》凡六卷,为诗词合集。《蚁游鼻山歌》五古一首,于曼妙之外别寓清刚之气,集中不多见,可喜也。兹录诗词各一。

《银房》:"银房绛烛照惺惺,藻镜回光万点星。宝扇乍开花欲笑,锦屏香斗梦微醒。吹残艳曲鹅笙老,画断羞蛾麝墨凝。帘隙春寒遮不住,唾壶红泪已成冰。"

《虞美人》:"绿波吹皱春人影,薄醉些儿醒。万株修竹夹梧桐,六扇晶幢反映月如弓。 晚妆羞注沉檀颗,一任鬟云堕。凭栏无语正痴痴,说与鹦哥料也不能知。"

《二编》第五卷《翠楼文草》、《翠楼曲稿》,无序跋。《文草》所收《灯赋》、《镜赋》虽游戏之作,才情可见。《悲秋诗自序》,凄切哀怨,亦能造人所未造之境。《曲稿》所收,数量虽远不及其父,而词韵清深,庄俗互不相掩,尤贵当行也。《南正宫·尘游小记》构思精妙,各曲亦能曲畅其情。杂剧《焚琴记》十出,可以压卷。女子才情,至于此矣。

《湖楼集》,一册,封面题签:"湖楼集。天虚我生近稿。午昌署端。"不分卷,无序跋。计有:《湖楼集诗》、《湖楼集词》、《湖楼集杂文》、《湖楼集偶存》;又有泉唐陈瑓(翠娜)《翠楼近草》两卷,卷一《湖山集诗》,卷二《绿梦词》。尾附《栩园近稿(癸酉年刊)机联会刊摘目》,附白云:"前编《机联会刊摘目》至六十二期止,已由机联会印出单行本,名《机联集》,分订二册,定价每册四角,可向上海宁波路三八三号机联会刊发行部或上海南京路无敌牌发行所邮购。不加邮费。"

谨按:陈瑓为陈栩之女,故其《翠楼近草》附《湖海集》之后。

《湖楼集诗》存《答家书之一》《答家书之二》诗两首,且"附小翠原作",题为《家君客蓉湖家母命笔作书辄成五古如次》。

陈栩《湖楼集诗》篇章不多,计不过十余首。兹录《蓉湖小住》两章(原题共四章)。其一:"海上尘嚣不可居,且来耕稼学陶渔。加餐饱享林泉福,一寸河虾一尺鱼。"其二:"微波日日向东流,盼断纹鳞卅六邮。独有慧山海识我,晚妆相对四宜楼。"

《湖楼集词》存词仅数阕。录其《洞仙歌·寄翠儿》:"桃源岭角,向华严庵畔。小步寻芳不多远。认逶斜、蝶径簇拥鹃花。刚正在、一角瑞云山半。 蝶巢新筑后,蝴蝶花儿,说道今年已开满。摘寄一茎来,活色生香,把一幅、云笺沾染。道犹有桃花待侬来,有几树残莺、不曾零乱。"

《湖楼集杂文》收墓志及游记若干篇。

《湖楼集偶存》或为零散札记,或为手工业、商业感想,如《小资本的一种恒业》、《我之生意经》、《对于造纸厂联合会之贡献》等。与文艺无关。

陈璂,字翠娜。其《翠楼近草》亦刊于癸酉年。《湖山集诗》一卷,存诗约五十首。殊清新可诵,洵是女儿家手笔。《白酒》其一云:"春江压酒化为云,贮入冰壶澹不分。一种风情谁得似?当垆只合属文君。"《偶过孤山路见曼殊上人墓》云:"维摩短偈丽于花,一钵曾浮四海槎。跃马河山看战气,弹筝楼阁感年华。世当离乱多狂士,诗忌纤秾落小家。想见墓门花底住,胭脂如雨点袈裟。"《琐记》其一云:"小楼人散一灯青,敲折琼钗数去程。轮铁碾冰三百里,料扶残梦过嘉兴。"《绿梦词》一卷,情韵亦与诗同,婉约清深。

《游记丛钞》凡四函三十六册,收游记一百四十七种,佚名辑,均系红格钞本。《珞珈游记》开头云:"壬子六月,客于岱山。岱山者,古称蓬莱之乡,为神仙所居。以予视之,四山皆痛绝,无佳趣。海风泱泱,亦带龙腥。时方盛夏,泥涂百里,尽为龟坼,炎嚱四逼,实郁郁不可以久居。乃谋避暑于普陀珞珈。王君清夫、姚君礼堂,忻然赞可,乐与之俱。"

谨按:壬子为民国元年,是则陈栩在民国元年固尝有岱山之游,因便更游普陀,名刹怪石,悉所足践目验,故此记所载,皆关于珞珈者,颓垣荒井,禅院寺门,在在而有。极生动可读。此记有云:"普陀珞珈本一山也,后人附会,乃别为二。"文颇长,约有万余字,以描写寺院及山石文字为最美。

《西湖夜泛记》,民国间朱格钞本,《游记丛钞》第8册。

据"丙午季夏"四字,可知此记作于光绪三十二年(1906)夏。通篇以四言为主,有韵,体同文赋。历来西湖游记,数不胜数。陈栩此记,采用四言,自然流转,亦不可废。合首尾约两千言,乃惨淡经营之作,非一时游戏可知。《西湖夜泛记》云:"丙午季夏,既望三日,骤雨乍歇,晚霞初晴。庭树一碧,万蝉乱鸣。夕阳既匿,凉月未升。拓窗临湖,擎杯自倾,据榻寻梦,俄闻车声。到门剥啄,奚童出迎;搴帏入座,蘧然而惊。止止之客,非他友生,乃余季昆,蓉城仙尉也。尉于畴昔之夕,约余泛湖,余以小病,未愿与俱。知尉之来,必将强余。尉曰咄哉,宁有此乎?笑牵衣裾,纳之篮舆。前呼后吁,出城东隅。金吾不禁,香车载途。时方薄暮,烟水模糊。遥山一发,疑有疑无。大堤左右,开遍芙蕖。俄闻笑声,一舸相迎。悬灯累累,灿若繁星。下映湖水,金蛇游行。棹歌未发,风琴始鸣。二三佳丽,倚栏而听。……"

陈以义 《先烈陈仲权先生遗著》(附:陈仲权烈士纪念集),一册,民国二十五年(1936)铅印本。

陈仲权(1880—1915),名以义,以字行。号西溪,浙江嘉兴人。南社社员。辛亥革命嘉兴七烈士之一。1915年10月7

日,张宗昌派人诡称与之密谈,然下毒使其暴卒于沪。1916年10月,灵柩运抵嘉兴,褚辅成发起在城中天后宫举行追悼会,主祭沈文华。后归葬南湖畔白苎村,墓碑由褚辅成题写,今均无存。著有《倚云楼诗稿》。

《南社丛选》文选卷五中有周亮才撰《程蕴秀女士事略》,记述程蕴秀女士事迹,程蕴秀是浙江嘉兴新篁里人,嫁给了同里陈仲权(西溪),陈、程两家世交,程蕴秀与陈仲权青梅竹马,庚子年(1900)嫁入陈家。程亦才女,仲权每有一诗一词均由程阅改之,故陈仲权将自己诗集《倚云楼诗稿》改为《倚云楼唱和集》。天妒红颜,辛丑年(1901)11月,程因产后淤血去世。垂危之际,又谓西溪曰:“吾日夕入地,君将如何?”西溪曰:“吾名以义(陈仲权,名以义,字仲权),何忍负义独生?”女士曰:“君误矣。……君若殉义,如一家何!苟奉倩恸妇而亡,只博一义夫之名,识者非之。时局至此,正豪杰并起亡秦之日,君不计及此,而拚一有用之身,以图一冥冥中不可必得之会合,毋乃愚乎?请君努力前途,毋殉小义。他日如为祖国殉大义,则死得有价值。九原有知,当来欢迎。否则即或地下重逢,吾亦相避不见矣。”

封面题签:先烈陈仲权先生遗著,蔡元培敬题。国图藏本另钤“柳亚子”朱文印,当为柳亚子藏书。

扉页为国民政府二十三年十一月十七日褒扬命令:“陈仲权烈士,襟怀卓荦,志行忠纯,早岁加入同盟会,以文字宣传革命,历经艰阻,厥志不渝。民国三年,奉命莅沪图谋救国,惨遭荼毒,悼惜良深。应予明令褒扬,用纪前勋,俾垂不朽。此令。”——据“一五九三号国民政府公报”

次,“仲权同志遗像,中正敬题”,遗像一帧;次,于右任题签“先烈陈仲权先生遗著”;次,题词手迹,先后为:林森“吉光片羽”、蔡元培“立言立德”、吴敬恒“以浩气发正声”、戴传贤“浩气还太虚,丹心照千古"、叶楚伧"卓荦一家,光芒万丈"、张继"同盟碧血,表章千秋"、于右任"浩气常存"、丁惟芬"舍生取义"、陈果夫"先知先觉"、孔祥熙"英声壮采"、陈立夫七律一首、吴铁城七古一首、曾养甫五古一首,以及邵力子、余井塘、陈群英、苗培成、刘峙、商震、周启刚、陈布雷、王柏龄、王伯群、杨树庄、庄钟骥等题词墨迹。另有排印王曰极、潮阳林铮、里人同社后进谭天、竹田里蒋风墀题词。

传略部分:有三篇。一为野僧《传述》,一为佚名《事略》,一为海宁吴清时《嘉兴烈士东山读书记》。

遗著部分:前有民国二十二年九月陶元镛序、朱醉颁两序。不录。

正文部分:诗57题,121首。《悼亡诗十九首》,作于辛丑。其中有提及其妻能诗之事,其一云:"腰瘦休文力不支,伤心惟有一灯知。旧时诗稿都焚却,不遣悲怀不作诗。"其十九复云:"谢女风流叹绝踪,玉郎天外怅孤鸿。倚云楼稿今焚却,付与安仁一恸中。"由此可知,卷末所附《倚云楼唱和集》,乃焚馀之卷。

交游诗作有《立夏后一日公饯志颐于杏花春赋此赠别》:"燕尘遍历君先返,虎穴未探我尚留。骂贼于今空击鼓,济河此后誓焚舟。东南联络资公瑾,西北经营待武侯。旧友相逢烦寄语,明珠莫漫暗中投。"另有《次睡汉韵赠去疾》、《赠兰魂》、《烟雨楼饯别啸庐同志即席赋此藉以写怀》等。

陈仲权曾游历日本,集中《丙午秋日沪江别母》诗有"儿游江户妹留申,临别依依有母亲"之句。又有《送天南归国》、《代题米泽药博士高桥秀松肖像》、《又致松井君》、《旅日怀亲》等诗,盖皆于东瀛作也。

又有《咏史》、《咏古八仙》等咏古诗。又《双十节》其三云:"中原遍是贼民官,万姓闻风胆亦寒。安得横磨十万剑,廓清宇内万人看。"

杂著有祝词、祭文、挽联、诗词、信函等共 21 题,其中有《满庭芳》《点绛唇》等词作 8 首。

附录《倚云楼唱和集》一卷,乃"陈烈士德配程夫人云修女士稿",共 9 题 17 首。

卷末《陈仲权烈士纪念集》,首为"民国元年在嘉兴烟雨楼欢迎孙中山先生摄影"一帧,次为"民国五年十月陈烈士仲权追悼会合影",次,嘉兴南湖陈烈士墓近景、远景照片各一帧。次为陈烈士手迹一帧。纪念集收启一篇、挽联 45 副、挽诗两首。

最后是民国二十五年五月九日,署名"犹子乃和、乃斌"的《仲父仲权公遗著跋》。跋中云:"民国十九年,蒙先仲父挚友褚慧僧、陈廉斋、沈一均、顾企先、陆初觉诸公暨嘉兴县党部诸同志登报征求遗稿,几经时日,了无所得。因将历年所录残稿油印,分赠故旧,冀广搜辑,仍虚愿莫偿。呜呼,可谓难矣。是集之成也,端赖平湖张公卓身热心襄助,吴君晓初亲自缮写附识诠注,金华王孚川前辈则编订校勘,朱慕萱诸先生惠赐鸿文,于是先仲父生平事迹,阐述靡遗。"

丁立中 **《先考松生府君年谱》,四卷,光绪二十五年(1899)钱塘丁氏嘉惠堂刻本;《禾庐新年杂咏》,一册,不分卷,民国初年铅印本;《西泠怀古诗》,二卷,民国初年留云宾月馆铅印本。**

丁立中(1866—1920),字和甫,号禾庐、宜堂,浙江钱塘人。晚清四大藏书家之一"八千卷楼"主人丁丙哲嗣。南社社员,清末民初著名诗人。编有《八千卷楼书目》,并有《禾庐诗钞》及《松生府君年谱》等著述,又辑《宜堂类录要》,《禾庐新百咏》等。

《先考松生府君年谱》,四卷,钱塘丁氏嘉惠堂光绪二十五（1899）年刻本。

应是《宜堂类编》丛书第十八种。卷首有印章三,其一曰:"云轮阁。"卷尾有丁立中案语及仁和朱培后叙。

谨按:松生,即丁丙,字嘉鱼,晚号松存。

《年谱》四卷,为丁立中守丧期间所撰。正文铨叙井然,节略可睹,所附小注,几几十倍之,丁氏生平一言一行之细也,罔或遗漏。咸丰十年庚申、十一年辛酉之间,太平军攻陷杭城,士人奔竞,《年谱》载之极详,其文献价值,靡可计也。

丁立中卷末案语云:"府君锐于任事,恒与人同休戚,心之所注者径行而唯恐己之不尽,事之纷至者立决而无待人之重申。好隐居,淡泊无宦情……"。

董念菜序云:"光绪己亥三月,钱塘丁君松生卒于里第。越三月,孤子立中意手辑先人年谱来属余校。立中方在衰绖之中,悉心详纂,表扬先人行谊,仁人孝子之用心可谓至矣。阅既竟,乃曰:今之名公巨卿,大雅宏达,名满四海,而誉不孚于乡党者,何可胜数!求其门内之行,卓然无愧,睦姻任恤,敦行不怠,如丁君者,有几人哉?君天性过人,志量瑰异,少时笃学不倦,长以济人利物为己任,遭寇乱避兵,往来吴越间,流离颠沛中力行善事,赖以存活者无算。及两浙底定,疆吏重君才,凡修废举坠之事,悉委诸君。君事无巨细,必躬自审度而厘剔之。三十余年,未尝稍暇。凡地方所当整理,而大吏未及毕举者,君独任劳怨。或自捐巨资,悉行之,可谓难矣。余惟君之所为尤有大关系者:大乱初平,学子离散,典籍既佚而文献随之。伊古以来,每更一乱,必如是。故古书杂记日益少,传述愈不足征。君于经营善后之暇,犹孳孳焉日于故楮败簏中辑订遗编,复文澜阁四库之旧。其外,校刊书籍,多至数百种,皆天壤间不可磨灭之著述。非独存古籍于千百,启文运于中兴,而维系艺文绝续之交者,厥功伟焉,又岂特杭之人称道弗衰欤? 小苞董念荦。"

朱培后叙云:"钱塘松生丁君既捐馆舍,孤立中在苫块中撰次年谱,持以示予,曰:'不孝生三十四载矣,懵无知识,不幸遽遭大故,失今不图,深惧先人潜德弗耀,益甚不孝之罪。先生与吾祖为僚婿,固先人所严事者也。知先人之深,度无逾于先生者,愿得而是正,且锡之序焉。'虽然,予与君自丱角,自壮至老,中遭乱离,时或不通闻问,此外则皆聚处之日也。综其一生所为,孜孜兀兀,若惟域于乡里之近,而举其巨不遗其细,皆有关于世道人心之大,非仅惠我桑梓已也。噫! 君一诸生耳,天子授以大邦,民社试之繁剧,将骎骎乎大用焉,苟乘时得位以所施于乡国者,推而极之天下,岂不足以大展其素所蕴蓄? 顾深自引匿,唯恐荣禄之浼于己而萧然一无所与,迄于今,丁君往矣,而涵煦所及,遂使薄海内外,无论识与不识,人人皆有一丁君于其意中。呜呼,斯岂一世之士哉! 然则予之知丁君,果何以有加于人哉,而又奚赘焉。姑叙于后,以塞立中之请云尔。"

《西泠怀古诗》,留云宾月馆铅印线装本。扉页为"存道居士高丰"题签。卷首有余杭章箴、钱塘徐珂仲可序及丁立中自序各一。《怀古诗》两卷,体均七律,于西泠胜迹,吟咏殆遍。若山水、寺庙、亭园以及古贤人踪迹所至,靡或遗缺。各诗又系以小序,列叙人事,是岂徒诗而已,又有地方志之用。

章序云:"西泠,一诗薮也。山之青,水之碧,柳之垂丝,华之错绣,莺燕之抛剪而织梭,其春之宜诗耶;至于松棚逭暑,荷亭纳凉,龙阵珠跳,鸥波镜朗,夏宜诗;桐叶晨脱,桂馨夕飏,蝉冷岩幽,兔寒渚静,秋宜诗;迨岁月其已暮,掩林坰而偕藏,雪压梅肥,霜凋枫瘦,美人翠袖薄,王孙鹤氅单,此冬之尤宜诗也。况乎古古相续,耿耿于怀,蟋蟀沸以堂空,凤凰焚而殿寂。铜仙泪落,楮

30

生愁宣，后之视今，有如此焉。独惜余跋来报往，任重事繁，大好湖山，徒呼负负。夫惟大雅，卓尔不群。山水清音，不得不让禾庐千古也。甲子暮春，余杭章箴。"

徐序云："雷峰塔圮之明岁为乙丑，去辛亥国变十四载矣。予西湖之民也，不归且八年。四月既望，丁君序之至自杭出先德和甫中翰《西泠怀古诗》相示，属弁一言，且述塔圮事，相与嗟叹不已。于是益怅然于故国之久别，故迹之猝毁，乡党贤哲之奄忽徂谢而不可复作也。夫天下事不有所废，其何以兴？有废斯有兴，明达君子诚以之期之于今。顾十余年来，西湖昔日之名胜或且毁废于罔人之手，而未闻有所兴作。塔之圮，一若天之所以为罔人张目也。然则明达君子之所期，非适得其反耶？和甫脱不死，其感慨凭吊，又将何如？追维光绪之季，予以事偶归，每相见，恒握手言笑，抵掌论天下事，间与作西湖之游，涉历乎山之巅、水之涯，赋诗怀古以为乐。今已矣。哲兄修甫道甫既先后凋逝，而和甫乃亦谢人间世，前雷峰塔而去。读是编，怃然久之，忽忽不觉为前二十年事也。和甫真朴无文饰，诗如其人，则读者咸知之矣，奚俟余言。乙丑闰四月，同县徐珂仲可序于上海寓庐之小自立斋。"

丁氏自叙有云："曩予积十数寒暑为《西溪怀古诗》，至甲寅首夏，哀录成册。方载笔西溪也，兴之所属，其不涉河渚者，亦往往而有，置苣篚中，盖荃蹄矣。方春多暇，启而视之，尚有沾沾自喜者，因益以南北山怀古之作，综付钞胥，题曰《西泠怀古诗》。昔姚江黄农师先生来西溪征逸事，成《怀古》三十首，脍炙人口。余岂能争胜前民，回忆西溪诸诗，覆瓿物耳。《西泠怀古》之作，前民可更仆数乎？然则是编也，诚沾沾自喜而已。大都陶写性情，胪陈里乘。豆棚瓜架，以赠方来。丙辰犹清和月丁立中。"

兹录其诗二首，卷上《柳浦怀吴喜》云："帷幄筹谋万象该，将军跃马展长才。旌旗蔽日从天下，甲胄如潮卷地来。射习长杨声中中，令严细柳志恢恢。性情宽厚东吴重，望慰云霓气挟雷。"卷下《癸辛街怀李岐阳王》云："文忠故地癸辛街，金碧楼台玉作阶。儒雅高风千载颂，讴歌当日万民谐。功名开国徐常比，才略经邦管乐偕。广济库藏如敝跂，平吴战迹未沈埋。"

《禾庐新年杂咏》，扉页为诒书题"禾庐新年杂咏"。慕陆宦署签。卷首有泉唐云叟方芸孙序，诗前有丁氏小叙。此一册诗，咏新年风俗，均系七律，题后各系小注，略加说明，可资稽考风土习俗，然后汇录编次，发为歌诗，非谓凡所吟咏，皆旧俗犹存之证也。

方芸孙序云："流光似水，从头忆三百六旬；好梦如云，转瞬过一十二月。认磨驴之陈迹，花样旋更；奏蔺凤之新声，杞忧暂涤。则有济阳才子，浙右遗民，居莱市之青门，守禾庐之黄卷。启琉璃眼而观世情，织锦绣肠而纪风俗。老妪都解，吟白傅之诗篇；宫监闲谈，述元宗之旧事。苏长公嬉笑怒骂，逊兹温柔；曹孟德慷慨悲歌，让兹忠厚。时则春回腊鼓，日丽湘帘。仍汉官仪，袭高曾之矩矱；悯微尘众，历陵谷之变迁。而今事事更新，笔花垂泪；到处时时怀古，墨浪翻涛。君自鸣春，人惭游夏。此虽七律，亦足千秋。仆蝼蛰泥僵，蝶飞天懒。一声爆竹，惊回梦里春婆；三月繁花，消却静中春恨。捧瑶华而微笑，如我欲言；愿玉烛之长调，与人同乐。己未春晚泉唐云叟方芸孙序。"

小叙云："昔我生民，生当盛世，新年多暇，阄为杂咏，甚盛事也。我生不辰，贸焉嗣响雅故，述旧俗尘薶，今改为七律，用自怡悦，亦寄感喟。泯菜之世，勿及见矣。泰半之望，其在是乎？后之览者，必有同情。乡邦晚年，鸿纤巨细，何患无征。戊午春王，禾庐自叙。"

择录其诗一首。《小年朝》诗小注云："《杭州府志》：'俗称元且为大年朝,初三日为小年朝。'诗云:"闻说过年年已过,大年朝后小年朝。樽余柏酒新醅漉,炉架松棚活火烧。庭草自然春又绿,堂花每见雪中娇。祥符往事称天庆,宴乐然灯闹几宵。"

丁三在 《丁子居剩草》,一卷,民国十年(1921)钱塘丁氏铅印本。

丁三在(?—1918),一名三厄,字善之,号不识,子居,室名当归堂。浙江杭州人。有《丁子居剩草》、《西湖散记》等。南社社友。

封面无题签,铅字竖排"丁子居剩草"。扉页篆书题签:丁子居剩草,辛卯夏五,存道居士署。下钤"高丰之印"。丁氏聚珍仿宋版印。

次,遗像,上有王蕴章篆题"亡友丁善之遗像"。次,应德宏《善之贤表阮像赞》。次,己未缪荃孙序,辛酉十一月周庆云序,辛酉重九徐珂序,庚申三月柳弃疾序,辛酉冬高燮序,庚申十二月张焘序。

正文,署"钱塘丁三在"。计有104题123首。

怀古诗有《吊宋王忠苨墓》二首,其一云:"百战孤忠死不瞑,毗陵城下血犹腥。双刀夜化飞虹去,宝气长应贯列星。"又《南屏张苍水先生墓》云:"荒烟蔓草夜飞磷,荔子峰前迹未湮。抔土应知属苍水,墓门休更误皇亲。当年宾从同丘骨,十载妻儿系狱身。赵宋朱明都恨事,鄂王碣表贾宜人。"

交游诗则有《怀柳安如弃疾》云:"踏遍江南千万峰,惊怀片月落残钟。最难佳偶嘉同淑,别有知音牙与钟。血泪五更啼杜宇,心香一瓣祝夫容。吴江襟及之江带,何日轻舟得再逢。"又有《次韵姚凤石光杭州归途》、《高时若燮以诗见赠,次韵答之》、《陈佩忍去病之母沈夫人哀辞》、《去秋南社雅集,余因会葬亲戚离沪。今秋雅集,适又返里,久不见吾安如,诗以代简》等。其有关社友著作者有《王漱岩葆桢以〈南洋劝业会杂咏〉、〈虎林销夏集〉见赠,作此酬之》:"双函遗我枕中书,王氏家风在百渠。比似离骚搜草木,分明尔雅注虫鱼。陆皮销夏诗频和,元白游春兴有余。我忆狮山更凄绝,劫灰难认旧时庐。"

风物诗,则有《杭谚八咏》,诗前小序云:"吾杭方言多儿字,戏拈三字题,删存八首",内容则有"瓢儿菜"、"牌儿草"、"孩儿菊"、"筒儿面"等。

掌故诗,则有《西泠印社十四咏》,计咏有仰贤亭、石交亭、心心室、宝印山房、印泉、鸿雪径、四照阁等景致。

丁氏乃出版家,集中有《考工八咏》,讲述其所创制聚珍仿宋活字版之八道工序,辨体、写样、琢坯、刻木、模铜、铸铅、排字、印书。

附诗余,计有15阕。多题画之作,如《减字木兰花·题三潭泛舟图》、《浣溪沙·题西泠雅集图》、《西子妆·题西湖采莲图,用梦窗韵》、《减字木兰花·题细猫图》、《浣溪沙·为芷畦题水村第五图》、《渔家傲·题烟波钓月图》等,其倒数第二首为《孤雁儿·题寄心琐语》,盖为余十眉作也,词云:"零愁碎恨重提起,又添得安仁思。鸳湖闻说鹊桥通,争奈无情流水。旧游回首,凭将豪素,写出缠绵意。　　黄泉碧落穷天地,洒不尽人间泪。玉弦声渺宝奁寒,我亦妆楼慵倚。相怜同病,偏君情重,琐语从心寄。"

卷末,辛酉余杭王毓岱跋,有云:"善之壮岁筮仕江苏,余亦应樊介轩提学之召襄校吴门,时时访余沧浪亭畔,深谈忘晷,知其研穷诗学,识解颇超晚近。"次,辛酉长至日余杭鲁坚跋,有云:"诗词多伤今感旧之作,湮郁无聊,遂促年岁,是诚所谓古之伤心人,别有怀抱者矣。"

冯国鑫 《宣城秋雨录》,民国十一年(1922)虞社铅印《虞社丛书》本。

冯国鑫(1883—1920),字一范,号灵南。常熟白茆人。同盟会员,南社社员。光绪二十七年(1901)庠生。宣统元年(1909)日本法政大学毕业;归国后,授法科举人,考取内阁中书,入大理院学习推事。民国初,任武进县检察厅长,升江苏高等分厅监督检察官。民国六年(1917),复任职于浙江第一高等审判分厅,卒于任。著《现行新刑律详解》、《白苹香馆诗钞》等。

《宣城秋雨录》不分卷,文五篇,依次曰《记金月香事》、《记花彩玉事》、《记王凤仙事》、《记朱文玉事》、《记金红英事》,皆系奇女子事,颇有小说家笔致,末有陆醉樵跋一则。

陆跋云:"壬戌秋月,灵南遗著校刊既竟,卷尾附载平康韵事数则,披读一过,哀感顽艳,悱恻动人,具见当年护花心事,跃然纸上。秋月春花,流光不再。眷念故友,墓草青青。仅留此泥爪数行,以志鸿雪。伤时感逝,能无黯然。"斯书内容及风貌,陆跋昭晰,不待覼缕。

谨按:《宣城秋雨录》收在《虞社丛书》第一册之《锦囊残墨》类,常熟俞钟颖遁渔题签。《虞社丛书》凡二册:第一册刊于癸亥十月,收《萍缘集》(子目:《萍缘集总序》、《萍缘文选》、《萍缘诗选》、《萍缘词选》、《闿亭绮语》、《杯光灯影诗录》、《诗词补刊》)、《锦囊残墨》(子目:《宣城秋雨录》、《消寒三十韵》);第二册刊于甲子秋,收《萍缘集》、《独行流芳录》。

高燮 《吹万楼诗集》,民国三十年(1941)刻本,三十六年(1947)铅印本;《吹万楼文集》,民国三十年(1941)金山高氏家刻本。

高燮（1878—1958），字时若、吹万，又号寒隐、茈皋、志攘、黄天等。室名吹万楼。江苏金山人。与常州钱名山、昆山胡石亭合称"江南三名士"，与柳亚子交往深厚。南社耆宿，主持商兑学会，任古物保管委员会委员。富藏书、嗜古砚。建国以后，所藏图书悉数捐献给复旦大学图书馆。著有《吹万楼文集》、《吹万楼诗集》、《吹万楼日记节钞》、《庄子通释》、《感旧漫录》、《愤悱录》、《闲闲集》、《诗经大义》、《吴日千先生集》、《陈卧子安雅堂稿》、《谈诗札记》、《三子游草》、《望江南词》、《诗经目录》等二十余种。

《吹万楼诗集》十八卷，民国三十年刻本，线装十册。另，民国三十六年铅印本，白纸四册。封面由钱崇威题签，内有孙儆序、瞿蜕园、姚鹓雏所作撰言。

《吹万楼文集》十八卷，附《愤悱录》一卷，民国三十年（1941）金山高氏家刻本，竹纸，线装六册。皆原装原签。又《吹万楼文集》6册，一为竹纸墨印，一为白纸蓝印，尺寸较大。

《吹万楼文集》封面由孙儆题签。内有金天羽序、谈文灯序、金兆藩序、温廷敬序、胡朴安序、叶玉麟序、王大隆序、唐文治序、沈维贤遗札。主要内容系高氏1941年以前文章，含论辩2卷、序跋4卷、书牍3卷、赠序1卷、传状3卷、碑志1卷、游记2卷、杂记1卷、铭颂、哀祭、题像合1卷以及《愤悱录》。

《吹万楼文集》卷首识语："拙文集一十八卷，附《愤悱录》一卷，始编于丙子之春，付刊于己卯之夏，刊成于辛巳之冬。往岁丁丑，余马齿及六秩。其前一年，门下士海盐谈生文灯暨朱生端请余出诗文钞录授梓，以为余寿，余未遽应也。而两生意至恳，余乃许先以文集付排印，其印赀我自任之，钞录之事则两生任之。从此函札往还，陆续寄稿，历时逾一年而草草写竣。甫拟多为删汰，商榷付印，而乱作。盐邑滨海，风鹤所传，机弹频落，时在丁丑七月中。朱生以母病虑惊及，遂侍奉出避，因即举写定之稿寄余山庄，曰：'此后流离未可知，此稿不可失也。'当是时，吾乡犹无恙。逮十月初而乱亦随至。余仓皇逃难，不携一物，仅将此稿置复壁中以行。率彼旷野达一月馀而抵于沪。翌年戊寅，闻吾乡尚扰扰，山庄亦为盗据，恐复藏不能保。吾妇复由沪冒险回家，破壁取此稿，亟挟以出。出不数日，而吾藏书数十万卷并诗词、拙稿之未及收拾者俱荡然无复存矣。又越一年，余痛定之馀，重检此稿，觉拉杂无足传后，然复念吾妇以垂老之年，乃为此而出入豺虎中；朱生当母病祸迫之日，不忘先以写稿寄还，俾郑重壁藏，后得免与书劫以同尽。其事诚幸，其情皆可念也。因不忍多弃，赧颜存之。会吾友金君籛孙以杭刻工谢氏荐余。乃不用排印，决付木刻，而近年所作亦并入之。盖至此而吾年已六十有四矣。愧早岁为学不能充实，今自度终无所进，无可更待。又以平生嗜好惟书与文字二者，今则痛忿于三四十年所积聚之书而尽于一旦，只区区文字犹得幸存，虽于世无所补，而于一己之旨趣，亦聊可藉此以怡我情而快我意耳。夫言为心声，而世之言者大抵皆有所借，甚者竟相反焉。是故言愈多而其旨愈昧，若是者亦何所怡而何所快哉？此吾之所不愿也。辛巳（1941）十一月高燮自识于沪赁寓之格簃。"

录其诗酣畅淋漓者二首，《闲闲山庄偶述》："似闻沧海正横流，门外红尘一笑休。种菜亦能消日月，拥书差足傲王侯。取山命置东窗角，引水教围屋四周。谁识闲闲桑者意，不成避世愧潜虬。"《醒狮歌祝今年以后之中国也》："盲云蔽天白日微，群虎入室竞肆威。豺狼当道工媚虎，敢向同类争啖肥。斯时狮睡睡正熟，锯牙不露阖其目。群虎眈眈视曰嬉，呼牛呼马甘屈服。呜呼！岂有巨物庞然称兽王，含羞忍辱气不扬。仰鼻吐舌忽大吼，左眄右盼非寻常。跃入虎穴齐俯首，冥顽失色皆仓黄。强权能造乎权界,坐执牛耳堂哉皇。狮乎獬乎观汝方颐高睸貌殊恢,果尔不愧百族魁。我欲携汝登诸二十世纪如荼如锦新舞台,试演话剧纷披异彩莫敢逼视真豪哉!我欲祝汝从此大觉大悟雷声一震靖九垓,莫使鼠辈笑汝威名之下无真才。"

《愤悱录》选录数则:

"凡可以修德者,皆可以养生,曰庄敬日强,曰不学则老而衰,有味哉其言之也。

人能不为习所染,俗所移,便可云豪杰。家庭之际,可以观德;言语之际,可以观德;动作威仪之际,可以观德。

孰非知耻,一心欲为责人。孰非大公,父兄视同行路。孰非为己,心计最善肥家。噫嘻!弊也久矣。天下事固有以不耻为善而知耻为不善者,以自私为善而大公为不善者,以为人为善而为己为不善者。衣敝缊袍,与狐貉者立,此以不耻为善之说也。人人亲其亲、长其长而天下平,此以自私为善之说也。以斯道觉斯民,此以为人为善之说也。

谨慎近于畏葸,静默近于阴重,宽容近于委靡,浑厚近于糊涂,此数者,辨之尤宜早辨也。"

张元济评《吹万楼文集》称:"大文捧诵,觉其意境恬逸,每读一篇,辄欲求其次,惟恐或尽。曩读归震川文,有此情景,不知何以如此相似。继捡得归震川年谱序,乃知先生曾浸淫于其文者,故能有此沂合也。"翁铜士评称:"大著日读一二篇,别有怀抱,胸罗群言,独抒己见,于常解俗见,摧陷廓清,所谓推倒一时豪杰,开拓万古心胸,庶几近之。"

《吹万楼文集》始编于甲子年(1924),由于墨印与蓝印本版权页上均注明为民国30年刊本,所以一般人认为两者是同一版本两种印制而已。可从墨印印版本上一页高吹万书赠题跋中可知这两种印本差别。《吹万楼文集》墨印本印于1943年,晚于蓝印初印本2年。吹万先生在扉页手书题跋中说："此为最近所印拙集,比辛巳冬间第一次印本中又有一二更动,字句及校正误笔达百数十字之多,可知校书之难而初印者之未必遂为善本也,兹以一部持赠,思期吾兄惠存赐教,如阅前印本时请再以此校之。癸未十二月初一日吹万居士记。"作为近代藏书大家高吹万此处所说："初印者之未必遂为善本也",对后来藏书者有非常重要启发作用。清代红、蓝印主要目的是为校正,而发展到民国则有一定变化。书籍在民国时期已经从单纯诵读学习之用发展到一种艺术载体,人们开始越来越关注图书之形式,追求其装帧之美。很多文人将自己或乡贤、友人诗文集用红、蓝印方式印出,这样书籍一般装帧精美,版式疏朗,纸张上乘。这种蓝印或红印本一般仅印数十本或百十本,因而流传不多,自然成为藏书家追逐对象,而从书内容完善程度和使用价值来说,后印本也许更有学术价值。特附记于此。

以下录高吹万集中之纪事者或其与南社文学创作有关诗文如次:

《葛梅艇丁戊之际纪事诗》:"诗皆信笔疾书,不沾沾求工于字句,要之,其中抚时感事诸什,不啻悬明镜以照妖邪,发大声而振聋聩。"《胡朴安诗稿序》:"吾读其诗(胡朴安),质而有文,精实而多见道之语,盖诗之外,正大有事在。"《燕蹴筝弦录序》:"且人之才者,其情恒倍于众人。积之以学,则其才倍焉;其才倍,则其情亦倍焉。学所以养才,而才所以益情,故天下有学之人,未必遂无逾防之事。"

《近事新乐府》中《南汇令》写南汇令从得意扬扬到因失计而"搔首神若痴"过程,《赏举人》讽端方之仇视学生,《科举寿》讥科举之不当,写重大时事,针砭时弊。仿龚自珍而作《新游仙诗》,将气球、潜水船、无线电、留声器、电灯等新事物写入绝句中,深得龚诗"抽思绵渺,掷笔芬芳"(《新游仙诗》小序中语)之妙境,体现他诗外有事之主张。

山水诗古风如《桐庐寓庐晓望》用仄韵一韵到底,句句腾挪回旋作态。《浙江观潮》两句一转韵,布局奇肆,如起句云:"奇愁郁郁何由快,缠绵歌泣真无奈。浇酒百斛那能消,来观八月钱塘潮。"再写潮水之猛,结乃云:"闻君涛头片时之快语,消我胸中万叠之愁城。"再如《与朴庵、屯艮同游北固,放船至焦山》云:"高临绝壁以长啸,蛟龙跃起千丈潭。焦仙隔岸向招手,涉江鼓浪神尤酣。"激昂而有腾踔跳跃之势,虎虎生风。《灵隐飞来峰》将盘空怪石比作豪杰、王者、战将、谈士、文人、骚客、高僧、农夫,譬象诙诡而灵动。

近体诗律稳意切,气疏韵爽,不求涩而自得劲健之势,如《宿文殊院夜起看月》诗云:"巍峨壁立俯鸿蒙,绝磴良宵此一逢。松老倒垂天作地,峰高寒逼夏成冬。清光已觉近霄汉,虚响真疑骤雨风。冷月渐看沉万壑,冥冥似报下方钟。"《焦山六首》其一:"独砥中流柱,群峰不敢骄。潮来天远大,壁立石嶕峣。得句江山助,浮窗日月摇。仙人在何许,容我一相招。"《雨后坐月》云:"凉飚消积雨,淡月入深秋。夜静光如怯,云横影欲流。灭灯贪坐久,临水觉情幽。却羡南飞鹊,天寒不肯留。"即景写怀,神定气清,字词警炼。

咏怀诗,远受李商隐影响,近受龚自珍浸染。《读龚定庵诗》中说:"嗟咄百怪腹,灵气蚀其身。奇愁郁何苦,名理孕愈新。笔下放异采,胸中无古人。慧骨经磨折,微芒搜古春。情绪不可说,歌哭难引申。"可见他对龚自珍之推崇。

高旭 《天梅遗集》,二册,十六卷,民国二十三年(1934)万梅花庐刻本。

高旭(1877—1925),字天梅、号剑公,别号钝剑,又署汉剑、慧云、哀蝉等。江苏金山人,第一批同盟会员,南社创始人之一。出生于江苏省松江府金山县张堰镇,父亲高炜、叔父高煌皆知书能文。1905 年,创立《醒狮》。1909 年 10 月 17 日,高旭在《民吁日报》发表《南社启》,11 月 13 日,虎丘张国维祠举行集会,南社正式成立,但高旭因儿子生病未能参加。1925 年七夕以伤寒症病卒。

第一册扉页题签:天梅遗集十六卷,万梅花庵藏版。次,版记"民国二十三年八月刊成"。次,目录。

次,题识一则云:"右从兄天梅遗集,先经醴陵傅君钝根、吴县黄君履平删存诗约十之七强,词则柳君亚子阅未终卷,亦无刊落。计其时当民国元二之间,君春秋方盛,未遽谋杀青也。其后南走粤,北走燕,与余岁或不能一再见,所作亦随手弃去。故今编诗至戊午以后,竟不可得。甲子仲冬,君扶病南归,惟日饮醇酒,至明年七夕遂卒。卒前一月语余,臣精已亡,向所为诗,度后亦不复能加,子盍为我论定,当趣授梓,冀及我生见之。余曰昔达夫五十学诗,君来岁政五十,刻诗不已早乎?君闻言微喟,强余引满,语刺刺多悲慨者,至二鼓始跕跕罢去。殁后一年,其孤铎奉遗稿申治命,余受读之数过,视傅、黄两君所订又删百八十六首,亦有两君删而余过存者三十余首。词则非余素习,一仍柳君阅本之旧,起清光绪戊戌迄民国八年一月,都千二百三十八首。既写定矣,复念君交游遍天下,专方面荷党国之重者以十数,颇亦欲藉手诸公为兹集增重。而余疏懒,不任奔走,忽忽又五六年,世变日亟,惧终无以告地下,乃以鄙意编为十六卷刻之。综君生平,孝于亲,劬于学,笃于兄弟夫妇朋友之常,而尤其致力者,乃在鼓吹革命,盖二十年如一日。观君集中,至于种族之际,长谣短讽,口诛笔伐,可谓尽心焉耳矣。清社既屋,到今又二十余年,朝野之呻吟可得而闻也,而君亦不免于多口。论者以为微君辈三数人,革命或未必成事实。呜呼!是则君之罪也夫。民国二十一年九月,从弟基君定谨识。"

卷一,《未济庐诗》。是卷收录戊戌至癸卯年各体诗作49题116首。交游诗有《劝慈石叔父学佛》、《题日本松阴先生幽室文稿即次其韵》、《题庄瘦岑先生遗稿》、《咏梅步顾灵石先生韵》、《再和灵石先生》、《寄吴稚晖》等。《寄蒋观云》诗云:"一佛居然出世来,现身说法讲堂开。阮狂贾哭归忧国,虎跳龙挐识异才。赠我片言珍白璧,感君长铗老黄埃。风涛廿纪苍生厄,援手齐登大舞台。"

卷二,《未济庐诗》。是卷收录甲辰至乙巳年各体诗作52题103首。有《题章太炎近著》、《题陆沈丛书步家叔黄天韵》、《题剑雄自由花说部》、《送叔于归国》等诗。《东京寄亚希》云:"鸿雁影婆娑,春风一度过。青山环旧梦,黄海泻回波。文字相知少,佳人善病多。兰荃满怀抱,骚怨奈侬何?"

卷三,《未济庐诗》。是卷收丙午至丁未年各体诗作42题120首。有《集安定句有赠》等诗。《送陈道一东行》云:"人生最是销魂处,一曲阳关远别离。萍絮相逢才半载,海天分手又今时。酒边肝胆穷途赠,镜里头颅宝剑知。怜我索居寥落甚,中年渐近鬓丝丝。"

卷四,《未济庐诗》。是卷收录戊申至己酉年各体诗作48题145首。有《赠杨几园》、《贺某友结婚》、《屡梦某友》、《何亚云病故作诗哀之》等诗。《送巢南之粤东》诗云:"君自言愁我亦愁,奇情历历荡难收。未填东海千年恨,又割西泠一段秋。画里关山新杜宇,客中香雪旧罗浮。城南酒伴应相忆,料得斜阳倦倚楼。"

卷五,《未济庐诗》。是卷收录庚戌年各体诗作46题75首。

有《答赵小韵》、《次韵答周实丹》、《和俞新西湖杂感次原韵》、《次韵答病情》、《次韵答钝根》等诗。《赠实丹》诗云:"城郭无人异首时,天涯握手鬓先丝。相逢且自吟桃叶,便醉终教忆柳枝。国事每为名士误,高歌肯让古人疑。孤云幻作降幡势,看到模糊不自持。"

卷六,《未济庐诗》。是卷收录辛亥年各体诗作55题114首。有《次韵达小进美洲》、《怀小进即用其夜泊长崎韵》、《夜起和钝根韵》、《送春次石子韵》、《寄周亮才》等诗。《次韵酬古公愚》诗云:"十万旌旗付祝融,铜琶铁板大江东。呼鹰渐灭英雄气,屠狗犹存烈士风。当代交情倾北海,几人文笔媲南丰。盘盘岭表扶轮手,大雅于今定属公。"

卷七,《变雅楼诗》。是卷收录民国元年至二年各体诗作92题143首。有《次韵和剑华元旦诗》、《哭周实丹烈士》、《次韵答周人菊》、《哭赵声烈士》、《寄陈蜕庵》、《述梦寄亚子》等诗。《索黄克强先生书》诗云:"克强健者人中龙,创新天地真英雄。遗纸索书拜下风,更千万年光熊熊。"

卷八,《变雅楼诗》。是卷收录民国三年至五年各体诗作56题108首。有《次韵答邵次公》、《次韵答陈匪石》、《哀陈勒生》、《分湖旧隐图为柳亚子题次原韵》等诗。《观剧赠陈二郎》诗云:"脑筋心血绞全枯,我已年来倦世途。一曲清歌两行泪,可能唤醒国人无?"

卷九,《丙辰燕游草》,收录民国五年各体诗作24题51首;《丁巳燕游草》,收录民国六年各体诗作27题47首。有《南社集中央公园之上林春拈韵得郎字》、《南社再集徐园分韵得麻字》、《赠黄克强先生海上》、《次韵示佩忍》、《赠哭庵》等诗。《次韵项琴庄旧除夕诗》诗云:"千摇万兀一年终,君子阴阳感不穷。差羡求仙王子晋,只羞定礼叔孙通。黄梅做腊吟高阁,白雁横天怅朔风。深怕墨磨人欲老,醉颜故作少时狂。"

　　卷十,《变雅楼诗》。是卷收录民国七年、八年各体诗作 39 题 55 首。有《饮市楼醉归与履平联句》、《次韵答履平》等诗。《吕天民属题所著逊敏斋诗集》诗云:"即论佳句已名家,况更奇动灿若霞。君自志伊侬志惠,狂来看剑醉看花。数椽歌哭情难已,万里驰驱恨未涯。一卷骚经开不得,此中血泪定如麻。"

　　卷十一,《祖东词》。收录甲辰至乙巳年长短句 9 阕;《歇浦渔唱》,收录丙午年长短句 13 阕。有《壶中天·题公曼仇史即以为赠》、《金缕曲·记恨次亚庐韵》等阕。《菩萨蛮·寄攘叔》云:"憔悴容姿窥古镜,红蚕丝缚沉沉病。碧海水悠悠,天荒到尽头。　　危楼思故国,回首愁无极。一曲泪如麻,江南玉树花。"

　　卷十二,《箫心剑胆词》。是卷收录丁未年长短句 47 阕。有《忆余杭·雨蓬与亚君夜话》、《青玉案·有寄》、《忆萝月·吊朱三夫人周湘云女士》等阕。《浪淘沙·春日有怀壮公即题其小影》云:"芳草此何时,两地相思。饥凰啼老碧梧枝。犹记笑逢沧海外,爱煞英姿。　　豪竹更哀丝,我亦情痴。中年渐近恨难支。君且人前休白眼,听我弹词。"

　　卷十三,《沧桑红泪词》。是卷收录戊申年长短句 30 阕。有《青玉案·春日驱车过沪西门,顿触旧尘,有怀陶公亚子,分寄樱岛梨里》、《虞美人·题亚庐磨剑室词》等阕。《浪淘沙·题君剑废雅》云:"小雅思无邪,敢为君夸。沉吟无耐夕阳斜。大好江山春去也,惆怅年华。　　天半暮云遮,吹彻胡笳。便相见亦泪如麻。而况此生能几见,长此天涯。"

　　卷十四,《愿无尽庐词》。是卷收录己酉、庚戌年长短句 23 阕。有《蝶恋花·和安如暮春有寄》、《鹧鸪天·用钝根韵即寄》、《如梦令·用太一韵即答》诸阕。

卷十五，《鸳鸯湖上词》。是卷收录辛亥年长短句 18 阕。《浪淘沙·杨笃生自沉利物浦死吊以此阕》云："天末又西风，彻耳惊鸿。男儿羞作可怜虫。宁与金瓯同碎却，遗恨无穷。奇气化长虹，往事都空。鲁戈难返日当中。一任狂涛号日夜，淘尽英雄。"

卷十六，《微波词》。收录辛亥年至民国二年长短句 7 阕；《浮海词》，收录民国二年长短句 14 阕。有《罗敷媚·与傅钝根联句》、《鹊踏枝·宣南酒楼与成琢如联句》等阕。《忆秦娥·十六夜望月次韵和鹓雏》云："伤残漏，花无长好人长寿。人长寿，昨宵持较，容姿微瘦。　　一池水被风吹皱，相思打叠双红豆。双红豆，佳人则病，薄寒堪又。"

古直　《隅楼集》，一册，三卷，民国十年（1921）铅印本；《隅楼集》，一册，六卷，民国十六年（1927）铅印本。

古直（1885—1959），字公愚，号层冰。广东梅县梅南滂溪村人。自幼聪敏，负笈苦读，早慧有成。青年时加入中国同盟会。诗集有《转蓬草》、《新妙集》、《层冰诗存》、《隅楼集》、《层冰堂诗集》等。刊行著作有《汉诗辩证》、《诸葛武侯年谱》、《曹子建诗笺》、《阮嗣宗诗笺》、《陶靖节诗笺》、《陶靖节年岁考证》、《汪容甫文笺》、《钟记室诗品笺》、《清诗独赏集》、《客人对》、《客人三先生诗选》、《客人骈文选》、《客人丛书》等三十多种。其中《客人对》为研究客家文化重要文献。

《隅楼集》，一册三卷，1921 年铅印本。

扉页，自序云："余少好文辞，苦无师友。嗣交季子、辟生、晚归诸友，切磋砥砺，始识涂辙。及结冷圃而季子尤亲。季子天才亮特，艺事精能，郑虔三绝，君殆过之。余与游处，习闻绪论，有所造述，始将斐然。不幸季子短命，余遂蓬转蹉跎一纪，不殖益落,九京永隔,慨叹如何。此诸诗者,宁谓足以聆痴言、念亡友,则且存录一二以自歌诵,平生雅故,亦观览焉。层冰者,余居冷圃日所号也,故名之尔。辛酉仲冬层冰书。"

次,《隅楼集》目录:《层冰诗存》,《庐山樵唱稿》,《抱瓮斋联语偶存》。

《层冰诗存》一卷。录各体诗作23题33首。《谒本师罗蔼其先生》诗云:"重拜罗夫子,朱颜尚未颓。十年违杖履,三度浅蓬莱。高蹈谢尘垢,长歌归去来。遯窝风雨夕,怀抱一相开。"

《庐山樵唱稿》一卷。录各体诗作11题21首。有《此中何有哉,答黄孤桐》、《葛陶斋落成放歌寄诸友》等诗。

《抱瓮斋联语偶存》一卷。自集40联,题大观园联9联,题层冰草堂1联,集陶诗1联。

《隅楼集》,一册,六卷,1927年铅印本。

扉页题签:隅楼集,晚归题。钤印:晚归。次,版记"隅楼丛书第七种中华民国十六年上海聚珍仿宋印书局制版"。次,《隅楼集》总目:《层冰诗存》一卷、《庐山樵唱稿》一卷、《南飞零羽》一卷、《新妙集》一卷、《悔存稿》一卷、《抱瓮斋联语偶存》一卷。

《层冰诗存》,一卷。录各体诗作23题33首。有《答柳安和问冷圃风景》、《阴那道中同天静作》、《临发香港答天静》、《酬赵橒村先生》等诗。《林小眉见贻寿菊雅集依韵和之》云:"置身直欲此中来,无数孤芳压卷开。公子遽称千镒寿,诸君各进万年杯。未妨篱角容伊傲,长抱枝头岂自哀。遐想风流忽神往,羁愁消尽独徘徊。"

《庐山樵唱稿》,一卷。录各体诗作11题21首。《此中何有哉,答黄孤桐》诗云:"黄生黄生此中何有哉?滔滔不竭者流泉,清妍欲绝者湖山。冬有积雪兮夏有长云,春秋佳日兮景物无伦。山山红叶兮处处杜鹃,映以朝霞兮霏以夕烟。更有幽兰兮空谷娟娟。竹柏杉松兮苍翠蘸天。风清月明,水流花放,而我高卧乎其间。黄生黄生此中何有哉?此中无所有,所有惟自然。"

《南飞零羽》,一卷。录各体诗作 10 题 17 首。交游诗有:《同舟有赴法国十人,皆大学同学也。余能识者不过十一,已而握手,恍若平生,欣快之余,成诗二首》《敬轩欧游有日为此贻之》《答赠李审言先生》等诗。《龙生觅余孤鸿吟,并诉身世感而成篇》云:"黄宪牛医儿,汪汪意量洪。徐庶出单家,矫矫才无双。亦有龙氏子,崛起孤根中。少小即劬学,拂之以乞穷。百折达大学,发愤而潜攻。内外兼综理,名声日以隆。尔来赴游学,访我于船窗。呢呢若儿女,谁意其才雄。贻我以新诗,美我为孤鸿。孤鸿思一举,惜哉无天风。君已获际会,努力排苍穹。且当拔麟角,无遽问雕虫。既以答盛意,亦庆余遭逢。"

《新妙集》,一卷。录各体诗作 35 题 61 首。有《访栗里遂游醉石》《藏园为述黄山旧游作》《雨后偕节之柏良观玉渊》《怀本师罗蔼其先生》等诗。《腊不尽二日子约到》诗云:"风雪送余运,旋驾怅迟迟。且尽杯中物,言笑无厌时。荏苒经十载,常恐负所怀。开春理常业,其事未云乖。愿留就君住,必尔不复疑。"

《悔存稿》,一卷。收小传 1 则,碑铭 2 篇,轶事 1 篇,书信 7 封,自序 2 则,悼文 2 篇。

《抱瓮斋联语偶存》,一卷。自集 6 联,自题 23 联,挽联 35 联,集陶诗 7 联。

侯鸿鉴 《病骥五十无量劫反省诗》,一册,铅印本;《甲子稽古旅行记》,一册,民国十三年(1924)铅印本;《寰球旅行记》,二册,民国间铅印本;《郑州旅行记》,一册,

民国十七年（**1928**）铅印本;《病骥癸亥旅行记》,一册,
民国二十三年（**1934**）铅印本;《燕晋察哈尔旅行记》,一
册,无锡锡成公司民国十年（**1921**）铅印本;《东三省旅
行记》,一册,无锡锡成公司民国十年（**1921**）铅印本。

　　侯鸿鉴（1872—1961）,字葆三,号梦狮、铁梅、病骥。江苏
无锡人。幼从朱逊甫读书,又入南菁书院、南洋公学。1902 年
留学日本,入弘文学院师范科。回国后,创办竞志女学校、模范
小学、速成师范等。又历任竣实校长,南菁学监,蚕业校长,江
苏、江西各省视学,河南第一师范讲师,集美学校校长,福建教育
厅秘书,上海致用大学校长等职。又创设无锡县立图书馆、竞志
图书馆、福建省立图书馆。又先后应奉天、天津诸校之邀,更游
历南洋各地。早年加入南社。著有《古今图书馆考略》、《无锡
图书馆先哲藏书考》、《锡山先哲丛刊》、《塞外纪游》、《西秦旅
行记》、《东三省旅行记》、《南洋旅行记》、《环球旅行记》、《甲子
稽古旅行记》、《单级教授法讲义》、《七个学年单级教授法》及
《解放诗钞》等。

　　《病骥五十无量劫反省诗》,一册,铅印本。有肖像一帧,题
曰"江南病骥劫后肖影"。卷首有辛酉七月严毓芬序。内夹侯
鸿鉴小启一张,铅印。

　　谨按:本书所收皆近体七言律,壬申一岁至辛酉五十岁,岁
一首,凡五十首。自注尤详实绵密,以字数而论,殆十倍于原诗。
此五十首诗,皆侯鸿鉴追忆生平之作,识者当以年谱读之。

　　兹录其诗一首,以见其大概。《甲辰三十三岁》云:"愤感潮
流三岛激,归营教育一时新。（自注:返国后即办寻常高等小学
校一所,来学者三十余人,以杨生权最为英锐。时述之任东林教
务,余任竣实教务。又共同组织教育会等。）力培花木竣良实,

瞬睹风云付劫尘。(自注:略。)端赖陶斋恢旧业,重开黉舍福斯民。(自注:略。)驽骀愧负三冬责,(自注:略。)往返澄江事苦辛。(自注:略。)"

《甲子稽古旅行记》,一册,民国十三年铅印本。卷首有侯鸿鉴自识。民国十三年甲子春,侯氏作京豫游,自记行迹,汇为一册。其曰"稽古"者,则以是年侯氏勾摹古器图数十帧,时时加以按考,不特著录而已,且于敦煌唐人写经、乾隆黄玉小印、九嶷山人杨时百(名宗稷)所藏古琴并有考录。核之名实,非稽古一词不足以概甲子之游。又,是编颇存侯氏诗作,大率出于应酬,然至可宝,得而考之,觇资壤流。侯氏自识云:"人生百岁,甲子难逢元旦之春;文字千秋,著述执订名山之业。五十三年劫尘,迎春恰遇岁朝;七千余里行程,稽古履端五夜。"兹编所由,概可知矣。

兹谨录其日记第一篇:

"民国十三年二月九日,即夏历春正月初九日。乘夜车赴宁,作京豫游,预计行程十四日,约正月十九日即返里。此行目的,一为新郑出土之古物,陈列于汴梁图书馆,不远数千里,驰往参观,以资博览。一为预备赴欧美考察教育,向教育部商办公文,外交部请领护照,调查同乡亲友留学欧美之人及中国领事之驻欧美者,藉资照料,便行旅。既登沪宁夜车,拉杂记之,先以一诗弁其端:

私心未竟环球愿,去日空嗟垂暮年。结想周游越欧美,孤行寄迹走幽燕。会当博览商周器,好待编成金石篇。转辙大梁返江左,车尘轻拂绿杨烟。"

《寰球旅行记》,二册,民国间排印本。书名由寒厓题签。扉页有其自照一幅,后有其自题诗《病骥归自海外赋寄亲友》一首云:"白驹过隙百三五,病马征程九万余。蠡测已嗟观止矣,鸟飞未倦赋归与。苍茫寰宇孤吟客,痛苦悲怀孰启予。愧检行装胡所得,一筐顽石半囊书。"再次为寒厓与廉泉题赠诗两首。后有其所游历地区照片若干幅,后为题辞,后为其自序云:

"余之好游也,始念拟遍游中国,而后作欧美游。以全国游毕,为幼儿园毕业;以世界游毕,为国民学校毕业。乃屈指卅年来,仅游行省十六,特别区三,而云贵川桂甘新之六省,热河川边之二特别区,犹未尝往游。今乃欲作环球游者,是幼儿园未毕业,已越级预修国民学校之课矣。此喻虽不伦,然余冒险孤行之决心,固一往直前,无所畏葸,尽使经济困难,言语艰难,群以为斯行之可笑矣。在爱我者且相劝阻,以为苦行之可危,皆不以余之游也为然。乃余锐进之念,不容挫减,于是筹措进行之方,筹备款项,调查同乡亲友留学欧美者为余译助,复以赴美登岸不易,办理护照验病签字等手续之周折,两往京沪宁锡者两阅月。然后整装出发,才达余漫游之目的。由沪鼓轮东行,过日本,渡太平洋,抵美之西方。既登岸,横新大陆而东,凡所止之埠六:曰西雅图,曰三藩市,曰芝加哥,曰华盛顿,曰波士顿,曰纽约。由美而渡大西洋,历英之伦敦及苏格兰,法之巴黎及里昂,过比利时抵德之柏林。由柏林而游瑞士,抵意大利之罗马,而还法之马赛。乘船而经地中海,入苏伊士运河过红海,泊非洲埃及之朴赛港及法属吉波的港。渡印度洋而登锡兰之哥伦布岸。经南洋群岛而北行越南之西贡,入七洲而至香港,返棹沪江,则江浙风云方起,卧病沪寓者凡两旬。秋风八月,绕道还乡,屈指时日,自春而秋凡百五十七日,海陆舟车环球九万零七百里,耗费金钱三千百七十枚。自问所得者几何,仅此旅行记六卷,藉邦人旅外者之译助,竭余五阅月之心思脑力,以及形骸肢体之痛苦艰难而成之者。东鳞西爪,曷足窥管豹之全,美雨欧风,因窃叹驹隙之过,他日者补修幼稚之课,或再作修学旅行。余之游未竟,即余之苦学

50

犹未已也。今则既载余笔,聊征行迹于一时,自勉他年重扩智囊于世界,是以覆瓿遗诮绝不之顾,拈毫抒写,或有所裨耳。自弁数言,敬贡阅者。时民国十三年十月病骥自序。"

次为英女皇维多利亚一世之照片。后为目录计九卷,分别为:卷一《乘桴浮海记》;卷二《美利坚记》;卷三《续美利坚记》;卷四《英吉利记》;卷五《法兰西及比利时记》;卷六《德意志记》;卷七《瑞士记》;卷八《意大利记》;卷九《航海归帆记》。于各记中分别介绍自己所见所闻及各地风土人情,尤重记载各国工业文明和科技发展情况。

谨按:因此书分两册,只见上册,未见下册,因此不知书后是否有跋等。

《郑州旅行记》,一册,民国十七年铅印本。一册,不分卷。此系民国十七年侯鸿鉴游郑州所作日记。内容颇庞杂,虽记行历,时有考古之作,间亦附所作歌诗。他日有编侯鸿鉴诗全集者,此亦不可废;欲考其访古之绩,尤不可置之不观。

卷首自序云:"蛰居乡里,坐拥诗书。朝披朱墨,夕酬艺文。此倦鸟归林之静境也。南河凤驾,东里陈书,安排笔砚,组织机杼,此片云出岫之动境也。夫吾人出处,寸衷独具权衡;斗室啸歌,空气不妨调节。于是乎溯江帆影,历皖赣鄂三省而遥;绕道车尘,越木金土半周而止。旧游回首,匡庐空见白云;好景行吟,江上遥寻黄鹤。泊舟黄石港头,铁矿慨永藏之宝;驻足鸡公山畔,崇楼仰避暑之居。论兵家形胜,武关握京汉战守中枢;策铁道交通,郑邑集陇海工商要地。拜惠人祠宇,犹留子产遗治之风;访舍利经幢,艳说大唐开元之塔。问列子御风之迹,尚传八卦仙台;拭王公神道之碑,太息半园荒冢。森森苗圃,百亩连阴;寂寂梅峰,南城远眺。是皆有史地之关系,名胜之浏览,足资记述者也。至于炎炎气候,屡闻大风之歌;落落襟期,每多旧雨之感。孤吟夜月,不无相思漾洄;独步斜阳,自觉天环澹荡。延陵小住,时听趣语以乘凉;卢全偶谈,勉加餐饭以努力。考古就专家赏鉴,得历朝泉币大观;读书向野乘搜罗,览一邑先民遗著。惟值戎马倥偬之际,肆应无方;愧风尘肮脏之才,偃蹇可笑。是又有人事之见闻互异,环境之感想不同,足资研究者也。矧江左敝庐,难忘弦诵;汴河新柳,空絷琴书。往返五旬余,姑作采风之记载;跋涉数千里,聊成覆瓿之篇章云尔。戊辰夏五月无锡病骥老人侯鸿鉴自序于古里东。"

《病骥癸亥旅行记》,一册,民国二十三年铅印本。一册,线装铅印本,无锡锡成公司代印。卷首附肖像照一幅。

谨按:《癸亥旅行记》包括:《邓尉山游记》、《会稽山游记》、《普陀山游记》、《京兆旅行记上(游盘山记)》、《京兆旅行记下(西山及天泰山游记)》、《南通游记》。

侯鸿鉴小序云:"右游记六。计关于地理者,凡江苏、浙江、京兆三区域;关于历史者,天泰山清顺治帝之肉身犹在为最奇;关于金石者,以玄墓还元阁所藏之邾公轻乳钟及禹陵之窆石为最可珍;关于教育实业自治之考察者,以南通之行为有益;关于佛学之研求者,以印光法师之谈话有至理;关于旅行之苦,以盘山二十里之大雨淋头、四十里之焦阳灼背为最乐。其他山中风景,古寺盘桓,诗画流连,到处佳景,则不足道矣。病骥老人侯鸿鉴自识。"

《邓尉山游记》。起癸亥春正月九日,止于正月十二日。均寻寺赏梅之文,描述最优。

《会稽山游记》。起二月十七日,止于二月二十一日。游会稽山,有怀古诗若干。

《普陀山游记》。起七月十七日,止于七月二十三日。普陀为中国佛学胜地,相传为南海胜境。故此记颇多关于僧侣佛学者。附《普陀记》一篇。

《京兆旅行记上(游盘山记)》。起八月二日,止于八月十三日。盘山,即田盘山,在北京蓟县。

《京兆旅行记下(西山及天泰山游记)》。起八月十五日,止于八月十九日。此记中颇多诗作。

《南通游记》。起十一月二十二日,止于十一月二十八日。此记不以描摹风景为主,重在考察南通之风俗及实业。

《燕晋察哈尔旅行记》,一册,无锡锡成公司民国十年铅印线装本。为《病骥旅行记》之第十三种。卷首附山西大同武州山北魏太和三年精造云冈石窟之石佛照片、恒岳山图各一幅,以及察哈尔全区城界图。卷首有石屏胡商彝序、武威郭学谦序及上谷冯延铸题词。

胡商彝序云:"无锡侯子病骥,置身于学,身之所经,几半天下,犹歉然不自足。庚申冬,复北上幽燕,越榆塞,登恒岳,度雁门,瞰长城,而陟汗诺儿坝。余时尹兴和道篆兼理中师各校,侯子过谒,延语竟日。其奇古不羁之气,时流露于作止语默间,进而商榷管理大中小各校主旨。侯子曰:'小学贵活泼而有规则,中学宜重自治,大学于放任中寓严重之制裁。美属菲律宾教育大率如此,至足法也。'旨哉言乎! 岂道听途说辈所能及哉! 海通以还,士夫假皮相之论,以猎时名而图温饱者无论矣,甚或自号杰出之士,不墨守一家言,至死不悟,即冥行盲从于岛国二三名词,以为问世之具,而名词之内之精义、名词以外之作用,毫不加察,勿怪变政兴学数十年,而艺日窳、道日衰,求能折衷中西新旧以示我国柯则者,直寥若晨星也。抑余尤有多于侯子者。侯子以一介寒素,苦心创立竞志女学,阅时十有七年,独立捐资七万余金,著名门墙者百余生,留名学籍者三千余众,而奇变之来,虽日与困苦贫病牢狱刀锯虎狼相奋斗而不惰,牺牲家庭,几几及于身名而不悔,倘所谓守死善道,言有物而行有恒者耶?非耶?而惜乎仅仅以一竞志女学囿之也。侯子与余昧生平,初相识于塞上。《燕晋察旅行记》成,促序于余,若与余有夙契者,余甫解缆,卒卒无日暇,辞不获请,遂拉杂以为序。辛酉清和月石屏胡商彝。"

郭学谦序及冯延铸题词不录。

侯鸿鉴自识云:"瓯江之棹乍还,席犹未暖;冀北之征久系,驾言出游。道路崎岖,尽使云寒塞外;关山迢递,时思迹遍寰中。此去访云泉古寺,岩疆之风景大佳;长征度桑干大河,客路之沙尘可洗。道出雁门,屈指重阳节近;车行马邑,抗怀恒岳峰高。昔日万千辛苦,已游五岳之三;此时重九登临,仅缺衡峰之一。指特别政区,俗尚或多同异;策广漠要塞,輶轩尤扩见闻。矧教育事业之大谋,社会人民之现状,与夫历史之关系、地理之记载,草木鸟兽之名、雨雪冰霜之象,无不足以资笔墨于征人,助智识于游客。是以冻毫虽秃,可光搜到眼云山;老马云疲,必踏进穷边风月而已。时九年十月十四日病骥老人自志于津浦车中。"

《东三省旅行记》,一册,无锡锡成公司民国十年铅印线装本。

为《病骥旅行记》之第十四种。卷首附《嫩江踏雪图(病骥)》、《哈尔滨简明图》,有侯鸿鉴自题诗一首:"北登恒岳探飞窟,东过昂溪踏嫩江。自笑者番风雨里,元龙奇气世无双。"有吴兴杨乃康、辽阳孙其昌序各一,及题词若干首。侯鸿鉴自识云:"闻长春、延吉方萌教育根荄,此实业教育之两端,不容不详为考察者也。至于中外杂居,易生纠葛;国际交涉,时露动机……此国家社会之现状,不容不讨论之者也。其他山川道里之远近、金石古迹之访求,尺水寸山,均堪图绘;残碑断碣,足使摩挲……是以地理历史之关系、风俗人情之殊异,以及友朋之晋接、文字之因缘，胥足供我记载之资、见闻之料。"《旅行前之琐记》云："鸿鉴此次旅行出发之起点，自北京始，旅行所在地为奉天、吉林、黑龙江三省。奉天则三载前，曾由天津、大连往沈阳一游，今则吉、黑两省为此行之目的地。在京时，气候虽尚温暖，预料吉、黑气候已为寒冷。"此记内容，可得而知。

杨乃康序云："病骥侯氏初办竞志女校于无锡故里，遂倾其家，迄今廿载，谈东南教育者于学校无不知有竞志，于人无不知有病骥。顾病骥不以此自足，充其量于全国于世界，遍历幽、燕并凉、闽、越之域，迤及于日本、南洋、英、美、荷之属，所至考察其教育状况，编述成册，集其同异，系以论评而求其是，推而至于风土情性民族盛衰之故、国势强弱之由，靡不具著。其用力至勤，其用心至苦，其为识也亦至远且大。故历值艰难险阻，皆不足以泥其游，计不反顾，辄探其精髓而还以贡诸国人，犹自以病骥名，则凡病骥之所为，众所视为高若三光、深同九渊而不可登且涉者，病骥直视为培塿港畎而步约之而苇航之也。呜呼！谋为宏远矣。九年冬，病骥又只身度辽水，时乃康承乏，病骥跨长白缘粟末而至，觌面如旧，见其行李仓皇而风神爽闿。倾谈之日，益知其蓄愿之宏，灼见之卓，远过于曩日之所闻，而数年漫游南北之有以也。既到，涉足奉、黑二省而归，将以所闻见著为《东三省旅行记》，传书命叙。病骥好吟咏，客中不废，爰赋二律，用志景仰，并以就大方之正云尔。时民国九年岁不尽三日吴兴杨乃康。"

孙其昌序不录。

胡怀琛　《江村集》、《福履理路诗钞》、《上武诗钞》、《秋山文存》，均不分卷，民国二十九年（1940）《朴学斋丛书》本；《海天诗话》，不分卷，民国《古今文艺丛书》本。

胡怀琛(1886—1938），原名有怀，字季仁，后改寄尘。胡朴安之三弟，安徽泾县溪头村人。宣统二年（1910）受聘于《神州日报》担任编辑，翌年（1911）与兄胡朴安一起加入南社，旋与柳亚子结成金兰之契。后应王云五邀受聘去商务印书馆任编辑，参与革新初等、中等学校教科书编选工作。任《小说世界》编辑，后又参加《万有文库》古籍部分编辑工作。先后任中国公学、沪江、持志等大学及正风学院教授，授中国文学史、中国哲学史等课，民国二十一年受聘于上海通志馆任编纂。在任教与编辑业余期间勤于选编、撰写、著述，涉及文学史、哲学、经学、佛学、考据学、地方志、诗歌、小说、传记、评论、杂记等。主要著作有《国学概论》、《墨子学辨》、《老子学辨》、《托尔斯泰与佛经》、《文字源流浅说》、《简易学说》、《中国文学史略》、《修辞学发微》、《中国诗学通评》、《中国民歌研究》、《中国小说研究》、《中国文学过去与未来》、《中国戏曲史》、《中国神话》、《文艺丛谈》、《清季野史》、《上海外记》、《苏东坡生活》、《陆放翁生活》等百余种。民国二十七年一月十八日卒于寓所"波罗奢馆"，终年53岁。

《江村集》，不分卷。民国二十九年《朴学斋丛书》第四册，铅印本。扉页为徐乃昌题写书名。前有柳亚子撰《亡友胡寄尘传》，末有胡朴安跋。是书共117题，诗135首。

《南社二十周年纪念冒雨集于虎丘》："一笑相逢盖欲倾，都言天雨胜天晴。本来载酒寻诗客，只合拖泥带水行。夷夏兴亡关此会，江山终古证吾盟。龙门采作他年史，难写今朝浪漫情。"《题陈柱尊待焚诗草》："桂林山水甲天下，灵秀之气钟诗人。古有迁客柳子厚，今有土著陈柱尊，饮酒不怕醉，大瓶小瓶肚里吞。美酒入肠那肯化，往往酝酿成奇文。一旦乘机复倾吐，能惊四座辟三军。今出一册授我读,使我沉醉千晨昏。大呼当年刘玄石,陈诗狄酒真登伦(狄希造千日酒,刘玄石饮之,一醉三年。见《搜神记》)。我闻仓颉造文字,能感天地泣鬼神。君诗慎防遭天忌,他年莫被雷火焚。"《哭醴陵傅钝安同社》:"昏灯细雨哭斯人,感旧如何不怆神。千里潇湘书一纸,十年怀袖墨犹新。""非狷非狂非圣贤,吟诗写字一年年。从今位置真难定,还是西湖作水仙(君生前游西湖登某阁,曾有'他年来此作水仙'之语)"。《剪淞阁访潘兰史先生》:"当年天外浮槎客,今朝来剪淞江水。剪刀锋利手一挥,截起吴淞一百三十里。归震川《思子亭记》云:'震泽之水,蜿蜒东流为吴淞江,二百六十里入海。'今先生取'剪取吴淞半江水'句名阁,故云云。淞江潮汐如苏文,李耆卿《文章精义》云:'苏文如潮。'先生文章亦相似。浩荡胸襟天样宽,一阁虽小无碍尔。有时乘兴一挥毫,直把此江倒入砚池里。有时客来欲畅饮,又把此江倾注酒杯底。我今登阁访先生,放胆吟诗忘所以。敢问馀滴可能与我无,先生或微笑曰此亦任君剪之耳。"

《福履理路诗钞》,民国二十九年《朴学斋丛书》第四册,不分卷,铅印本。扉页为柳亚子题写书名。书末有胡朴安跋。是书共62题,诗73首。

《题胡宅梵〈胜月吟剩〉》:"吾宗胜月居士,性耽吟咏,五言直入陶谢之室。昔尝问诗法于余,然其佳处,非余可及也。迩来从弘一法师学佛,所作尤超悟焉。刊《胜月吟剩》,嘱为题其卷端,因成此章赠之。""吾宗月居士,逸趣孰能同。守拙得真意,渊明诗'守拙归田园'。吟诗有古风。只因心迹静,迹客诗'心谢双寂寞'。便觉语言工。怪底能超悟,闻君事远公。谓弘一法师。"《战后过宝山路》:"短陌长衢总费尘,瓦堆馀迹与谁论。偶然一角颓楼在,付与荒摊卖饼人。"《王均卿先生卜筑吴门,迁移有日,赋此赠之》:"偶然买得近城山,筑室编篱十亩间。儒者多闻以为富，人生百事不如闲。隐无大小随时会，物有迁移付静观。他日吴门访君去，定知园有竹千竿。"《寄王均卿先生吴门》："先生大我二十岁，当时交游称忘年。及又已廿馀载，眼前沧桑几变迁。但祝晨夕加餐饭，须知清闲即神仙。一样高龄古稀有，布衣足以傲清干。"《南社临时雅集》："民国二十三年三月四日，南社临时雅集于新亚酒楼，赋示亚子及诸社友。""高楼百尺聚群英，廿五年来证旧盟。老友于今半生死，时俞建华、庞檗子、余天遂、邹亚云、汪兰皋、傅钝安、雷铁崖、高剑公、朱良任、陈巢南诸君，皆已先后物故矣。初心终不负幽明。曾如草向春前绿，仍得松留雪后青。文艺复兴方有待，吾人责任莫言轻。"

《上武诗钞》，民国二十九年《朴学斋丛书》第四册，不分卷，铅印本。扉页为陈微明题写书名。前有自序一篇，末有胡朴安跋。是书共35题，诗36首。

《和郭沫若》："予与郭沫若约在民国十一年间曾纵谈半日，通信多次，后隔四五年相遇于电车中，其爽直热烈之情感，曾不减于初见时。此后，即未通音问，忽忽已十年矣。今闻沫若归国，并读其近作，当时情景如在目前，因依原韵和作此章。""犹记高谈阔论时，十年忽忽鬓将丝。喜闻逋客归中土，共掬丹心拥国旗。筹汉应多贾生策，抗金讵止放翁诗。故人如我虽无用，亦岂甘沦左衽衣。"《初闻卢沟桥事变》："漫天风雨逼人愁，大难担当此起头。莫作廿年前旧梦，羸驴晓月过卢沟。二十馀年前，予曾作卢沟桥上客。"此外另有《吊南北殉难诸将士》、《空军作战》、《铁军》、《纪事》、《老子军》、《八百孤军》等咏抗日战事之爱国诗篇。

《秋山文存》，民国二十九年《朴学斋丛书》第四册，不分卷，铅印本。扉页为陈柱题写书名。前有自序一篇，末有胡朴安跋。是书收《云鹤先生遗诗序》、《与柳亚子书》等序、跋、尺牍、记、传、碑文 24 篇。卷末有胡朴安跋,不录。

《海天诗话》,见录于民国《古今文艺丛书》第三集。其内容是以中国旧式诗话形式评论国人译诗及外国之诗作。其书前有小序云:"欧西之诗,设思措词,别是一境。译而求之,失其神矣。然能文者撷取其意,锻炼而出之,使合于吾诗范围,亦吟坛之创格,而诗学之别裁也。如苏曼殊之《文学姻缘》、《潮音》,马君武之《新文学》,皆为世所称道。亦有短篇断句,散见于东西杂志。或西方诗人名言逸事,可资谈助者,予偶有见闻,走笔录之。东瀛本重汉诗,名手亦复辈出,搜其著作,采其精华,或可为他山之石,或以供茶馀客话,其亦士君子之所许乎。作《海天诗话》,所采集皆东瀛、欧西之诗,吾国人纪海外事者亦隶焉。"可作中西文学交通史料读。

另,《朴学斋丛书》第五、六册中尚收有寄尘《中庸浅说》、《老子学辨》、《老子补注》、《庄子集解补正》、《列子张湛注补正》、《淮南鸿烈集解补正》、《惠施诡辩新解》、《太白国籍问题》、《王念孙读书杂志正误》、《札迻正误》、《读书杂记》等学术著作。

胡先骕 《蜻洲游草》,一卷,民国间铅印本。

胡先骕(1894—1968),字步曾,号忏庵,江西新建治坪洲人。著名植物学家,中国植物分类学奠基人。哈佛大学攻读植物分类学,获农学博士学位。先后任南京高等师范学校、东南大学、北京大学、北京师范大学等校教授,中正大学校长,中央研究院评议员、院士。新中国成立后,任中国科学院植物研究所研究员。"文革"期间,被迫害致死。

蜻洲,即蜻蜓洲,清末国人呼日本之别名也。未详所出为何,盖或似扶桑、东瀛之类也。是集即胡先骕在日本游历所作诗汇编，共计各体诗作 12 首。《京都岚山》诗云："数峰青人云，一溪碧如泻。何处秋山图，摄向此间挂。澄波漾日彩，迸作晶光射。水清石齿齿，藻荇游鱄藉。峭岸絙修梁，俨若飞虹跨。远树簇红紫，倒影益娇姹。云姿无定在，点染皆入画。晴岚已张秋，雨翠度宜夏。四时好风物，隽赏宁有价。风飘堪送老，其欲营水榭。逐逐天何为，雕年不相借。清景供一瞥，空云死闲暇。"

胡渊 《南香诗钞》，不分卷;《南香画语》、《随感录》，民国二十九年（1940）《朴学斋丛书》本。

胡渊字潭平，号南香，安徽泾县人。南社社员，胡朴安之长女。诗有家风，画则以古为法，尤善山水，师从黄宾虹。著有《南香诗钞》。

《南香诗钞》，不分卷。民国二十九年《朴学斋丛书》第六册，铅印本。扉页为徐行题写书名。末附其父胡朴安跋。是书共 49 题，诗 79 首。

《朴学斋话酒图》："家君招饮精卫、亚子、十眉、楚伧、孟芙、享利、右任、力子、望道于寓，命渊绘图纪之，精卫命之曰'朴学斋话酒图'，诸君皆有题咏，极一时之盛。""秋风淡微云，秋花曜素节。小斋敞明晖，斗酒聚贤哲。欢言泛香醪，诙谐槃尘舌。陶然兴未阑，白日忽已灭。嘉会托丹青，涂雅敢辞拙。"《书感》（十四年春，感浙江战争作）："黄云暗苍天，冷雨湿高树。俯仰郁中肠，投足不获处。海上有仙乡，云是江南路。绿杨耸高楼，清流隐飞鹜。好花艳阳春，芳草湛玉露。披衣竞长往，一苇翩然渡。或杖寻山筇，登天履云雾。或放兰叶棹，凌波弄流素。一年复一年，烟霞乐晨暮。遨游方未已，烽火起郊隅。狐鼠竞蹦逐，豹虎互吞吐。刁斗寒夜发，羽檄清宵赴。目惨江南村，血染江南路。高楼有断垣，落英成红雨。不见绿杨台，但有荒草圃。匝地起黄沙,何处是乐土。哀哉乱离人,生命若朝露。已矣何所言,斗酒强自娱。"《为亚子绘江楼秋思图》:"西风摇落迁羁客,药灶茶炉事事幽。吟罢凭栏双倚望,一天秋思上江楼。"

《南香画语》,民国二十九年《朴学斋丛书》第六册,不分卷,铅印本。扉页为楼辛壶题写书名。前有上章执徐(庚辰,1940年)皋月(夏历五月)童大年序,次为辛酉年自记,末有其父胡朴安跋。自记云此书乃自己"学画之馀,随笔记录"也。其中有记黄宾虹藏画一则云:"黄宾虹先生精于鉴古,藏画不多而无不精者。予近曾见先生所藏之李大将军小立轴一帧,其用笔用墨之妙,叹为观止。画系绢本,作老松二株,清流一湾,一人抚琴岩石间,意态闲远。松后衬以墨青远山,愈显地境深幽。其松石点苔之墨,黑如凝漆,虽历年久远,绢地破碎,而墨色犹莹润欲流。展玩久之,爱不忍释。笔墨之妙,过于化工,岂不然哉。"

《随感录》,民国二十九年《朴学斋丛书》第六册,不分卷,铅印本。扉页为李健题写书名。书末有其父胡朴安跋。跋称是书乃作者"随所感而笔之于书也,又名《舒怨录》,又名《问心集》。观其题名,则感而成怨矣,怨而成,无可如何而问心矣。阅其内容,颇多悲哀之语,若不胜其忧戚之容,似有许多难言之隐,聊泄之于笔墨者。"

黄宾虹 《宾虹诗草》 民国二十二年(1933)石印本。

黄宾虹(1865—1955),原籍黄山市歙县,生于浙江金华。初名懋质,后改名质,字朴存,号宾虹,别署予向、虹叟、黄山山中人。擅画山水,为山水画一代宗师。

扉页,黄宾虹自题云:"叔通先生蜀游诗典切清新,百读不厌。拙作庸劣,布鼓雷门,尚希郢削。宾虹。"钤印"君虹"。

次,潘飞声序,云:"宾虹山人画参唐宋,驰继百家,诗名几为所掩。顾山人未至沪渎，读书山中，已品藻二谢，追踪四灵，成一家言矣。胸冶奇气，一发于诗，性复好游，蹦北燕，跨南海，折桂林之一枝，挹匡庐之五老。攀天都，涉洞庭，扩史公浩瀚之观，抒孙登高空之啸焉。近自蜀西游归，编诗成帙，出以相示。惟长吉充囊，不过三十，而务观丛稿，已迈万篇。君寄兴愈高，格律愈严，年且届古稀矣。昔少陵入蜀，山水益著；东坡渡海，文字更奇。山人所作盖以山川之助，灵异所钟，函光不阕。今不为画所掩矣。仆与山人交三十年，既宝其画，复珍其诗，固非冬花离垢所能比也。故撰弁言以归之。罗浮潘飞声序。时年七十又六。"

次，许承尧序，云："吾乡宾虹先生深于书画，长于考证古文。其画超诣玄解，笔墨俱化，直追元人。其书大篆，劲秀天成，神味与古翕合无间。其考证古文，凿奇破难，时复惊众，而霜然理解，精髓周洽，不可更易。此人所共知也，素不甚称诗。今岁蜀游，驰驱回溯于兵燹中，载更寒暑。乃遍览山川之奇，凭吊昔人啸咏之迹，为诗一卷。诗成，辄邮寄，承尧目怡心骇，而愧昔之未尽知先生也。其诗状难状之景如在目前，肖物之工已为画笔所不能到。而选词妍雅，浸淫六朝，其率易者亦足与唐人争席。縠然古色，渊乎古声，求之近今，可谓独为其难，卓自树立者矣。承尧不能画，而喜言诗。辱先生知，亦以能作言语见许。今读此卷，叹为喘汗莫追。且庆吾之未入蜀而已入蜀也。敬记卷尾，以质诸世之能知先生者。癸酉冬，许承尧。"

是集乃《宾虹诗草》之一部分——《蜀游杂咏》，共收古今体诗 55 题 64 首，皆游历蜀中所作。每至一地，辄发诸吟咏，感山川之气，成卓然之诗。诗法老杜，笔力苍劲，乃近代上乘之诗作。如《合川》诗云："水市声喧客路赊，溪流环绕出三巴。垂杨笼巷如深雨，归燕双双日又斜。"绝句出入唐宋。又《题画嘉陵山水》

诗云:"嘉陵山水江上游,一日之迹吴装收。烟峦浮动恣槃礴,画图挽住千林秋。秋寒瑟瑟窗牖入,唐人缣楮无真迹。我从何处得粉本,雨淋墙头月移壁。"

黄节 《蒹葭楼诗》 民国二十三年(**1934**)铅印本。

黄节(1873—1935)原名晦闻,字玉昆,号纯熙,别署晦翁、佩文、黄史氏、蒹葭楼主等,广东顺德甘竹右滩人。因鄙夷同宗黄士俊变节行为,易名"节",取号"甘竹滩洗石人"。与梁鼎芬、罗瘿公、曾习经号称"岭南近代四大家"。著有《蒹葭楼诗》、《汉魏乐府风笺》、《诗旨纂辞》等。

扉页题签:蒹葭楼诗,陈敬题。钤印:陈上。扉页题签:蒹葭楼诗,汪兆铭题。钤印:精卫。

次,张尔田《蒹葭楼序》,云:"余交晦闻十年矣。君工诗,每有所作,必就余观之。余尝拟其体,思与之角,而卒不能胜。然君顾独许余知诗。戊辰春,写成一厚册,命为《蒹葭楼诗》。过沪抵余,曰:'生平之志与业,略具于是。子其为我序之。'余曰:'君诗之必传,固不待序。'虽然,吾与君戴而游者。今何世耶?天纲沦,人纪绝,神州数千年立国精神不毁之异族,竟摧拉燔坑于服古诵数之徒。儚儚洄洄十七年,昊天惮怒于上,黔首慄慄于下,织儿仄竖,比屋可诛。求一民劳板荡之音,如古之人遭苛虐相呻吟者而不可得。生斯时也而有诗,庄生所谓逃空虚者闻跫音而喜也。又安可以无言?金之亡也,驱缙绅如群羊,木佛编钟,括宫排市,而元遗山之诗作。明之亡也,白骨如麻,赤地千里,至奴仆呼家主以兄弟,擅索文书,结寨焚杀,(宏光时,州邑奴仆结十二寨,索家主文书,稍拂其意,遂焚杀之。皆云皂帝已换,家主亦应作仆事我辈矣。主仆俱兄弟相称,时有嫁娶者,新人皆步行,竟无一人为僮仆。而黟县尤甚,延及休宁,良家子闻之大惧。知县欧阳铉邀邑绅饮，痛哭起义，金声黄赓等亦举兵，而奴仆于是不敢动。见计六奇《明季南略》。)而屈翁山、顾亭林诸君子之诗作。呜呼！今乃得君而三矣。君粤产，粤故多诗人，梁文忠以下，曾刚甫、潘弱海、罗掞东诸子皆与余交。其所为诗，余又兼取而偏嗜之矣。如啖荔支，如副新橙。最后读君诗，味兼酸辣，乃如柠檬树果，信乎君诗之工耶！君既以诗鸣海内，居京师十年，穷且饿。当项城称帝时，名士趋之若坑谷焉，而君翛然南归。又有浼之出者，亦坚卧不一应。曩尝评君"内蕴耿介，外造俊淡"。今去之数年，复诵君诗，犹前日也。此集古今体诗约三百余篇，异日君所造就，或不只此。然即此三百余篇，固已足传君，而余独悲亮节慷慨如君，乃仅仅以诗传耶？则又不能不使人罪夫世已！许村樵人张尔田序。"

次，陈三立题词，云："格澹而奇，趣新而妙，造意铸语冥辟群界，自成孤诣。庄生称藐姑射之神人，'肌肤若凝雪，绰约若处子'。又杜陵称'一洗万古凡马空'，诗境似之。甲戌初春，八十二叟三立读。卷中七律疑尤胜，效古而莫寻辙迹，必欲比类，于后山为近。然有过之无不及也。立附记。"

是书共两卷。卷一收古今体诗作 194 题 222 首。有《九日登华龙塔用诸贞壮邓秋牧》、《寄和刘三将之杭州留别原韵》、《题陈白沙先生自写诗卷后》、《为黄诏平题绣角笺》、《自题蒹葭图寄黄宾虹索画》、《题蔡哲夫新得汉六花铜镜拓本》、《为胡夔文题戴鹰阿山水画册十二首》等诗。《秋霖寄贞壮》诗云："北地秋霖不待雩，连朝浃夜势无余。没蹄草淖深逾尺，当院槐阴落数株。坐托众多如雨叹，窃闻星有好风殊。眼前此意谁能会，远为裁诗寄大诸。"《送马夷初南归》诗云："十月尚未霜，北风振林卉。坐有南行者，对此志菲菲。去秋送吾子，雪后腊无几。兹来别尤速，匝月弗及朏。栖栖子何就，意耻貂续尾。吾徒达是非，举世已不趣。经冬岁恒燠，天道亦所匪。子归湖上居，怀子在葭苇。"《和魏斋同游江亭》诗云："经年不见江亭柳，一日含黄换景光。晚有好风将鸟至，坐惟新绿与天长。馀春尚去花时早，得句能无酒后伤。微我舍君更谁语，江亭今日似沧浪。"

卷二收古今体诗作 167 题 197 首。有《题丁叔雅遗墨》、《潘安素乞题其先德峄琴学士西园涉趣图》、《答瘿公书意》、《中秋夜赠王秋湄时将别》、《酬周印昆见赠之作兼慰其悼亡》、《挽胡子晋》等诗。《雪后闻讯张鹏翘》诗云："雪巷几时扫，有无门外人。梅花在何处，流水独非尘。日晚汝安往，岁寒谁更亲。素琴应冻折，曾否觉清贫。"《除夜答宾虹寄画》诗云："千方思慰我，绘事乃其余。世薄知贫友，民穷趣夜除。一寒多赠问，留岁为裁书。未与年俱改，春灯亦不如。"《哭潘致中》诗云："气夺今朝得赴时，未违旬日尚论诗。出生入死元无间，富不如贫可勿疑。行若寻常非世有，洒然语笑至今悲。独因人重遗传画，题记春来绝笔辞。"

黄人 《摩西词》，一册，八卷，民国间铅印本。

黄人（1866—1913），原名振元、震元，后更名人昭，字羡涵，又字慕韩、慕庵，别号江左儒侠、梦闇、梦庵、慕云。中年更名黄人，字摩西。江苏常熟浒浦人。1900 年后任东吴大学文学教授，后入南社。著有《中国文学史》，共 29 册，170 万字。全书分总论、略论、文学的种类以及分论四大部分。钱师仲联在《辛亥革命时期的进步文学家黄人》一文中评价该书是"我国自有文学史以来，第一部空前巨制，至今还没有出现同样数量大帙。"该书论述，"从语言结绳图画音韵而有文字，从文字而有文学金石学韵学小学美术之类，从文字肇始以至于极盛时代、华离时代，无所不详。"主编小说期刊《小说林》，所撰《小说林发刊词》、

《小说小话》，为晚清重要小说论著。善诗词，作品多见于《南社丛刊》。与当时苏州李思慎、沈修、朱锡梁被文坛合称为"苏州四奇人"。王师永健著有《黄人评传》。

扉页题签:摩西词,退闇。钤印:在家僧。次,画像一幅,上有题辞"寐闇先生小像,庚申九月,渥道人摹",钤印"赵",当为赵古泥手笔。

次,张鸿《摩西词序》,云:"慨夫众生类别,遭境万千,荣悴殊归,菀枯各受。宛转尘滓之间,缠缚文字之末,心精所造,幽光炯然。如水冷暖,饮者自知,此事甘苦,不求人解,固靡得而言焉。若夫达意之制,咏叹之辞,其奥如子,其怨如骚,其空寂如禅,其幽眇如鬼,其冶荡如素女。说不可说之言,达不能达之意,寄无可寄之情,如游丝之袅于长空,不知所住而亦无不住。唏!微词,其谁与归? 黄子摩西,学博而遇啬,其所为词,曷为使予悄然而悲,幽然而思? 如见黄子毵毵短发,披拂项背,负手微吟于残灯曲屏间。其殆所谓究极情状,牢笼物态有以致之欤? 呜呼!黄土一抔,佳人难再,余音在耳,剩馥犹馨。世有知之者欤? 抑无有知之者欤? 黄子逝矣,精魂若存,应悔绮语。子建定文,中郎赞赏,生前寥寂,皇论身后云。庚申九月,张鸿叙。"

次,《摩西词》目:《和龚定庵无著词》、《和龚定庵怀人馆词选》、《和龚定庵影事词选》、《和龚定庵小奢摩词选》、《和龚定庵庚子雅词》、《和龚定庵集外词》、《和张皋文茗柯词》、《和蒋剑人芬陀利室词》。

卷一,《和龚定庵无著词》。录词77阕。《凤栖梧·自题词集后》云:"寸心万古情魔宅。积泪如河,积恨如山叠。愿遣美人都化月,山河留影无尘灭。 月坠西头终费觅。后羿长穷,羞受姮狐忆。飞上青天无气力,彩毫一掷长红直。"

卷二,《和龚定庵怀人馆词选》。录词33阕。《卖花声·白

66

门作》云:"六代总荒烟。金粉依然。秦淮水照画阑干。阑外垂杨千万树,春在谁边。　　如此好江山。只贮青鬓。东南王气入阑珊。我亦不辞丝竹写,渐近中年。"《百字令·怀秦侍瀛鸿文师》云:"德邻仙眷,记抠衣初谒,黄香年纪。即席抬题成四韵,道是聪明前世。从此莛才,收归药笼,载酒玄亭里。放言狂论,听之无不生喜。　　天性嫉俗如仇,怜才若命,摇笔风雷起。知己师恩都未报,毕世怀惭无已。马帐萧然,陆庄荒矣,负尽春风意。书香能继,蔗根偿菜根味。"

卷三,《和龚定庵影事词选》。录词12阕。《暖香·姑苏小泊》云:"碧溪带雨。照红楼如画,三年曾住。学舌莺儿,听惯楼中玉人语。吾是风前杨柳,任此后、为萍为絮。隔珠帘一响银钩,便似玉关赋。　　香雾,鬟云妩。只箫鼓画船,清兴难鼓。蟏蛸守户,花片游丝自来去。剩有闲鸥冷眼,看点抹当时鸳谱。还替木兰商确,再来渡汝。"

卷四,《和龚定庵小奢摩词选》。录词20阕。《清平乐·戏赠延陵君》云:"无人买赋。长物穷堪数。犊鼻骕裘都典去。只有一琴伴汝。　　梅花香到柴关。春风悄对烟鬟。为问客游失意,何如偕隐虞山。"

卷五,《和龚定庵庚子雅词》。录词35阕。《好事近·赠许冰心内史》云:"冰雪作心肠,岂是行云巫女。从来未投情网,莫轻通眉语。　　梅花纵不伍千红,东君肯孤负。要问来从何处,是谪仙人许。"《贺新郎·偕延陵君游虎丘后山》:"剑气寒秋水。隔山塘,红尘紫雾,便生幽思。丛塚累累烟草外,多少倾城名士。更多少,断碑无字。乱石点头如笑客,笑兴亡、为甚干卿事。松气冷,沁心腑。　　三年偕隐吹箫市。忆当时,绣襦甲帐,瑶台霞起。犊鼻牛衣今落寞,误尽踏青修禊。只同看,遥峰如髻。回首东南苍莽处,阖闾城,长浸莺花里。云水约,问西子。"

卷六,《和龚定庵集外词》。录词16阕。《水调歌头·过扬子江》云:"南国美人尽,名士过江多。闲鸥冷眼相讥,笑我又经过。千里鲸呿鼍吼,千载龙盘虎踞,量去待如何?梵宇两拳石,长保此烟萝。　　前徒溃,北军入,后庭歌。青衣行酒收局,宁及一渔蓑。依旧烟花金粉,消尽东南王气,孤负好山河。人物风流在,禁得几淘磨。"盖金陵渡江作,语极沉痛,但不衰飒孱弱。

卷七,《和张皋文茗柯词》。录词47阕。《南歌子·山塘即事》云:"柳黛销还展,荷衣瀚更香。兰舟先趁木犀黄。不信玉人迟暮,转清狂。　　歌透罗云软,情随带水长。黄昏凉意唤飞觞。亲点九华灯火,补残阳。"《破阵子·拟稼轩壮词》云:"志壮九边天小,恩深百战身轻。浪静鱼龙听号令,风肃鹰雕奏凯声。鳌梁鞭石成。　　封券同君贳酒,赐田容我归耕。湖上骑驴驴上坠,心与黄河一例清。非争麟阁名。"

卷八,《和蒋剑人芬陀利室词》。录词20阕。《水天远·顺风归舟出杨公塘》云:"州塘过尽,看远岫、晴云如练。笑落落孤身,萧萧行李,只有随行破砚。解事风知归心意,送帆饱、舟飞似箭。觉两岸垂杨,几家老屋,向波中卷。　　消倦,想快心如此,平生初遍。叹赋阁才荒,泛槎志沮,直与鸿毛罔辨。雀可门罗,蜗恩庐负,省得芒鞋生藓。饥总驱我,家山自近客心远。"

摩西词秉持词体之本色,从清名家入,而于南宋人出。虽从中难觅摩西生平行历,但词调凄清,婉转幽怨,于词为上乘佳品,然于人或过于幽独矣。

江瑔　《山渊阁经说》,一册,不分卷,清至民国间钞本;《读子卮言》,二卷,新民社民国石印本。

江瑔(1888—1917),字玉瑔,号山渊,广东廉江良垌镇南溪村人。中国同盟会员、南社成员。毕业于日本明治大学。曾任广东临时省议会代议士、民国初年众议员、中国同盟会粤支部廉江分部部长。著有《山渊阁诗草》、《绿野亭边——草庐诗话》、《仇庵文谈》、《姓名古音考》、《诗学史》、《经学讲议》、《读子卮言》、《作文初步》、《劫余残灰录》、《旅京一年记》、《芙蓉泪》、《辣女儿》等。

《山渊阁经说》,无序跋。红格,楷体钞本。收《孔子作书序辨》、《五谷考》、《说文重出字不可尽删说》、《易均说》、《说文宜删窜字说》、《释偃》、《释私》、《释说文整字音》、《释颙字音》、《说文形声说》十篇,附《姓氏古音考叙》一篇。此皆江瑔治经学所得,虽篇目无多,亦可藉以考其造诣深浅。《说文重出字不可尽删说》有云:"《说文》九千余字,而重出者数十。治《说文》者俱谓非传写之讹,即俗人所增。凡兹之类,易从删薙。窃谓未必尽然。古圣制字,一点一画,具有深意……"立论大胆,前人所无。虽未必果然,魄力不凡如此,固可风也。

《读子卮言》,二卷,新民社民国石印本。

卷各一册,计两册。无序跋。

谨按:此书系江瑔研治先秦诸子所得。卷一九章、卷二七章,共一十六章。前五章为总论,后十一章为分论。

卷一篇目如次:

《论子部之沿革兴废》

《论诸子与经史集之相通》

《论诸子百家之相通》

《论诸子之渊源》

《论九流之名称》

《论儒家不能与经部并立》

《论六经之名本于道家》

《论孟子非拒杨墨荀子非非思孟游夏》

《论荀子之姓氏名字》

卷二篇目如次：

《论道家为百家所从出》

《论黄老老庄申韩之递变》

《论老子之姓氏名字》

《论文子即文种》

《论墨子非姓墨》

《论杂家非驳杂不纯》

《论农家非言农事》

谨按：其总论诸篇多精义无论矣，即卷下诸篇，亦卓尔不可磨灭。《论墨子非姓墨》、《论杂家非驳杂不纯》、《论农家非言农事》尤为精要。《论墨子非姓墨》云："文子本姓文也，世人乃以为非姓。然更有古本非姓，而数千载以来，咸以为姓，适与文子相反者，如墨子是也。古以孔墨、杨墨并称，自汉以后，皆以墨子姓墨名翟，数千载无异词。窃则以为不然。……"墨子是否姓墨，钱穆《先秦诸子系年》广征旧说，颇有申考，似未及江瑔此书。至于农家之非言农事，千古以来，学人代出，皆未能识此。晚清以后，学人始悟农家之与农事互不相涉，若《四库全书》之汇农家与农书于一类，其大误自不待言，江瑔辨析此点，盖亦风气转移之故也。

江绍铨 《洪水集》，民国二年（1913）铅印本。

江绍铨（1883—1954），又名江亢虎，号洪水，亢庐，祖籍安徽省旌德县江村，生于江西省弋阳陶湾一个仕宦之家，"中国社会党"领袖。著有《洪水集》、《缚虎记》、《新俄游记》、《台游追记》、《南洋巡回记》、《天宪管窥》、《中国近代元首印象记》、《中国社会改革》等。

封面题签:江亢虎三十岁以前旧作之一,洪水集,中华民国二年九月一日印行。扉页有江亢虎三十造像一幅,下有五言律自寿诗四首:"急景催长夏,流光照壮年。荷花共生日,明月正中天。故我幸无恙,如人亦可怜。穷通身外事,此意独陶然。""哀乐关天下,苍生奈若何。埋头向文史,茧足走山河。兀兀残年尽,栖栖一代过。到尊教慰藉,暂驻笑颜酡。""世路丛荆棘,人身足苦辛。未知上寿乐,已耐半生贫。画虎文章贱,伤麟涕泪新。不须忧夕死,问道有传人。""亥步穷鳌背,丁年浪马蹄。青袍黏草重,绛帐护花低。造化供陶冶,风流自品题。天涯云树掩,惆怅夕阳西。"

次,《洪水集》自叙,云:"余自十岁即属文字,二十年以来,随作随弃。中更兵燹,百不存一。癸丑六月望日,余三十一初度也。搜辑前此论著关涉社会主义者,都十余万言,汇为一集,付印发行。非传文字也,传社会主义也。且文字为传社会主义而作,亦不可更以文字论之矣。故执是集者,意味社会主义如是,社会党之宗旨如是,固不可也。即以为余生平对于社会主义之主张一切如是,亦不可也。糟粕而已矣。鳞爪而已矣。三年前,余始演说社会主义于杭州,满中丞增蕴君以祸甚于洪水猛兽,电奏清廷。余所然然曰:'江,洪水也;虎,猛兽也。不亦宜乎?'因自号洪水,且以名是集。意者社会主义之在中国今日也,一如洪水之滔天而来,浩浩乎怀山襄陵,沛然其莫之能御也。千里一曲,盈科而进,不善治水者,激而行之,放浪横决,不见其利,但见其害。善治水者,因而导之,交通灌润,不见其害,但见其利。水哉水哉,固有取于水也。中华民国大总统命令解散会党之日,江亢虎识。"

次,《洪水集》目录。

是集收录《世界教育公会公启》、《环游留别词》、《无家庭主义意见书》、《幼稚教育宜立公共机关说》、《拟发起个人会意见书》、《忠告女同胞文》、《社会主义与女学之关系》、《江南工商研究会演说词》、《中国社会党宣告》、《中国社会党欢迎孙中山君词》、《中国社会党重大问题》、《致袁大总统书论社会党十事》、《中国社会党对于宋案及借款反对兵力解决宣言》、《中国社会党对于南方事变宣言》等文五十八篇。其精神一如自序所述,然更反映一小规模政党在中华民国建立前后五年之生存状态与政治地位。辛亥革命前之文章,论述己之思想,颇具鼓动性,文气正如洪水,挟泥沙而滔滔直下。辛亥革命后之文章,虽严密尤存,文采依然,但气格已弱。盖社会党需夹杂于南北之争中求政治生存,作为该党领导者,自有不尽之无奈也。

蒋士超 《振素庵诗钞》,一册,九卷,宣统元年(1909)铅印本。

蒋士超(？—约1929),原名蒋同超,江苏无锡人。字伯寅,号万里,室名振素盦,有《清朝论诗绝句》)。

封面题签:振素庵诗钞,万里自署。扉页题签:振素庵诗钞。次,版记"宣统纪元小春月印"。

次,郭象升《振素庵诗钞序》云:"自余束发受书,则酷嗜声诗之学问,有拟作辄椎钝,弗能工。然泛览既多,于汉魏以迄国朝诸作者之流派得失,亦明能言之。稍长,访求当世所号为工于韵语者,往往获之于报章。然读其诗则豪悍而不受律者居半,心弗以为善也。梁溪蒋君万里,始亦以诗见称于海外各报,而余顾未之知。丁未秋,君客游太原,与余居仅隔一舍,间往过之。见丛稿缤纷,积案上殆满。拾一二纸读焉,则其词多惊绝可喜者,因与君纵谈诗道升降流别,盖十而合者又七八焉。余狂喜,以为平生所见诗人未有过于君者也。自后往来日密,因得读其《振素庵诗》全集,于君治诗大旨,益有所窥见。盖君之诗以格律为先者也,而与世之主持格律者有异。君之言曰天下所病于明七子者,曰模拟剽窃也,今诚效吾之情实,而神明乎北地信阳之法以行之,其于返古也何难?彼崇拟艳之体,而轻诋七子者,非也。然而又有以昌明七子之学自标者矣,卒其归,乃与摈斥七子者同为大方所笑焉,则逢掖迂缓之貌,不足以禁游侠而制奸雄也。是故由前之说,其失也为流易;由后之说,其失也为肤庸。于斯道均无当焉。吾则不然,必先绘之以华,干之以力,而后沈深刻厉以出之,庶乎李何王李之宗风不坠欤。余闻君说而大韪焉。以君之说,绳君之诗,又无往不合焉。君信乎其为诗人之雄者耶!虽然,诗者,君子之所有事而必以为身心性命之学也。君亦岂有所不自聊赖者,而姑自托于此耶?君负才尚气,肝胆槎枒,于人世名利委琐之途,夷焉不屑也。早弃经生业,治欧语甚精,久游燕蓟,其诗益雄奇健踔,与其所历边寒风云相吐吞。慕君名者,辄抄君诗,刊载报章,以相矜示。而君固卓有本原,非近日号为悦之而作新体诗者所敢望也。余比年习为考订传闻之学,于为诗不复如前勤,独时时好。虽引余为知己,而余所作则未有一二可以殆庶于君者,兹承君嘱而叙君知君也。乃本其平日所闻于君之言,稍论列之如此。读者能藉此以知其微旨所存,则其于无惑焉。而若余者之不克蹈之,固不足以主持一说,以其道为天下易也。光绪丁未九月初二日,叙于并门之古今德堂。同志小弟泽州郭象升顿首拜撰。"

次,题辞:方树诗1首,徐旭诗3首,李沂曾诗2首。

卷一,录各体诗作20题31首。有《舟次九江遇雨》等诗。《黄鹄矶即景》云:"黄鹄楼高楼已倾,晴川阁回豁天晴。数峰了了山无恙,一去溜溜水不情。晓市番船江夏渡,春云柳色汉阳城。何如鹦鹉洲前去,草绿东风吊祢衡。"

卷二,录各体诗作 20 题 80 首。有《和丘工部逢甲牡丹新咏》、《续和丘工部逢甲牡丹新咏》、《落叶四章和王聘三侍御原韵》。

卷三,录各体诗作 29 题 42 首。《即事》云:"黄风不可长,斯语果何如? 彼岸公无渡,宗邦孰与居。静观天演镜,闲读自由书。中国魂安在,精神抖擞余。"

卷四,录各体诗 13 题 24 首。有《重九后一日登陶然亭》、《山海关》等诗。

卷五,录各体诗 14 题 45 首。有《挽黄公度京卿》、《都门见雪即赋》等诗。

卷六,录各体诗 19 题 74 首。有《落花和沈太侔光禄》、《挽潘烈士宗礼》、《挽陈天华》、《挽姚宏显》、《挽山西李培仁》、《挽钱塘杨崇英》等诗。

卷七,录各体诗 30 题 52 首。有《再赠方六岳别驾》、《自京华首途晋阳口占》、《车至寿阳作》等诗。《晋阳第一楼宴集》云:"城南无此好楼台,潋滟明湖一鉴开。醉眼戏看红日近,狂歌倒喝紫云来。千秋豪气归诗卷,四照山光入酒杯。回忆漫游屠狗市,秋风瑟缩过金台。"

卷八,录各体诗 25 题 77 首。有《端午后三日登陶然亭》、《和雷阳余节高主政续秋渔杂唱》、《出关至沈阳作》、《吉林戍楼晚眺》等诗。

卷九,录各体诗 12 题 78 首。有《洞庭望君山》、《舟发武陵途中杂诗》、《送徐茗、乔大令之滇》等诗。《送上林李澄川之任古州》云:"风雨黯离愁,蛮乡已暮秋。黔中周楚邑,徼外古巫州。宦迹龙标溯,山光鹿背收。故园寒橘柚,风物上林搜。""虚此登高会,空怀远别情。阳关等西出,秋水冷南明。杨柳愁中折,芙蓉江上生。荒台吊诸葛,前有大河横。"

谨按:是集乃编年体,录诗从 1895 年始,至 1909 年终。

经亨颐 《经颐渊金石诗书画合集》三种,民国二十五年(1936)刻本暨上海中华书局影印本。

经亨颐(1877—1938),字子渊,号石禅,晚自称颐渊,浙江上虞人。工篆刻书画,能诗。光绪二十八年留学日本,归国参加筹建浙江官立两级师范学堂,辛亥革命后任校长,兼任浙江省教育会会长。后加入国民党。

此著三种三册:《颐渊印集》一册、《颐渊诗集》一册、《颐渊书画集》一册。

《颐渊印集》。扉页为叶为铭书题。有介堪方岩序,行楷,影印。序云:"昔邓顽伯以汉碑篆额入印,摹印之法,为之一变。至赵㧑叔,而益以他篆,刻之逾见精妙,但笔气殊无顽伯之健。此后能继二子之学,自创一格者,未之见也。颐渊经先生,擅长斯道,以汉篆之笔参隶意为之,结构谨严,别见妙造,古朴豪迈之处,酷似太室毋国山诸刻石,意境之高,足以睥睨邓赵,迈绝时流。"印綦夥,约二百。

《颐渊诗集》。封面为柳亚子题签。有于右任序,草书,影印。于序有云:"先生诗超远冲淡,佳处上宗陶、孟,下亦出入倪云林、吴野人之间。大音本奇,摆落尘壒。"存诗起自民国十六年,迄民国二十五年。据民国二十五年所作《六十述怀》诗:"我生于丁丑,周甲老乃牛。"可知生于光绪三年丁丑。颐渊诗按年编次,殊清儁,于序得之。盖近代画师之诗,吴昌硕而外,罕有犍兀奥衍者,率以神韵见长。录其诗二首。民国十八年《水仙》云:"寒翠无尘清水香,人间何事值思量。菩提一念花消色,淡写冰心自不妨。"民国二十三年《湖居初春》云:"东风几度雨声催,寂寞湖滨春已回。萱草芽将破地出,杏花枝欲入窗来。迁移

密植补阶际,修理残棚供钵栽。再得放晴三两日,后山定有杜
鹃开。"

《颐渊书画集》。封面为余绍宋题签。有永嘉郑岳序,行
楷,影印。郑序有云:"古越经公颐渊,强项公也。'邦有道如
矢,邦无道如矢',岂非直道而行者耶!"又云:"同人醵资,为刊
篆刻诗书画集,以永纪念。"据此序,则颐渊年五十始学为松竹
之画。则是集所存,亦如诗,断自民国十六年,迄民国二十五年。
收画约百幅。

居正 《行役吟》,一卷,民国三十六年(1947)大东书局铅印本。《梅川日记》,一册,民国三十六年(1947)大东书局铅印本。

居正(1876—1951),原名之骏,字觉生,号梅川,别号梅川
居士,湖北省广济县(今武穴市)人。民国时期"广济五杰"之
一。1905 入中国同盟会。曾任南京临时国民政府内政部次长
等。有《辛亥亲历记》、《梅川日记》、《为什么要重建中国法系》
等,遗著编为《居觉生先生全集》。

《行役吟》扉页,家庭照一张,下题"此片乃民国十一年壬戌
八月奉双亲如杭观潮,在西湖三潭印月新摄者。其时,父亲年八
十有一岁,母亲七十有四岁,浩儿则六岁年头,双亲顾而乐之。
抚今追昔,不禁怆然。民国三十六年秋,梅川居正谨识。"

正文前有序云:"《魏风·陟岵》三章传序云:'孝子行役,不
忘其亲。故登高以望其父之所在,因想象其父念己之言。风人
之旨远矣。'抗战军兴,行役者载途,陟岵之思,何可胜概?某也
于役巴蜀,今越七载。读《陟岵》之诗,未尝不废书三叹。况吾
父母及兄,均于行役之前即世。哀哀父母,生我劬劳。凡今之

人，莫如兄弟，人人亲其长而天下平。我国先圣之所以教孝教弟者，盖明示战祸之惨、流离之苦，欲以此弭暴乱、策安怀也。窃慕其旨，广《陟岵》《陟屺》《陟冈》之意，作《行役吟》三篇，以述先德而志吾过，并示子孙不忘云耳。"

故是集收《陟岵行》、《陟屺行》、《陟冈行》三首长诗，绝大多数诗句下皆有详细自注，记其家事也。

末有后记云"《陟岵》、《陟屺》二章，草属于三十三年春，成篇于夏。命六女誊清示七儿。七儿回信云事实不添注，则索隐其难。尚有《陟冈》，敢请完卷。乃依其请，复草《陟冈行》。总上三章，一一为之添注。迄三十四年一月十四日，始克卒业。胜利以后，复我邦族。囊箧转徙，恐滋散佚，儿辈托大东书局刊行。时年卅六年丁亥七七前二日也。"

《梅川日记》扉页题签：梅川日记，原名辛亥札记。次，熊十力序文一篇。云："《梅川日记》者，友人居觉生先生存稿也。先生当辛壬之际，开国大事，皆所亲历，札记甚详。余昔尝见之，许为开国信史。癸丑讨袁不克，遂逃海外，札记散失，足为太息。其后还家，得日记残本，所记皆武昌革命事迹，而辛亥以前所记，尤可见义师之所由兴，虽不甚详，要堪宝贵。日记虽只存一本，然系巨册，今所发表，不过一半。谦退之怀，既不欲自彰其所建白，又于近事有不必直揭者，无妨姑置云。余阅此册，而有所感者，略言以四。一，逊清末叶，革命党之发动，多主由边省著手，以为腹地进攻，或难操胜算。黄克强入粤，宋遯初、吴昆等走东北，皆持此主张。其后遯初诸公虽有长江中部同盟会之议，而实则徒有名义，诸公亦无肯亲驻鄂者。及觉生先生回鄂，与武昌各团体密切联络，遂有辛亥之事。盖武汉为南北关键，一旦动摇，则四方瓦解。昔者何烈士自新尝持此议，不期而与其预测合也。二，自昔史家之论，凡领导群生，而为万民所托命者，必用天下之

智以为智,而非恃一己之智也;必用天下之力以为力,而非恃一
己之力也。孙公宏愿毅力,以革命呼号海内外,领导群伦,而任
同志各尽其智与力,皆得自由活跃,无所牵制,无所顾忌。故鄂
州一呼,而万方响应,共戴孙公无异志。后之论者,于此不容忽
视。三,楚人自昔有抵抗强暴之特性。秦起西戎,并六国,而楚
乃以三户亡之。元人入关,有天下者九十年,而徐寿辉、陈友谅、
明玉珍诸帝,皆以鄂籍而发大难,驱暴元,还大统于朱明,育华胄
以自由。今之覆清,又由鄂始,此非论史者可烛意之事乎?四,
清末革命思潮,虽已澎湃于全国,然使无充实有力之根据地,则
亦难遽睹其成。同盟会所以收功实于武昌者,则以鄂中无数志
士,早从军队着手。当时纯为民族民权二大思想,而忘身革命以
图实现。王船山、杜于皇之学说与风节,感人至深。而民生主
义,则以无大地主之故,当时似不甚注意。王汉首拼一死,其真
诚弘毅高尚纯洁之精神,真足以惊天地泣鬼神。鄂人之不计死
生,而哀号于军队中,遂使全军皆为革命党,王公之化,不可忘
也,而至今未蒙褒卹。夫鄂军全体皆成革命党,人人置死生于度
外,此段雄壮之气,如何可当?辛亥爆发,而瑞澂、张彪不得不
逃,亦大势之必然也。惜乎袁氏凶獝,摧残三楚新兴之气殆尽,
而国事乃不可问矣。昔者章太炎先生每遇鄂中旧人,无论其有
无名位,必咨嗟太息而慰安之曰:"辛亥之事,不忍忘也。"呜呼!
此真仁人之用心哉!今之谈辛亥事者,只视为兵变与瑞澂无能
所致,则非独昧于事实,而适见其中心之悠忽而无诚矣。觉生既
允诸同志之请,以此册付印,而欲余序一言,故书所感,以质天下
后世读是书者。中华民国三十三年四月十五日,熊十力。"次,
居正自序一篇。云:"国父孙中山先生,当清末倡导革命,而吾
鄂殊被其风。同盟会成立于日本东京,鄂中志士悉在会籍。余
自追随国父,即为负责沟通武昌革命团体之一人。辛亥,武昌首

义，余颇有札记，凡重大事，皆随手笔录，期存开国事迹，积稿颇不少。癸丑讨袁，正义未伸，余亦流离转徙，札记不幸散失。十七年回里，偶于故纸中，检得日记一本，盖出亡时偶留于宅者。展卷怆然，弥增感喟。友人知此事者，多主张付印，余殊不欲灾枣梨，诸友皆曰：'辛亥之事，后生渐不可闻矣。若此残阙之日记，尚不许行世，将使国父当年领导鼓舞之神功，与鄂中烈士经营惨淡之伟绩，俱泯而不彰也。'余闻而滋惧，乃汰其不必要，而择其存者存之，付书局印行云。中华民国三十三年四月日，梅川居士。"

是书原名《辛亥札记》，盖摘录辛亥革命前后三年之事汇成，共计114条，所涉之事极广，尤以武昌起义与南北议和二事之本末为详。其事居正皆亲身所历或亲耳所闻，故史料价值极高。所述及之事细节详尽，可补正史之不足，为研究辛亥革命一重要资料。

李根源 《曲石文录》，一册，六卷，民国二十一年（**1932**）曲石精庐铅印本；《曲石诗录》，一册，十卷，民国三十二年（**1943**）铅印本；《吴县志》（与曹允源等合修），四函，四十册，八十卷，民国三十二年（**1943**）苏州文新公司铅印本；《吴郡西山访古记》，八册，五卷，腾冲李氏曲石精庐民国刻本；《秦中文牍》，一册，民国铅印本；《娱亲雅言》，一册，民国十五年（**1926**）铅印本。

李根源（1879—1965），字印泉，又字养溪、雪生，号曲石，别署高黎贡山人，祖籍山东益都（今山东青州），生于云南腾越（今云南腾冲）。光绪二十四年（1898）中秀才，二十九年（1903）入昆明高等学堂。次年留学日本，学习陆军军事，先后毕业于振武学堂与士官学校。光绪三十一年(1905)加入同盟会,次年春任云南留日学生同乡会会长,《云南杂志》社经理。宣统元年(1909)回国,任云南讲武堂监督兼步兵科教官,旋升总办。1923年,因反对曹锟贿选总统,李根源退出政坛,隐居吴中。1931年,担任《吴县志》总纂,并撰冢墓、金石卷。

《曲石文录》,封面题签:曲石文录,章炳麟署。钤印:太炎。扉页题签:民国廿一年九月,曲石文录,章炳麟署。钤印:章炳麟。次,版记"民国二十一年壬申十二月苏州葑门曲石精庐印版"。次,曲石文录目次。

卷一,收录书文序26篇,赠序3篇。赠序为《剑川赵樾村先生七秩寿序》、《马元章先生六秩晋五寿序》、《周母汤太夫人七秩寿序》。

卷二,收录题记文10篇,园记1篇,寺疏5篇,其它文7篇。中有《韶州讲武堂第一期学生入学训词》、《韶州讲武堂第二期学生入学训词》。

卷三,收录传文14篇,行状7篇,铭文11篇。中有《先师赵会楼先生行状》、《故四川督军蔡公松坡纪念塔铭》。

卷四,收录墓表11篇,墓志铭27篇,诔文12篇。

卷五,收录书牍、饬令共65篇。

卷六,收录书牍、饬令共51篇。

末有李根源自识,云:"是书六卷,为先族兄学诗、胞弟根沄、妹夫余鏅尹明德所辑录。凡僚友代撰者,均详著其姓氏,藏之箧衍数年矣。今春三月,执友刘定武治洲自太原来,助资刊印,承印者苏州文新印书馆。印将竣,馆失慎,全书被焚,幸存校稿,重事排印。惟卷五四篇(《偕黄克强、李协和、林隐青、程显云、方韵松等为日本提出二十一条表示对外对内态度电》、《致美洲黄克强先生报告日沪港及滇桂冯段情形书》、《复美洲致公堂谢赞助讨袁并报告国内情形书》、《致庇能岑西林先生报告钮林入桂及克强来函推重书》），卷六廿一篇（《程德长璧光海珠遇刺请孙、伍、唐、陆、诸公议恤缉凶通电》、《推李部长烈钧为讨龙军总指挥通电》、《克复阳江通电》、《克复化州通电》、《克复南雄进驻大庾岭通电》、《悼井勿幕通电》、《悼刘昆涛通电》、《遣盛荣超、杨为模出师援湘布告》、《赞成熊秉三、蔡和卿、谷九峰、张镕西诸公发起和平期成会通电》、《委李大钧监修曲江张文献公祠墓令》、《聘官其彬主办北江学务局公函》、《筹办北江十五县运动会令》、《南北和会主张五事通电》、《慰问叶湘石驻军耀州并馈药品电》、《反对新国会举徐世昌为总统通电》、《反对北总代表王揖唐通电》、《应派欧洲和会代表主张论人才不分南北通电》、《欧洲和约签字主张拒签山东条款通电》、《慈舆抵广州谢唐总裁赉赆电》、《谢黎总统派金永炎南下慰问书》、《谢杨督军增新赠汉玉虎革书》），共廿五篇，时正组版，竟于救焚之际，毁损于火，无副本，不能补。他日求之沪港粤旧报，或可得其二三耳。于以见此覆瓿之物，存之之不易有如此。民国甲戌除夕，李根源识。"

《曲石诗录》，封面题签：曲石诗录，右任。钤印：右任。扉页题签：曲石诗录，张一麐署。钤印：张一麐。次，版记"民国三十二年八月在渝增印"。

次，曲石诗录目次：剑影集、险难吟、螳川集、还乡吟、霜镜草、湖上闲吟、荷戈吟、入川杂咏、江上集、胜温集。次，序四，诸祖耿、王灿、周服之、江杰生各一篇。

次，题辞。张一麐诗4首，吴廷锡诗2首，章士钊诗1首，熊廷权诗11首，由云龙诗1首，赵式铭诗1首，王灿诗1首，张绅诗6首，方树梅诗1首，何秉智诗1首，滕固诗1首，刘楚湘诗1首，周维福诗1首，杜森诗1首，王兆祥诗1首，王开疆诗1首，胡道文诗 2 首,张德溶诗 1 首,马曜诗 4 首,于乃仁《沁园春》词 1 首。

卷一,《剑影集》。录各体诗作 31 题 43 首。有《哭伯兄太炎先生》、《寿九八老人马相伯先生》等诗。《与太炎、右任、行严、溥泉、君武、烈武、怒刚、铁桥祭邹威丹墓》诗云:"君倡革命军,杀身何壮烈。酹酒吊荒塚,桃花共泣血。"《螺峰登高分韵张茹鸥兄为拈得如字》诗云:"梦想螺峰胜,吴山总不如。登临多耆旧,老病有癃疴。莲沠挥戈日,龙池醉酒初。何当归去好,莫再恋姑胥。"

卷二,《险难吟》。录各体诗作 38 题 52 首。有《和罗卓英军长战地中秋元韵》、《酬谢马晋三世兄》、《赠新疆省政府主席李镜全先生》等诗。《酬谢马晋三世兄》诗云:"寇自松江入太湖,吴江陷后陷姑苏。又看木渎烽烟起,不识有人援我无?车行一夜到南都,回首前尘泪满褕。不是扶风风义厚,老夫那得免囚俘。"《左文襄公祠》云:"丞相天威詟百蛮,师行一鼓定阴山。而今留得祠堂在,古柳森森水半湾。"此盖在乌鲁木齐凭谒左宗棠祠时作也。

卷三,《螳川集》。录各体诗作 61 题 82 首。《华亭寺感作》自注"偕李协和学兄太虚上人",《霜镜堂待月》自注"九月十八日偕王惕山学兄作"。《龙山别业落成感赋》诗云:"卅年奔走幸生还,小筑龙山暂息肩。斗室留宾谈霸略,神州何术靖烽烟。阳和嘘暖万花谷,阴火潜蒸碧玉泉。日暮松亭频徙倚,穿窿望断白云边。"

卷四,《还乡吟》。录各体诗作 71 题 120 首。中有《赠黄绮襄学兄》、《赠杨贡诚如兄》等诗。《过西街胡二峰先生故宅》诗云:"山高月小戴明天,故宅荒凉四百年。门第依然非旧主,乡人谁复识乡贤。"《谢王惕山学兄撰书双梅草堂记》诗云:"两株红绿草堂开,此是先公手自栽。多谢右军麾妙笔,寒香馥馥放春来。"

卷五,《霜镜草》。录各体诗作 28 题 51 首。有《去腾冲四首》、《云南军官分校五周年纪念》等诗。《奉和剑川赵星海兄寄赠元韵》云:"向湖弟子君居长,最少如余亦暮年。风雨每思文酒会,雪霜齐上鬓毛颠。神仙莫漫求三岛,胡越真难共一天。为报小诗须记取,伫看斜日下虞渊。"

卷六,《湖上闲吟》。录五言绝句诗作 218 首。皆归于卷首"湖斋无事,得小诗二百章,尚非徒作随感成吟,故不诠次也"之题下。中有多首纪录当时之事,如"同盟初成会,三十有七人。滇士余参与,杨吕及赵伸。"

卷七,《荷戈吟》。前有《荷戈吟、入川杂咏序》,周锺岳序。另有书信三篇。又有刘楚湘《荷戈吟序》一篇,姚琮《读荷戈吟集》诗一首。是编收录各体诗作 52 首。前有自序"于役西来,于今九月。随感成咏,得小诗五十二首,题曰荷戈吟,以就正于我滇西父老昆弟焉"云云。《滇西行》长诗一首极尽诗史特色,诗后自注亦可补史之缺漏。

卷八,《入川杂咏》。前有王灿《入川杂咏序》一篇。是编录各体诗作 108 首。前有自序"奉命入行都,于民国三十二年二月二十五日,即癸未正月二十一日。自大理起程,二十七日至昆明,三月十五日至重庆。先往李园,随迁化龙山村。山居少事,随笔涂写。得杂咏百首,粗犷无文,不足以言诗也。"云云。此卷后有孙世扬《曲石诗录后序》,靳志《曲石诗录序》及徐颂九《曲石诗录跋》三篇。

靳志序文以提要为序,最富特点,亦能见全书大旨,兹录云:"曲石公政事武功、道德文章独步四十年,海内倾企,初不以诗名也。抗战之七年,岁甲申,同在渝州。一日枉顾,旋遣纪纲来示以《曲石诗录》十卷,命弁简端。伏读再过,但觉其取精用弘,心长语重,春秋笔削,游夏悉赞。谨逐卷各缀数语,聊作提要,以便读者。酌海知深,仰山惊峻已。卷一《剑影集》,始光绪丁酉迄民国丁丑秋,其间所作至少,不过略存梗概,总颜曰《曲石诗录》,盖以祀公十世祖明永历遗臣指挥佥事钟英公也。卷二《险难吟》,纪苏州之沦陷,仓皇避兵,哭辞阙莛,绝河渡陇西,出玉门。家国之难,沈陆之痛,幽忧感疾,其来如山,不可排遣也。卷三《螳川集》,仙窟御风,螳川养疴,安宁置墅,曹溪参禅,徘徊于石淙之渡,偃仰乎清漳之滨。而灢西移家,青草鼓棹,几回凭吊,奈此黔国之墟,不厌商量,都是霸王之略,盖不胜髀肉之叹矣。卷四《还乡吟》,高黎贡之积雪不销,李总府之老梅合抱,灵爽式凭,悲来填膺。似辽鹤之归来,讶城郭其犹是,述德诵芬,深情若揭。谢客过始宁之墅,欧阳表泷冈之阡,此其亚也。卷五《霜镜草》,地是普平,堂名霜镜,弥漫兵气,珍重岁寒。听渔唱昆明池上,偶作吴腔;寻旧巢万花谷中,独惭越鸟。意有所寄,兴复不浅。卷六《湖上闲吟》,明代南交十五府,兼辖六宣慰司,尧封四履,远届南海,项将军百战之勋,张秀才死绝之会。望古遥集,哀时雪涕,不少忠肝义胆,照耀南邦,遂使点苍翠湖,争光日月。卷七《荷戈吟》,腾龙既陷,扶病西征。潞江云危,誓死不去。昂藏丈夫,黄连心苦,遍告千七百万父老之书,声泪俱下。亲书捐躯将士大招之赋,虽死犹生,宣抚激励,民气大振。天险可凭,击楫誓复,何其壮也! 卷八《入川杂咏》,汉郡哀牢,常志华阳,南中一州,本在禹域之内,纵横几万里,上下三千年,圣哲间生,名贤接踵,知人论世,发潜阐幽,真不愧诗史。赖有细字自注,不劳郑笺。卷九《江上集》,附感旧七十四首,挽辞三十首。平生师友,并世贤豪,感事怀人,停云寄远,雪堂之冰心一片,中郎之焦尾七弦。黄垆醉酒,渍襟袖而犹新;山阳闻笛,过邻曲以增怆。此颜光禄五君之咏,杜工部八哀之诗也。卷十《胜温集》,品题书画,校勘金石,以视永叔之集古,明诚之录目,远绍旁搜,无此精审。专辑成篇,此为别集。祥符靳志拜序。"

卷九,《江上集》。收录各体诗作 52 题 199 首,中多记录抗战之诗。如《孟关之捷》、《腾冲克复》等。

卷十,《胜温集》。录诗 41 首。乃大理国张胜温梵画长卷之题辞。附录收有关于此画之记文与跋文。

篇末有曲石诗录题辞补,收章士钊诗 4 首,刘成禺诗 4 首,景定成诗 2 首,刘斐诗 1 首,朱伯平诗 1 首,全恕诗 2 首,郭竹书诗 10 首,汤鹤逸诗 1 首,王时彦诗 1 首,张问德诗 1 首,李若曲诗 1 首,余毓黻诗 4 首,王锡睿诗 3 首,薛正清诗 6 首。

李根源出入文武,有经世干才,其诗亦与经世文人同类。师法老杜,以诗句自注为特色。集中数百首诗,皆有自注,详记本事,可资研究参考。吴郡贝青乔亦如此,盖乡贤之遗风也。

《吴县志》封面题签:吴县志,洞庭邓邦述署签。钤印:邦述。扉页题签:吴县志,李根源署。钤印:李根源。次,版记"民国二十二年镂版,苏州文新公司承印"。

次,张一麔《吴县志序》云:"有清一代言方志之学者,首推会稽章实斋氏。顾章氏为《吴郡志》、《姑苏志》书后,指摘疵颣,几无完肤,以范文穆、王文恪之贤而能文,尚有不满人意之处。甚矣!方志之难也!《吴县志》直接清乾隆初年,自乾嘉下迄宣统,时历七朝,岁阅百四十载,地括吴、长、元三县,太湖、靖湖两厅,搜辑之夥,草创之艰,盖可知已。言其最近者,有同治《苏州府志》。第府志与县志一详一略,体例不同。况同治己巳至民国初元,亦已四十余年。其间变革,亦复不少。当民国五年,赵君杏生佐吴县幕,言诸县长孙公少川,倡议续修。孙公旋量移,不果。继任吴公秀之赓续前议,设局于沧浪亭。公推曹根荪、吴颖芝、蒋季和三先生为总纂,妙选时贤,任分纂采访诸事。十二年以费绌撤局,十三年添聘孔君康侯同任总纂,均义务职。方事之初,所定条例折中实斋之说,视旧志为谨严。绵历岁时,行将就绪,乃曹、蒋两先生先后捐馆,吴先生亦于二十年春初遽归道山,始终其事者,惟孔君一人耳。君以一廛粗知梗概,具牍前县长黄公云僧,令主其事,乃添延李君印泉、吾君鼎丞与原在局中之孔君暨王君佩净、施君济众、张君壬士为委员会。并聘郭君随庵为总编校,商酌体例,略有增损,而不离其宗。因原稿覆阅费时,于会外恳请陈君公孟、单君束笙更定数门,以期尽善。同人等以志稿粗完,若不付刊,将饱蟫蠹,无以竟诸先达一箦之功。惟核计刊印纸工,全书八十卷,将及万元,而志局余存之款,只二千四百余元。除总编校及庶务薪金、抄录杂费外,两年中所余无多。因议售预约券,以千部为率,可以无绌。不意兵事影响,售券只什二三。而校印不可以中止,地方预算竭蹶,未忍为发棠之请,仅补领吴先生任内未领之款千四百元。承地方热心文献诸君之厚意,借贷巨款,指券价作抵,始得蒇事。今幸全书出版有期,除预约券外,需加价十之六以偿宿逋,而资结束。一廛人事牵率,衰年多疾,未暇遍阅全书,赖郭君一手编校,丝毫不苟。又仗委员诸君,群策群力,克底于成,使百五十年文献所关得以传布,此区区所引为庆幸者也。名《吴县志》者,尊现制也。本拟将民国二十年大事别为一编,毛君羽满慨然担任,尚未竣功,不在此书范围以内,附记于此,以俟方来。民国二十二年一月,吴县张一廛序。"

次,孔昭晋《吴县志序》,云:"自逊清同治己巳,吾邑先达冯景亭先生纂修《苏州府志》,辑稿略具而先生归道山。先生之子暨邑之博雅诸君子继之,历十四年而告成。九县掌故,灿然大备。迄民国纪元后之七年,盖又四十余年矣。都人士之留心掌故者,以国体变更,府制已废,长、元二县并入吴县,惧旧闻之湮没,不足以信今而征古,白之前县知事吴公秀之,以续修县志为请。公推曹绅根荪、吴绅颖芝、蒋绅季和任总纂之责。是年七月,假城南沧浪亭为修志局所,聘员采访,次第进行。且拟定编纂条例,定名为吴、长、元三县合志。依子元《史通》断限之说,以宣统三年为止,依章实斋所修各志之例,以纪图表考略为大纲,其它各门亦加以论列,考核极详。至十二年七月,以经费不继,议即撤局,由曹、吴、蒋三君担任义务,并于十三年十一月商请前吴县知事郭公于堃,添延昭晋同任总纂,均尽义务,昭晋以义务故不敢辞。正进行中,而曹绅遽闻捐馆,蒋绅旋亦病废。吴绅谓昭晋曰:‘二公皆去,志事危矣。吾两人不可不竭全力以赴之’。乃约城乡同志,将未成各卷分门纂辑,穷四年之功,大体幸已告成,钞校尚未全竣,乃吴绅颖芝复于二十年二月遄归道山。昭晋以志书为一县文献所关,虽已垂成,而尚多商榷。语云行百里者半九十,言终事之难也。亟具牍前县长黄公云僧,推举同邑张绅仲仁为志局主任,黄公允之,并添延李绅印泉、吴绅鼎丞暨诸同志迭次集商,分认续纂覆校等事,而志稿乃得付刊。是役也,历十有四年,集同志数十人,成书八十卷。始事之初,覃思体例,精心去取,则曹绅根荪之力为多。中更事变,艰苦主持,孟晋不已,则吴绅颖芝之力为多。及其终也,斟酌损益,务求完备,合群策群力而衷于至当,则张绅仲仁、李绅印泉之力为多。昭晋旅进旅退,勉从诸君子后,获观厥成,不可谓非厚幸也矣。剞劂既竟,因述斯事之缘起及前后之经历如此。至更吴、长、元三县合志为吴县志,去纪略而存图表考传,或从现制,或趋简约,具详凡例,故不赘述。民国二十二年一月,吴县孔昭晋谨序。”

次,修志姓名。次,修志凡例。

次,吴县志总目。卷一,图:三县全城图、三县总图、三县分图、三县乡镇图、官署图、学宫图、太湖全图。卷二至卷八,职官表。卷九至卷十七,选举表。卷十八,舆地考:沿革、疆域、城池。卷十九,山。卷二十,水。卷二十一至卷二十三,乡镇。卷二十四,坊巷。卷二十五,桥梁。卷二十六至卷二十七,文庙、书院、义塾。卷二十八,学堂。卷二十九,公署。卷三十,公署,局所,驿传。卷三十一,公署,仓庚,义庄。卷三十二,古迹。卷三十三至卷三十五,坛庙祠宇。卷三十六至卷三十八,寺观。卷三十九,第宅园林。卷四十至卷四十一,冢墓。卷四十二至卷四十三,水利。卷四十四至卷四十九,田赋。卷五十至卷五十一,物产。卷五十二,风俗。卷五十三至卷五十四,兵防。卷五十五,祥异。卷五十六至卷五十八,艺文。卷五十九至卷六十一,金石。卷六十二至卷六十四,名宦传。卷六十五至卷六十八,列传。卷六十九,忠节传。卷七十,孝义传。卷七十一至卷七十四,列女传。卷七十五,艺术传。卷七十六,流寓传。卷七十七,释道传。卷七十八至卷七十九,杂记。卷八十,旧序。

《吴郡西山访古记》,封面有于右任题签。第一册扉页有腾冲李曰垓题签。有金天羽、赵藩、孙光庭、吴县亢惟恭序各一,赵藩、昆明何秉智、晋宁方树梅、彭谷孙书后或跋各一篇,及吴县吴荫培颖芝、吴县彭清鹏云伯、吴江费树蔚韦斋、吴江周麟书迦陵、腾冲李学诗希白、剑川赵藩樾村、丹徒陈直进宦、吴县吴湖帆等人题词。

《秦中文牍》,一册,民国铅印本。

薛正清辑。有薛序,正文为公电、公牍,附录三种。《文牍》一册,殊可资用。如《筹赈通电》《请交通部展设电报分局电》均系史料,不特为某氏之公电而已。且其时海宇大乱,人各怀其志,虽袁世凯不足以号令边牧。得此参验,不无小裨。竹头木屑,亦不可废也。

薛序云："民国六年夏，政变轩起，国会解散，元首蒙尘。维时有守土西陲者，介然以义自持，不苟阿附，啖之以利弗顾，胁之以威弗挠，劫之以刃弗屈，卒之弃官如屣，克遂其志，不陨厥闻。斯人果谁何欤？则陕西省长腾冲李先生也。斯时，先生方搜民隐，剔吏治，剪萑苻，划罂粟，访耆老，旌孝节，风行雷厉，三辅几治。乃高等师范，经始西潼，汽车度工森林水利矿政工业诸大端，甫振其绪，未竟厥功而遽以解组。何奇才之靳遇，而三秦子遗之不幸也。正清备员省署，莫赞高深。惟于先生文字，则间窃存录。盖文字者，精神之结晶，事业之信使，宁可忽诸？官可弃，身可囚，行固不可讳毁，而文固不可或遗也。七年，追随先生于海峤，军事之暇，缮所录成帙，遗之先生，而以其草副在京师。九年，琼崖变起，缮本竟遗，而京师副本幸存。惟念先生在秦文牍，实先生治迹之所寄，尤后来者之所借镜，每思编录，未得机缘。十二年春，滥竽部曹，适丹徒俞君嗣如来自秦，以所存秦中公报见示。昔年已事，历历在目。忻感之情，交并于衷。爰与黄岩郑君铁州、昆明潘君花农遴次编录，都公电文牍若干卷，而以旧存副本各体文附录于后，付之手民。夫是编可以寻常政书目耶？吾国政治表册耳，文告耳。方其签之记室，悬之国门，已令人厌弃，况在过去陈迹，安可为刍狗之重陈？然言不由衷，则断烂朝报也。将之以诚，则信史实录也。先生斯文，盖将与不毁之行，共昭来兹，而宁与仕之通塞、身之否泰，同荣萃于一时耶？民国十二年四月望日韩城薛正清谨叙。"

《娱亲雅言》，封面题签：娱亲雅言，丙寅九月，根源署。扉页有题签：丙寅十二月，娱亲雅言，邓邦述署。正文前有李根源小序："辛酉冬，奉慈舆入居莳宅，别辟宅西南隙地为老人游息之所，署曰阙园。丙寅初春，吴中贤硕集消寒会于兹园，乘兴有作，霏金戛玉，佳章鳞集。因辑录之，并及联榜、石刻，以志盛缘，抑亦承欢之一助云。"全集不分卷,共录诗 23 首,联榜 10 条,石刻 14 条。

其中唱和诗作有太仓毕人麟《阙园消寒有作,呈印泉先生吟坛教正》、吴县吴荫培《曲石先生以阙园娱亲雅言册命题,漫作长歌奉报,希有道是正》、吴县亢惟恭《阙园消寒九集率赋长歌呈曲石先生教正》、吴县张一麐《印泉先生为尊慈阙太君筑屋舍之左近,颜曰阙园,征同仁为诗歌,久未报命。夏日避暑庐山,乃作此求教正》等。吴县黄觉题曰:"印泉阁揆新治别墅于南园,题名阙园,依其太夫人姓氏,盖继潘岳园惟将母之兴也。丙寅正月二十九日,与丹揆督办、子嘉姻丈作消寒末集招觞,于是索为题吟,率成五言二十八韵即呈同正"。

所录诗首篇为吴江金天翮所作《阙园消寒九集呈曲石阁揆》:"忍饥诵诗书,所学在匡济。经纶始大孝,寸心寒天地。曲石西南英,干镆非农器。高举迕时会,艰危气益厉。南山豆荒秽,慈母当归寄。金阊绾南北,贤豪欣执辔。爱此南园胜,百指搜蒙翳。花药媚春阳,照见婴儿戏。娱亲抚金石,碑版罗四裔……"吴荫培诗云:"滇云旧梦五十年,法名古寺今依然。昔人霞客不可作,倾盖一笑逢青莲。永昌万里隔江左,天涯咫尺萍踪联。曲石先生本儒将,前身况是诗中仙。东渡探奇学徐市,西行凿空追张骞。抽簪不历桑海劫,三吴作客居氓廛。板舆养志奉潘母,城南小筑开平泉。草堂佳气郁花木,春晖近接沧浪天。掷地颂声出金石,欧阳著录新成编……"太仓王泽永有诗《题阙园敬呈印泉先生词坛鉴正》:"滇池洱海朝暾融,洸洸崛起人中龙。药师不为儒冠误,毕竟开唐第一功。义军拥戴将门子,筹边楝辣珠江浒。仰天誓日挥珊戈,鹏奋南滇九万里。分陕宣劳忆昔年,坐看百二雄关连。隰苓载咏棠阴芾,碑口争扬召伯贤。时清未许归盘谷,元首明哉寄心腹。卫文富国重农商,大贤当路民生福。伯阳道德全吾真,浮云富贵超常伦……"

联榜有罗振玉书"莳上草堂"、邓邦述书"彝香室"、吴江金天翮集句"半郭半村,于此间得少佳趣;一觞一咏,亦足以畅叙幽情"、宋伯鲁"宝树荫恒春,桃实年光稽度索;朱阑凭爱日,梅花消息仿灵岩",及秦树声撰"异端簧鼓,贤者并耕,秋雨欲生鱼,白草黄沙,揽辔范滂宜此日;愉色板舆,英雄未老,中原还逐鹿,名园野竹,绝裾温峤更何年"等。又有剑川石禅老人赵藩云"奉老母晨昏,辟吴会五亩园,花竹图书能养志;共斯人忧乐,定神州百年计,江湖廊庙尚关心",后有跋语:"苏州葑门内阙园,为前阁揆腾冲雪生李君所新辟,以奉母读书于其中,雅足尚也,撰句寄赠之。中华民国丙寅岁三月三日,剑川石禅老人赵藩并书,时年七十有六。"

石刻有孙光庭"阙园",后有跋语:"印泉于曲石精庐西南隅作小园,莳花种树为尊堂阙太夫人游憩之所,名曰'阙园'。板舆养志,日涉成趣,太夫人可以顾而乐之。"石刻"赵介庵夫子诗刻"录诗云:"心炼丹砂骨炼铜,四年亡命大瀛东。霜风未变乌头白,海日能翻鲎背红。顿伏冥诛便此獠,待陈家祭告而翁。未妨破涕难为笑,四海遗黎尚困穷。"后有跋语曰"寄雪生,端州军中长律一首,丙辰冬初,石禅老人书于昆明寓庐"。条目"洗马池"后有跋语云:"吾母以阙园狭小,续购韩氏地二亩益之。就西北隅增筑彝香室三楹。工将竣,邻居彭子嘉先生来观指池示曰'此范文穆志所载之洗马池也'。适余新浚池,得雍正二年新安程氏祠堂记刻石一方云'祠在洗马池东',证以彭先生言,则此为古洗马池。吾园在池东,其程氏祠故址欤?冯志纪送杨备《题洗马池诗》曰'一一牵来总是龙,临深欲下更嘶风。金鞍玉勒抛何处,腾踏渥洼寒影中',并录刊于石,以存斯池故事。中华民国十四年,乙丑十月,李根源并书。"

李基鸿 《西安事变纪事诗》，不分卷。民国铅印本。

李基鸿（1881—1973），字子宽。湖北应城盛家滩人。清光绪二十九年（1903）以府尹考选资送留学日本，入东京法政学校。1905年8月，在日本入中国同盟会。曾任国民政府财务委员会秘书长。1930年同时担任鄂、豫两省财政特派员、湖北省榷运局长、缉私局长及河南省盐务局长五职，时有"一官五印"之称。后精研佛学，编纂出版《圣揆录》一书，被佛学界称为近代佛教大护法。1973年9月病逝于台北。编撰《湖北省应城县简志》、《西安事变纪事诗》、《百年一梦记》等，为研究中国近代史珍贵资料。

《西安事变纪事诗》，竹纸，线装一册。民国铅印本。全书共8页，半页12行，满行26字。封面为作者自题书名。

是书首有国民党军政要人题诗，次为作者自序。末附《基鸿致力革命服务党国略历》。题诗依次为："虎穴靴刀事已过，莫令岁月更蹉跎。河山百战收回后，要向蓬瀛一洗戈。陈诚敬题，二十八年十二月十二日于重庆。""当年事变撼神州，岂认乾坤一掷休。世局兴衰关转捩，沛乎浩气古今留。蒋鼎文敬题。二十九年六月十日于西安。""梦影白登换劫尘，五年血战倍艰辛。悲歌慷慨馀诗史，留取河山不尽春。朱绍良敬题。三十年二月十日。""回首长安似弈棋，当时一局系安危。如今濡笔题诗史，自有风云与护持。卫立煌敬题。""玉垒浮云变幻中，骊山烽炬烛天红。从龙犹忆蒙尘日，已肇中兴郅治隆。郭寄峤敬题。""诗史新编太瘦生，临潼往事怆怀深。苌弘碧血千秋在，留与人间话不平。蒋作宾敬题。""风波平地起华池，碧血丹心忆旧诗。一代安危凭砥柱，群伦鼓舞属新诗。毛庆祥敬题。三十一年八月。""华清一水逐颜开，阅险曾同绣岭来。他日中兴衡往迹，书生端合画云台。汪日章敬题。"

自序云:"基鸿生平遇危难屡矣,以孙总理蒙难广州,蒋委员长蒙难西安,均相从亲历为最著。壬戌,陈炯明叛变,以兵围攻总统府,孙总理得林直勉奔告,间道至海珠,乘舰驶黄埔,复攻回白鹅潭。基鸿留沙面,通消息于许军长,迨许军回攻,至火山周田失利退闽,孙总理之沪,基鸿亦回沪转闽。是虽艰险备尝,身体固自由也。西安事变,张学良、杨虎城以兵谏为名,围攻华清池行辕,劫持蒋委员长于西安,终因蒋委员长人格伟大,以正气克服叛徒,不敢稍有陵犯,然在西安之中央各委员,各高级将领及基鸿二十馀人。同被拘禁凡十有四日,视广州痛苦尤甚。乃于被禁时,得七绝八首,返京复得八首,纪其事实,无一讹言,工拙不计也。"

《基鸿致力革命服务党国略历》:"乙巳在日京入同盟会,任暗杀部事,谋刺载沣未果。与张继、宋镇华、刘铁、蒋文汉诸同志,在锦辉馆打散梁启超召集之宪政会。庚戌赴新加坡,在先烈许雪秋家设革命机关,任书记,运动革命,曾被拘十七天,旋赴槟城,及荷属之巴达维亚、三宝垄、泗水等埠联络同志。在泗水助办汉文新报,鼓吹革命。辛亥,参加武昌起义,与先烈田桐代表鄂都督欢迎先总理至武汉。壬子,在北京任国光新闻总编辑,以记者资格随先总理谒十三陵,登万里长城,游张家口,担任记录,所有演词,分载各报。先烈宋遁初被刺后,随各同志南下讨袁。癸丑,赣宁之役,失利赴沪。乙卯,又随田桐在汉任讨袁军事,加入中华革命党。丙辰,赴沪办海上新闻通讯社,旋赴闽粤在援讨贼讨逆军幕中服务八年。北伐后,任湖北、河南、福建、南京各省地方财政七年,办理禁烟六年,近协助政务考核四年,在南京、重庆两市从事基层党务工作五年,前岁重庆市党员总考绩,蒙总裁给予工作努力成绩最优奖字第一四二九之奖状。"

是书录诗 16 首,每首后面皆有纪事注释。其第二首诗云:

"逆计安排妄逗兵，中朝文武禁危城。楚囚相对浑无语，但见红巾乱纵横。"后注云："陈总指挥诚辞修、闽绥靖主任蒋鼎文铭三、甘绥靖主任朱绍良一民、豫鄂皖边区主任卫立煌俊如、豫鄂陕边区主任陈继承武鸣及其夫人、第二十五军军长万耀煌武樵及其夫人、军事参议院院长陈调元雪轩、西北总司令部参谋长晏道刚甸樵、内政部部长蒋作宾雨岩、中央委员张冲淮南、参谋长郭寄峤、龚运阳、侍从室组长邵存诚明仁、侍从室秘书汪日章、毛庆祥、葛武棨、科长王新衡、由欧美考察回国之蒋百里先生及基鸿，十二晨同被禁于西京招待所大厅，任兵搜索，不准谈话。该叛兵有臂缠红布者，旋拆除。是晚，将诸人分禁于楼上，每人一室，派兵看守，严禁出入。十五日移禁于丰阜里、仁寿里。"

林庚白 《丽白楼自选诗》，一册，民国三十五年（1946）开明书店初版。

林庚白（1896—1941），原名学衡，字凌南，又字众难，自号摩登和尚。福建闽侯县螺洲镇（今福州市仓山区螺洲镇州尾村）人。庚白幼孤，京师大学堂肄业，参加京津同盟会。创办《长风杂志》，所撰诗文，自比于唐杜甫。曾言："十年前，郑孝胥今人第一，余居第二。若近数年，则尚论今古之诗。当推余第一，杜甫第二，孝胥不足道矣。"编撰《民国史》。珍珠港事变后，香港沦陷，遁居九龙。12月19日，庚白夫妇夜归，被日军所遇。日探曾误传庚白是国民党中央委员，于是被射杀，死于非命，年45岁。

封面题签：丽白楼自选诗，由柳亚子题，下钤：亚子之印。书前有柳亚子所作《庚白家传》介绍其家世。次为其夫人所作《庚白的死》，叙述林庚白遭难过程。后为其夫人所作序曰：

"余尝谓无雄深之才力，与真挚之情感，更不能发挥其所处之时与世者，不足与言诗。故虽幼受母教，八龄通韵律，而自嫌才力未充沛，情感未深刻；十余年来，所作寥寥，由是故也，平生嗜诗甚笃，犹冀中国诗坛能一新其壁垒，凌铄古人；然周览近代诗家，能合余之理想者殊鲜，纵有负盛名于当世，自以为诗格之高，去天尺五者；余视之，其所蕴诸中与发于外者，亦犹夫古人云尔，遑能卓然自立哉！吾人盱衡当世，处数千年来未有之变局，举古人所有之意境与其所无者，皆兼容而并包之。古人为诗，仅有一意境，吾人乃有二焉；处境如此，而犹不能发抒其才力与感情，成一划时代之作品，宁非中国文学之憾事欤！民国二十四年乙亥，余初读庚白诗，觉在十六年丁卯以前所作，亦竟无以殊于人；自丁卯屏居上海，乃渐有所创获，己巳庚午以后，则日益孟晋矣。迄今二十六年丁丑，余嫔庚白，值讨倭军兴，中国更入一大时代，庚白偕余西迁入蜀，忽忽五年积稿益富。余心喜其诗，讶为百年以来所未有。盖非必其才力与感情，有以远胜于古人也，实百年以来之时与世，有以昌其诗耳。诗贤于此，乃尽忘其时与世，一若身为汉魏唐宋人者，岂不谬哉！至于才力与情感之不能兼擅，则犹其余事耳。世睹此文，或以余言为夸大，谬誉庚白；试取庚白诗而读之，凡所抒写，什七皆古人之所无，而又为今人所未言，犹得谓非百年来之珍品耶？何况中国前此未有所谓社会主义者，庚白以社会主义者之身世与怀抱而为诗，斯其所以成功欤？庚白遗诗，有《藕丝集》、《爨余集》、《过江集》、《水上集》、《吞日集》、《角声集》、《虎尾集》数种；前二者毁于一二八之役，后数者庚白殉难香岛时，余亦受伤入医院，全稿几与车尘马足同尽；幸桐城章曼实先生，冒险寻觅，托人携归内地，而《过江集》与《空前词》复不可问，良用疚心。顾劫余手迹，卷帙犹繁，流传有待；兹先取《今诗选》残稿中之《丽白楼自选诗》一卷刊布之，盖庚白生前所自负为最有史诗价值者。世有达人，倘不河汉斯言欤！中华民国三十二年五月,北丽序于桂林五美路之寓所。"

次为全书目录计五绝三首,七绝二十五首,五律二十三首,七律八十六首,五古十九首,七古十七首。附录有《虎尾前集》、《虎尾后集》、《丽白楼文剩》、《丽白楼词剩》、《丽白楼语体诗剩》、《丽白楼诗话上编》、《丽白楼诗话下编》、《虎穴余生记》、《博丽轩诗存》、《更生集》。其诗如《光明》:"夜半光明入,开门月满山。不知身是客,犹梦两京还。"《倚楼》:"楼外轻阴漾雨丝,倚楼独客意迷离。小园草绿春将半,邻树风微暖自知。百泪终难温断梦,一生长是后花期。尽抛心力赢劳悴,蝶骂莺嗔各有辞。"皆才思纵横。

书后为柳亚子所作志云:"亡友庚白,自负所作,谓能突过杜陵,俗流徒震其狂,惊怖河汉,不知庚白平生造诣,实有不可及者在也。碧血黄垆,念之酸鼻,《广陵散》岂从此绝耶? 北丽不以诗名,读此一卷,徐淑清才,乃在秦嘉之上;非仅丽白楼诗派,遂有传人也。老夫耄矣,忽复逢此劲敌,惭喜交并,聊书数语。三十三年四月二十一日晨起,亚子志于射日斋。"

刘成禺 《禺生四唱》,一册;《世载堂诗》,一册,民国三十四年(**1945**)京华印书馆铅印本;《世载堂杂忆》,一册,纸本、铅印本;《禺生近作偶存》,一册,建国后油印本。

刘成禺(1876—1953),本名问尧,字禺生,笔名壮夫、汉公、刘汉,原籍湖北武昌,生于广东番禺。1903 年加入兴中会,1911年入南社。1912 年,任南京临时参议院湖北省参议员、北京临时参议院议员。1932 年回湖北,后从事湖北文献纂修工作。1947 年 10 月在广州就任两广监察使。1953 年在武昌病逝。著有《太平天国战史》、《洪宪纪事诗》、《世载堂诗》、《世载堂杂忆》等书。

《禹生四唱》，据《禹生四唱》目录可知其应收录四种，然今此册内仅收录《洪宪纪事诗》与《广州杂咏》二种，另《金陵新咏》及《论版本绝句》二种则缺。疑原应有两册，今散佚一册，甚或根本就未载入。

扉页题签：禹生四唱，右任。次，总目：洪宪纪事诗，广州杂咏，金陵新咏，论版本绝句。次，《自题洪宪纪事诗等四种》七言绝句诗四首。诗云："听松花甲侈闲谈，行卷钞藏落木庵。泪海桑尘伤几变，老随水草寄江南。""移翻棋局半生余，囊剑归来百不如。料理此身长寿考，腹中留有未烧书。""霜鬓窥春尚未翁，捉花雕管漫随风。异辞不见荒亭史，开国名贤过眼中。""八公草木晋家春，风景河山手笔新。万里中原豪气尽，江关岁晚作诗人。"

《洪宪纪事诗》。题签：洪宪纪事诗，汪兆铭。钤印：汪兆铭印。

前有章炳麟序文一篇。云："僭伪之主，不能无匡国功，而亲莅行陈，其要也。袁氏仕清，权藉已过矣，不遭削黜，固不敢有异志。趣之者，满洲宗室也。于臣子为非分，于华夏为有大功，志得意满，矜而自帝，卒以覆灭者何哉？能合其众而不能自将也。夫力不足者，必营于機祥小数。袁氏晚节匿深宫，设周卫而不敢出，所任用者蒙蔽为奸，神怪之说始兴，以明太祖建号洪武，满清独太平军为劲敌，其主洪氏也。武昌倡义者黎元洪欲用其名以压塞之，是以建元曰'洪宪'云。袁氏既覆，其佞臣猛将尚在，卒乱天下。今日无有言袁氏之功者矣，然其败亡之故，与其迫切而为是者，犹未明于远近。国史虚置，为权贵所扼，其详不可得而书也。武昌刘成禺禺生者，当袁氏乱政时处京师久，习闻其事,以为衰乱之迹,率自稗官杂录志之。然见之行事不如诗歌之动人也,于是为《洪宪纪事诗》,几三百篇,细大皆录之。诗成示余,其词瑰玮可观,余所知者略备矣。后之百年,庶几作史者有所摭拾,虽袁氏亦将幸其传也。民国八年孟夏,章炳麟序。"

是编收七言绝句二百首,如题所云,乃记袁世凯复辟称帝时事,其第一首云:"龙飞河北据幽燕,八十三晨大宝传。一代兴亡存故事,史家纪日代编年。"末首云:"五年流滞走京津,海盗批谈语有神。今日故宫花满地,重来曾记姓刘人。"

末有刘成禺自记云:"禺也少孤,未尝学问。余年弱冠,远走重洋,十余年间耳目往还,皆自右至左。自左至右之文,父师所授,殆忘之矣。辛亥归国,奉事都门,世变既多,诵读亦废。寅已之际,退处城南,僦孙退谷故宅居之,槐窗闲日,间理旧籍。时项城锐意称帝,内外骚然,朝野新语,日不暇给。遂举所闻所见,随笔纪录,曰《后孙公园杂识》,存实事也。近二年来,转徙广海,长夏居珠江水阁,与张君瑞玑、时君功玖、胡君衍鸾诸人间为文酒之会。偶检严遂成《明史杂咏》、厉樊榭等《南宋杂事诗》阅之,友人曰:'盍仿此例,为《洪宪纪事诗》若干首,附以《后孙公园杂识》,亦一代信史也。'禺是其言,成诗二百余章,携归沪渎,呈王师胜之、陈师介安及章先生太炎,均劝其详注刊行,昭明真伪。诸老辈亦多索此稿者。昔孔云亭撰《桃花扇传奇》,行间诗词多经当代名人大半涂改,成禺此本,大雅所讥,既经老辈宏奖,后来复鲜正钞,应加勒白,先刊诗二百余章,敢奉前贤,用代墨楮,得荷批窜,是所锡幸。民国七年五月,武昌刘成禺自记。"

又有孙文跋语,云:"今春总师回粤,居观音山粤秀楼,与禺生、少白、育航茗话榕阴石上,禺生方著《洪宪纪事诗》成,畅谈《新安天会》剧曲故事。予亦不禁哑然自笑,回忆二十年前亡命江户,偶论太平天国遗事,坐间犬养木堂、曾根俊虎各出关于太平朝之东西书籍,授禺生译著,年馀成《太平天国战史》十六卷,予序而行之。今又成《洪宪纪事诗》,几三百篇。前著之书,发扬民族主义,今著之诗,宣阐民主主义,鉴前事之得失,示来者之惩戒,国史庶有宗主,亦吾党之光荣也。民国十一年三月孙文跋于广州粤秀楼。"

《广州杂咏》前有题署:广州杂咏,陈三立题。钤印:散原。

首三叶为并州张端机衡玉之《广州杂咏》七绝十八首,于涉粤中地理、风俗、本事之处皆有自注。第四叶始为刘成禺《和张衡玉〈广州杂咏〉》七绝二十七首。每首下亦皆有粤俗粤地粤事之自注。有些注文颇长,其中亦涉当时人事。如"仪文缺讳守丛残,晚代儒宗异代观。伯氏孤怀如季氏,海天寥阔弟兄难"一绝自注云:"汪兆镛伯序先生,精卫兆铭仲兄也。受经东塾,为入室弟子。清亡,兆镛为学海堂长,闭户传经,不问时局。清讳书皆抬头缺笔。如披学海课卷,溥仪字必缺一撇之类。清亡,遗臣以粤中为多,如宣统大婚,婚礼千余份,粤人占入八百余。维新守旧,均走极端。而精卫与乃兄各致其极,亦不相讪谤,可贵也!予在粤时,元旦日精卫大笑而来,曰我几做清室遗臣。当日绝早,精卫赴兆镛家贺年,兆镛正设香案向北拜,强精卫为之。精卫眺而免,伯序先生著有《岭南画史》、《雨屋深灯词》数种。"

末有刘成禺自记,云:"衡玉死八年矣!戊午岁同舟粤峤,纵酒珠江,约赋《广州杂咏》。衡玉咏古事,予咏遗闻,各写长卷,存储箧中。人琴渺隔,墨翰犹新,遗著堪传,凄然感旧。拙作附刊,备鸿爪也。民国二十三年刘成禺自记。"

《世载堂诗》封面题签:世载堂诗,右任。钤印:右任。扉页,朱笔题签:世载堂诗,赵熙署。钤印:香宋。次,版本标识"民国三十四年世载堂藏版京华印书馆校印"。

次,赵熙题辞一篇云:"禺生先生所著述甚审,惜未尝一一观之。谈者云此公儒行侠行,老以诗鸣,诗儒耶?诗侠耶?余曰:集经散原论定,皆方流圆折,儒可也,侠可也,非儒非侠亦可也。记往年题散原诗,落句云'所欠人间惟一死,信陵君与屈灵均'。散原见诘,君从何处见之?余曰:公诗灼然可证。散原喜曰:信有理。今《世载堂诗》不乱法,不犯禁,计闻儒侠之论,亦将曰信有理。赵熙。"

首叶题识:"《世载堂诗》待删稿,陈散原先生圈点批改,武昌刘成禺禺生学。"

先录五律167首。有《赠林少和作郡淮安》、《赠杨沧伯》、《答高二适》、《哭胡翔冬》等。《清夜行溪口遇汤颇公》诗云:"高秋净云雾,清气一山专。况遇知林侣,来兼听水缘。其人行白露,无我见青天。予亦当明月,襟风意洒然。"《白下赠冯自由》一诗云:"百年多古意,万里共游心。落落沟中断,茫茫海上音。黄金麟笔尽,赤雅凤琴愔。忍对秦淮月,秋风桂树林。"《赠汪屺南》诗云:"桃花潭水上,有美见汪伦。折雨沉沉酌,怀诗队队春。流离宫作稼,隔侧巷留宾。围写乌丝醉,山楼一画身。"陈散原于此诗句下句句圈点。167首五律之后有陈散原辛未年诗评二则,壬申年诗评三则。之后再录七绝179首。有《题胡玉斋六十谈往》、《先总理旧德录》、《黔行杂诗》、《青城山中赠张八大千八绝句》等。《再和小石书董莲枝鼓词》其三云:"夜雨秋铃未忍闻,秦淮法曲响巴云。妇人尽有家山恨,不慨兴亡那识君。"《播南诸友》诗云:"感师吴客说章门,邂近离亭酒一尊。抛却江南好风景,来依名辈旧王孙。"《出阳关矣手示樊山诗墨属题即以为别》诗云:"吾乡风雅樊山叟,遗爱人犹说渭南。行迈三秦感耆旧,只留秀墨上诗龛。"《和胡小石听鼓词原韵》(三首):"西来歌者旧南邻,单鼓十番一欠伸。朝士戒闻兴废话,董娘弹说为何人。""白点青峰水阁星,曲高蜀道雨霖铃。座中望断江南客,真走山城掩袂听。""潇潇却唱巴山雨,故国何堪楚两生。解说江楼红袖泪,余音都写断肠声。"

《世载堂杂忆》在刘成禺生前并无单行本印行,此书稿后来由钱实甫整理出版。

是书大部分为刘成禺根据亲身经历写成笔记体史料,以随笔记录为主,体例不拘。他在 70 岁时预知他还有 10 年寿命,于是日书《杂忆》数则,又把他"平生首尾未完毕之书,如《禺生四唱》、《洪宪纪事诗本事簿注》、《忆江南杂诗注》、《容闳、辜汤生、马相伯、伍廷芳外交口授录》、《世载堂笔记》与《自传》等,尽归《杂忆》中,汇为长篇,备事分录"。于是从 1946 年 9 月 15 日开始在上海《新闻报》副刊《新园林》刊登,"年余始毕,风靡一时"。掌故大家郑逸梅就说:"《杂忆》可与汪东之《寄庵随笔》铢两相称,洵为两大力作。"由于刘成禺生平交友广泛,当时的上层人物如孙中山、黎元洪、伍廷芳、章太炎、邹容、蔡锷、杨度、胡景翼等,无不与他过从甚密,所以著作内容广泛,而且具有很高史料价值。他自己评价说:"典章文物之考证,地方文献之丛存,师友名辈之遗闻,达士美人之韵事,虽未循纂著宏例,而短篇簿录,亦足供大雅咨询。"虽然章士钊在《疏黄帝魂》中指出刘成禺写作态度不够认真,如说"禺生游谈之雄,好为捕风捉影之说,讥讪前辈,自是一病";又说"禺生以小说家姿态描画先烈,成书次第,故事随意出入,资其装点,余殊不取"。确实该书在某些考证上,常有疏忽,后人使用此书之时,不可不辨。然瑕不掩瑜,其中还是包含许多珍贵资料。董必武为《世载堂杂忆》题词就提到:"禺生见闻广博,晚年忆其从前耳濡目染之事,笔而录之,为《世载堂杂忆》。此随笔之类,未加整理,虽不无耳食之谈,谬悠之说,然多遗闻佚事,其中亦有《洪宪纪事诗本事簿注》之所未及者,甚可喜亦可观也。"

《世载堂杂忆》自序:"予年七十,诊太素脉,谓尚有十年命运。久欲仿中江兆民先生《一年有半丛书》例,成《九年有半丛录》。今岁剖腹险症,得庆更生,友人曰:'子身无异再生,何不尽九年有半岁月,忆写从前所见所闻之事乎?是亦国故文献之实录也。'予感其言,日书《世载堂杂忆》数则,随忆随录,篇幅不论短长,记载务趋实践。予平生首尾未完毕之书,如《禺生四唱》、《洪宪纪事诗本事簿注》、《忆江南杂诗注》、《容闳、辜汤生、马相伯、伍廷芳外交口授录》、《世载堂笔记》与《自传》等,尽归纳《杂忆》中,汇为长编,备事分录。其它典章、文物之考证,地方文献之丛存,师友名辈之遗闻,达士美人之韵事,虽未循纂著宏例,而短篇簿录,亦足供大雅咨询,唯求无负友人殷勤劝勖之意而已。"

《禺生近作偶存》,油印本不知何人抄录,录各体诗作29首:《金陵新咏》二十首、《溪楼月落宽静上人夜至》、《白下赠冯自由》、《赠杨沧伯》、《由五来沪即遇船逋苏》、《汉阳送故人》、《楼居望鹤亭早行》、《为姜玉笙题令嫂吴夫人节表二首》、《赠芦林李隐君亦年》。其中《金陵新咏》的笔迹格式与后面诸诗不同,疑出两人之手。

刘鹏年 《清凉游记》一卷;《清凉吟稿》一卷,油印本。

刘鹏年(1896—1963),字雪耘,湖南醴陵人,刘泽湘子,南社社员。1942年起,与傅增湘等一起编辑《南社湘集》。编有《袁雪庵先生荣哀录》一卷(辑),1933年长沙铅印本。《傅钝安先生年谱》,1932年长沙鸿飞印刷局铅印本。著《清凉吟稿》一卷,油印本。另有《鞭影楼词》、《劫馀残泪》、《涉江集》等诗文集行世。

国图藏本书签题:清凉山游记,雪耘,刘鹏年字,《鞭影楼杂著》之一。封面书签题:清凉山游记(附诗草)。扉页:上款双钩无墨题:鞭影楼杂著,正中双钩填墨为:清凉游记,下款双钩无墨为:曹典初题。下钤二印:白文"曹典初",朱文"癸卯翰林"。

正文题署:清凉游记,刘雪耘撰。序:盖"国中佛化胜地四,曰清凉,一名五台,文殊主之,曰峨眉,普贤主之,曰普陀、九华,观音、地藏主之,世所称四大名山者也。而清凉尤以险峻幽奇著……吾以辛卯(公元一九五一年)三月杪,自长沙来北京养疴,与妻璆园僦屋而居,常有游礼五台之愿……癸巳夏五月,虚云上师在京,吾二人谒之广济寺,谈及此意。上师谓此时朝台,气候最适,过早过迟,皆阻风雪……因决定于端午后十日首途,……以五月十六日(公元一九五三年六月二十六日)下午五十五分开驶。"抵五台后,夫妇遍游各寺,至七月廿二日返京。计往还三十七日。是年冬月,雪耘刘鹏年作于北京鞭影行屋。

谨按:游记中抄录前人歌咏诗作居多,间亦录有夫妇二人所作之诗,如于东台转赴北台途中,作者即景成诗云云,又璆园清凉桥道中有诗云:"微雨连烟暝色苍,天风吹送马蹄凉。低云逐鸟还巢去,林外疏钟引兴长。"又于栖贤寺为诗云:"此间合是隐人居,谷树溪云入画图。幻化当年留迹相,牛车乞食有文殊"等等,约十数首而已。

游记后即附录《清凉吟稿》一卷,共计各体诗作 83 题 105 首。

其第一首《癸巳五月既望,偕内子璆园及刘雅兰居士自燕京适五台,车中偶成,三叠曹俶补丈韵》:"随分燕台两载栖,笑看胼手作深䆉。文章自误仍挥管,腰脚差顽不借藜。海岳尚容穷眼福,草莱未许长心畦。明朝行入清凉境,宝刹毫端一望齐。"《偶忆》云:"出处平生总任缘,尚留微命看桑田。斜阳瘦马江淮梦,髀肉重生已廿年。"《枣林》诗云:"逐鹿初投野老家,重来空忆枣如瓜。桃花源记差相仿,一在山巅一水涯。"
《道中望万年冰》云:"邃谷千寻马上看,层冰终古白漫漫。莫
嫌桃李娇无力,也似梅花耐岁寒。"自注:"中台东麓有冰数丈,
九夏不消。桃李树生于冰孔,夏初盛开。"《岩头村阻雨》云:
"风云怒卷叶萧萧,山雨狂于八月潮。且向岩头村店住,阴晴
不必问明朝。"

卷末附有约真《次和雪耘游五台作》七律一首。

封三上端有"一九五四年四月十六日"字样,当为印刷
年月。

刘季平　《黄叶楼遗稿》　民国三十五年(1946)油印本。

刘季平(1878—1938),名钟,字季平,别字离垢,以字行。
行三,自署"江南刘三",上海华泾(今属龙华乡)人。

扉页,马叙伦所撰《刘三先生传》,传云:"刘季平以字行,别
字离垢,江苏上海县华泾镇人也。尝自署曰江南刘三,人亦皆以
刘三呼之。生而颖慧,二十一岁补县学生员,然非其志也。旋赴
日本国,入东京成城学校,习骑兵。辽东半岛事急,留学生倡议
组织为义勇队,归国效前驱,刘三首赞之。苏人留学于日本者,
治《江苏》杂志,以鼓吹革命为事,被推为总撰述。未就,而孙文
创同盟会于横滨,刘三即加入焉。居恒聚同学以革命相劝,或以
文字鼓吹。翌年返国,办丽泽学院于华泾,培植革命人才。时章
炳麟主持爱国学社于上海,遂相过从。苦心焦思,谋覆清廷。刘
三虽学骑兵未久,而精其术,发枪又极准,射击飞禽辄中,每试马
荒郊,为戎争之备。会有费公直者,识缉盐首领王某,介以相见,
谋刺两江总督端方以起义,不慎被捕,羁于上海租界之新巡捕
房。黄炎培黑夜走华泾以告,乃延西人旦文律师为辩护,半年始

出罪。上海《苏报》之狱起,清廷捕党人甚急,邹容以著《革命军》瘐死于狱,刘三毅然收其尸,葬之宅侧。人争称其侠。建国六年前,金季聪为江苏陆军小学监督,招之为教习。刘三以为有机可乘,慨然就道。自是常密以革命智识灌输于学生。二年后,转任浙江陆军小学教员。及辛亥军兴,革命成功,刘三欢喜不可言喻,以为国事定矣!建国二年,袁世凯谋篡国,上海都督陈其美、江西都督李烈钧、安徽都督柏文蔚、广东都督胡汉民举兵讨袁世凯。其美招刘三往助,刘三隐有所痛辞。其美谓:'惟君真革命党也。君若不出,如苍生何?'相与大笑。既而四都督兵败。后三年,世凯叛国迹著,蔡锷起义于云南,世凯惊悸病死,刘三被聘任北京大学及北京高等师范学校教授,凡六年而归。时刘三父母皆老,因不敢远离,乃就近任镇江敏成中学校长。十三年,任东南大学教授。十四年,任持志大学教授。十六年,任长江要塞司令秘书长。十七年任江苏革命博物馆编纂主任,江苏通志局编纂。十八年,任监察院设计委员会委员。二十年,监察院成立,任监察委员。尝视察浙江、安徽吏事民情,多所纠弹献替。二十六年夏,以监视航空奖券开奖留滞上海。适日寇骤侵上海,刘三自恨已老,不克戮力疆场。迨政府西迁,国家危急,欲到渝殉职,而衰病侵寻,事与愿违,由是得怔忡症,恒憧扰终宵,不能成寐。二十七年春,得温症,体益羸亏。入夏,所居逼仄,不胜炎暑,时以冰啤酒解渴。其妇劝之节饮,则曰:'予忧闷欲死,藉此得片刻忘,汝何不谅?'至八月,病热,医谓饮冷伤胃,投剂未减,旋以痢疾遂卒。余与刘三交逾三十年,国难中居相近,常相过,慷慨论时事,或笑或泣。其卒前数日,犹省之病次,观其神气,不至遽委,而刘三竟卒矣!其生平尚气谊,重然诺,与人交,肝胆相照,人多喜与为友。居官刚直廉洁,天性豪放,不事居积。早岁以诗文鸣世,中年研精汉儒汝南许氏之学。晚年致力聚好古器物,所至辄罄囊购之,盖不得抒其志而有所寓,非徒耽嗜于此者也。所著诗若干篇,妇陆繁霜集而藏之。刘三卒后八年,同社弟马叙伦为之传。"

后有陆繁霜手书:"遗稿请鉴定,征求序跋,勿吝珠玉,是所至盼,朴安先生。　　陆繁霜。"次,沈尹默题词《金盏子》一阕、陆繁霜题词《水龙吟》一阕。

是集收录古今体诗217题286首。有《怀冯竟任》、《复蔡哲夫》、《题忻赓画》、《示楚伧、鹓雏、钝剑作》、《赠黄季刚》、《赠潘兰史》、《赠黄晦闻》等诗。《清明日太炎偕同溥泉、行岩、右任、君武、梓琴、铁樵、铎民诸兄祭扫盛丹将军之墓,携其祭余,过黄叶楼聚饮赋诗,亦成一绝》云:"杂花生树乱莺飞,又是江南春暮时。生死不渝盟誓在,几人寻塚哭要离。"《怀楚伧》诗云:"同傲瞻园园里居,东西头屋幸相于。自耽乡味能分馇,还趁花时一命车。小事糊涂原易直,高文典册拟相如。兼旬别又经旬醉,过眼烟云付太虚。"《赠刘伯年》诗云:"才停画笔便鸾刀,小试犹能饫老饕。酒半听人谈五泄,银瓶倾尽见粗豪。""不学于陵避妇翁,小楼能共一灯红。画梅省识镂花格,风物江南似蜀中。"

后有跋文两则。

柳遂　《金阊纪事》,一册,民国十一年(1922)刻本。

柳遂(? —1980),字率初,江苏吴江人,柳亚子从弟。

《金阊纪事》收吴江柳遂率初《金阊纪事》、陆明桓简敬《和金阊纪事》诗各四十章。玄韫题签。卷首柳亚子序,卷末陆明桓跋。

柳序云:"《金阊纪事诗》者,从弟率初车唇马背之所作也。弟以贾生之弱岁,抱平子之四愁。王褒伏案,久废菟编;鲍照驰书,重悲雷岸。行吟披发,人嗤正则之狂;歧路回车,独下杨朱之涕。……"陆明桓跋云:"岁己未,余娶胜溪柳氏妇,兄率初好古文,旁及词章,唱酬攻错,相得甚欢。乃不二年,妇遽陨。往岁孟冬,续婚凌氏,既蜜月同游吴门,宿金阊逆旅,时率初亦客莩溪,异地重逢,悲欢交集,连床话旧,情好倍敦。余也五噫之歌,已而复作;咏絮之什,绝而复赓。念其心之孔嘉,恫故人之不作,兴思及此,盡焉伤矣。"故蕞尔一集,凡所赓唱,虽不限一事,特多悼亡之作。考其用韵,未或辄改,悉依"来""回""催"三字,次序亦无颠倒。择录柳、陆诗各一首。

柳遂《十年二月二十八日会沈雪庐从舅丧》:"画苑松陵几辈来,师门衣钵替人回。最怜妖谶龙蛇恶,一夕修文地下催。"陆明桓《追悼蒨雯和率初》:"苍茫万感逼人来,紫玉成烟去不回。莫怪阿兄肠断处,悼亡元相旧愁催。"

柳亚子 《乐国吟》,二册,民国十一年(1922)磨剑室铅印本。

柳亚子(1887—1958),原名慰高,号安如,改字人权,号亚庐,再改名弃疾,字稼轩,号亚子,苏州吴江黎里人。早岁在乡从陈去病、金天羽游,1905年加入国学保存会。后至上海加入光复会、同盟会。创办并主持南社。

此柳亚子南社同人游玩斜塘相与酬唱之作,汇在一编,而各自为集,凡二册,不分卷。据《蓬心草》柳亚子自跋,则《乐国吟》之编印,倡自陈去病,意在追匹《迷楼集》。《迷楼集》,则曩者柳遂辑刊柳亚子游玩蚬江之作。考其子目,曰《蓬心草》、《蓬心和草》、《蓬心和草补》、《蓬心和草屑》、《蓬心补草》、《蓬心续草》,都六种。《蓬心草》、《蓬心补草》、《蓬心续草》为柳亚子之作,其余为同人唱和之作。"蓬心"之名,盖取自《庄子》。《乐国吟》卷首吴江黄复序:"《乐国吟》者,余友柳亚子安如薄游斜塘,与诸酒人倡酬所作也。余维斜塘一隅，处吴根越角间，浦溆沿洄，景物清旷。春秋佳日，四方之客者，咸游燕于此。其地又多善饮能文章之人，以共晤言，安如诗所谓'词客无多灵气迥，酒人一辈醉颜酡'者，其豪情胜概，盖可得而仿佛焉。夫百年之内，促于修名，一士之生，有如过隙。矧值此天饕人虐、除贤嫉义之秋，邦人君子忧生念乱之言，尤肆以朋兴，世无干净土，又复何处可税驾者？而安如乃犹获与诸故人沉酗颠倒著为篇章，且侈然以乐国相夸，得不适人疑且妒欤？抑人之生也，必有以乐乎？此生者以忘百忧，而自遣悲哀蕉萃，卒损其天达者，知其然，故因夫漫衍，极乎消摇，以耗其奇而佚其志。美哉！乐国之吟！盖托乎歌咏而能极夫遨游者也。若夫卓女垆头，擎樽劝酒，《闲情》偶赋，语涉婵娟，斯不过狂生好事，托为儿女之言以资雅故。其趣非世俗所知，其迹亦与欢场少异。此则胜地写心，自符玄赏；遐踪所寄，奚事刻舟。并世敦诗之彦，讽览兹篇，当自得之。安如解人，其亦以余为知言也夫？"兹编所由，可以概知。黄序而外，有成都吴虞又陵、慈利吴恭亨悔晦、松陵蔡寅冶民、松陵周麟书迦陵、松陵费善机一瓢题辞，计八首。兹录吴虞题诗，以概其余。诗云："丝竹中年唤奈何，银瓶买醉且婆娑。罗裙青镜当垆日，锦瑟瑶笙对酒歌。红拂才高知李靖，相如游倦论荆轲。穷途阮籍谁能识？独向尊前感慨多。"柳亚子别有《乐国吟》后序，大率言时局，有贾生痛哭之概，略云："九年冬，余始过蚬江迷楼，归而绳其事于友人余其锵。其锵笑曰：'子之乐，止此邪？吾斜塘固亦有酒家在。其人颇英武，喜结交江湖流宕之士，名在党籍，又具眼能识人，如武负之心赏歌《大风》者，文儒武侠，两不废也。子曷从我游乎？则足以拔杨慺顾媚之帜矣。'余欣然诺之。人事逼促，其锵避仇走海上，余亦以妇病谒医，栖栖吴淞虎阜间。十年十有一月，乃克赴焉。时其锵挟陈去病至，王钟德亦自蚬江来会，轰饮者三日夜，沉酣颠倒，不知所纪极。初成《蓬心草》三十五章，友辈多赓歌为和草，稍稍广之，则补草、续草且粲然大备，而《乐国吟》于以镂琬琰矣。其曰‘乐国’者，其锵所以名酒家云尔。呜呼！辛壬之交，神州几几乎有中兴之望矣。王师北伐，度庾岭而饮马章江。破竹之势已成，苟无沮之者，捣黄龙不难也。故余集中屡及之。答徐毅沈德镛诸作，忾焉欲追铙歌鼓吹之遗，岂特虞山《秋兴》哉！天不相华国，出师方捷，孟贼内讧，十年之功，废于一旦。豨之肉不足食，而吾诗亦遂为子敬之大言，宁非贾生之所痛哭而流涕者邪？伤心人语，诚不忍如所南《心史》锢以铁函，麻沙百本脱手而流传焉，世犹有解人乎？苟得斯集，当持谢翱竹如意，登西台而歌之，勿徒赏其风华俶荡之词也，则庶乎知我心矣。中华民国十一年岁不尽七日，刊将成，李宁私淑弟子柳弃疾自序。”

《蓬心草》，仅见上册，柳亚子作。有民国十年十一月红梨湖上女郎郑瑛序，有云：“夫子游斜塘歇浦归，尽竟日之力写定游草三十五章，长谣而独哦之，大声震屋瓦，若欲自鸣其不平者。余笑曰：子过矣。夫苍苍者天，混混者地，竭其灵奇光怪所变化，以孕育万物，散而为风霆雨露，郁而为河岳山川，精而为豪杰圣贤，盛而为草木鸟兽，诚玄融广大，不可以寸莛撞，一蠡测也。故曰：‘吹万不同，各自成响。’又曰：‘物之不齐，物之情也。’……抑汉老父有言‘兰以芳自摧，膏以明自煎’，吾诚虑子之遽损其天年也。自今以往，弢思虑，简语言，守老氏无为之旨，持嵇康养生之论，其犹可及乎？夫子曰：诺，吾誓听子矣。遂书此以当息壤。十年十一月红梨湖上女郎郑瑛。”正文有柳氏小序，字不满百，云：“薄游斜塘，遂走歇浦，缠绵歌泣，往往成章。袖里金椎，帐中玉体，持视庸流，辄复眦裂。名教罪人，当仁岂让。庄子有言：夫子其犹有蓬之心也欤？余窃韪之，因以自名其编云尔。”

末有柳氏自跋："曩在蚬江,颇事游宴,酒酣耳热,击缶歌呼,予季率初辑而刊之。今世所传《迷楼集》者是也。斜塘三宿,又堕软尘。帕首靴刀,经过李赵,钗光鬓影间,乃隐隐有桃花马上之风,盖猖狂弥甚已。陈子巢南谓余:'盍编《乐国吟》以匹《迷楼集》,增千秋韵事乎?'余笑而诺之。因先写定游草三十五章,为《蓬心草》一卷,冀质诸当世。而友朋赓和诸作,自沈子长公以下,别为《蓬心和草》行焉。大辂椎轮,庶几《乐国吟》嚆矢乎。天涯海涯,今雨旧雨,倘有哀其郁塞磊落之怀而斐然有作者,余方将铸金以事之矣。不为无益之事,何以遣有涯之生?埋血千年,碧不可灭,窃比于我公之佗。十年十二月一日,汾湖旧隐柳弃疾。"

兹择录一首。《堕地》:"堕地男儿百不聊,如何一跌又中宵。上床未合陈登稳,旁榻终怜李煜骄。辛苦半生鸡肋瘁,扶持午夜凤雏(谓玄穆)劳。倘教断送头皮了,定有骚人赋大招。"

《蓬心和草》,分见上、下两册。收松陵沈昌眉长公、松陵沈昌直次公、松陵沈景坚昭懿、松陵许观曾盥孚、松陵柳遂率初、松陵陈其槎安澜、松陵费善机一瓢、松陵黄骏埏良伯、松陵陈去病巢南(附松陵陈绵祥希虑)、青浦王德钟玄穆、吴县陈起东戫人、吴县戴宝德天贽、吴县戴威震殊、吴县徐毅弘士、吴县沈惟塾载华(以上均见上册)、吴县金震东雷、昆山胡蕴石予、魏塘余其锵十眉、魏塘蔡文镛韶声、魏塘沈德镛禹钟、魏塘江树菜雪朕、魏塘江树霖汝为、魏塘郁世羹佐梅、凤凰田兴奎星六、凤凰田名瑜个石等人诗作凡若干首。

兹择录五首。沈昌眉《和亚子初过乐国韵》:"匹马短衣壮志赊,男儿不幸老词家。倘教用汝三条计,宁止于人一等加(亚子于民国初元建议北伐,世不能用)。勋业早经青杀简,文章底借碧笼纱。英雄末路耽醇酒,饮啄犹令万口哗。"

陈去病《留别斜塘诸社好叠前韵》："江湖流宕竟如何？草草斜塘一再过。排日宴穷鱼尾赤，挑灯人喜玉颜酡。恩仇未了惭招引，贫贱粗安足嚘歌。那得重寻投辖饮，看君奋笔似挥戈。"

王德钟《题西园雅集第二图次巢南韵》："落木园林近若何？尺书相约再相过。松涛挟雨洗山绿，花气飘霞涵日酡。寂寞池台须颂酒，招邀裙屐好赓歌。连朝秉烛开清宴，一笑何曾借鲁戈。"

蔡文铺《玉儿两绝和玄穆》其一："芦帘纸阁飏微风，豆蔻年华窈窕容。为惹狂欢春意在，含情偷指碧芙蓉。"其二："玉儿情绪挟春温，一枕何人欲断魂。控鹤归来应有意，琼箫重与撇黄昏。"

《蓬心和草补》收松陵沈昌眉长公诗八题十六首，松陵沈景坚昭懿诗《彩云词和玄穆韵》绝句十首并《金缕曲》一阕。不录。

《蓬心和草屑》收梅县林百举一厂诗二首、安乡何养模祝霖诗二首、南昌陶牧小柳诗四首、松陵皇天经少牧诗二首、魏塘郁世为佐皋诗一首、魏塘李秉鉴篆卿诗一首、魏塘李钟骐癯梅诗一首、魏塘陈淮觉殊诗一首、松陵袁金剑铁铮诗一首。不录。

《蓬心补草》收柳亚子诗作数十首，间附友辈之作。有柳亚子小序，略云："斜塘歠浦之游，既成诗三十有五章付剞劂矣，比以妇病谒医吴门，旅邸斋心，重温旧梦，觉云愁海想，佚漏滋多，酒边灯畔，时补为之，忽忽得如干首，名曰《蓬心补草》。"择录柳诗二首。

《自题蓬心补草后示佩军》其一："破甄休言过去生，敢将答拜笑樊英。燕钗禅鬓空中语，龙剑鸾箫梦里情。偶尔风花成跌宕，都缘湖海不纵横。一言廿拾龚郎唾，侧调终难犯正声。"其二:"怕我耽吟损盛年,无端破戒又成编。良言塞耳真堪托,孤愤填膺倘见怜。堤壅要防河泛滥,诗多聊写意婵嫣。动而弥寿猿猱性,吉语相闻定綮然。"

《蓬心续草》收柳亚子诗数十首,有柳亚子小序云:"定公《破戒》,自悔才多,盖不待《己亥杂诗》之出也,爰编续草,留质后人。"定公,谓仁和龚自珍。诗不录。

吕碧城 《吕碧城集》,二册,五卷,民国十八年(1929)中华书局铅印本;《晓珠词》,一册,四卷,民国二十六年(1937)铅印本。

吕碧城(1883—1943),安徽旌德人。父亲吕凤歧,光绪三年(1877)进士及第,与清末著名诗人樊增祥同年,曾任山西学政,家学渊源。吕家有姐妹四人,吕碧城是老三。吕碧城和其姊吕惠如、吕美荪都以诗文闻名于世,号称"淮南三吕,天下知名"。1904年9月,北洋女子公学成立,吕任总教习。1918年吕碧城前往美国就读哥伦比亚大学,攻读文学与美术。著作有《吕碧城集》、《信芳集》、《晓珠词》、《雪绘词》、《香光小录》等。1943年1月24日在香港九龙病逝。

《吕碧城集》前有吕碧城各时期像九张,后为《吕碧城集》目录。

卷一录文十一篇。中有《北洋女子公学同学录序》、《费夫人墓志铭》、《谋创中国保护动物会之缘起》。

卷二录诗作。前有诸家题辞。樊增祥题诗九首,题词二阕,手书二则。费仲深题诗七首。易一厂题诗七首,手书一则。陈飞公题词一阕。李仲轩题诗二首。徐芷升题词一阕。吴子玉手书一则。缪素筠诗二首,手书一则。沈吕生词四阕,手书一则。

共录各体诗 47 题,89 首。中有《春闺杂感和康同璧女士韵》,《柬同学杨荫榆女士》云:"之子近如何? 秋风万水波。瀛寰怀旧雨,乡国卧烟萝。吾道穷弥健,斯文晦不磨。狂吟为斫地,高唱莫哀歌。"磊落英气,不让须眉。

　　卷三录词作,共录词 53 阕。有《祝英台近·为余十眉君题神伤集》,《念奴娇·为刘豁公题〈戏剧大观〉》等。其《陌上花·感宋宫人钱汪水云事》云:"黄绝绡就,徘徊犹见,故宫风韵。玉箸金觞,锦字共题幽恨。新词凄绝家山破,忍向离筵重听。算伤心千古,天教粉黛,写沧桑影。　　话南朝旧事,湖烟湖水,犹梦翠华遥引。秋黯招提,争似长门春冷。兴亡弹指华胥耳,端让灵犀先省。怅仙源,路杳佩环,何处断人天讯。"沉痛至骨。

　　卷四录《海外新词》,共录词 108 阕。中有《江城梅花引·建尼瓦湖畔樱花如海,赋此以状其盛》、《陌上花·瑞士见月》、《好事近·登阿尔伯士雪山》《多丽·大风雪中渡英海峡》。

　　卷五《欧美漫游录》,前有自序云:"于此行只身重洋,翛然遐往,自亚而美而欧,计时周岁,绕地球一匝。见闻所及,爰为此记。自志鸿雪之因缘,兼为国人之向导。不仅茶余饭后消遣已也。"是卷乃条目式记载域外见闻,所记有奇物、风俗、地理,亦有与人之谈话记录。共计 84 条。

　　《晓珠词》扉页题签:晓珠词,叶恭绰题。钤印:誉虎。次,题词:陈完、徐沅、樊增祥词各一阕。

　　卷一,录词 52 阕。较《吕碧城集》卷三只少《金缕曲·为德国狄斯特夫人感而赋此》一阕,其余内容与次序皆同。

　　卷二,录词 169 阕。皆海外之作,所历国度以瑞士、法国、英国、意大利、美国为主。其中瑞士词篇最多,于日内瓦与阿尔卑斯山两地最为喜爱。卷后有吕碧城自识,云:"右词二卷,刊于己巳岁杪。迨庚午春,予皈依佛法,遂绝笔文艺。然旧作已流海内外。世俗言词，多违戒律，疚焉于怀，乃略事删窜，重付锓工。虽绮语仍存，亦蕴微旨。丽情托制，大抵寓言，写重瀛花月故国沧桑之感。年来十洲浪迹，瑰奇山水，涉览略遍。故于词境渐厌横拓，而耽直陟，多出世之想。闻颇有俗伧，揣以凡情，妄构谣诼。爰为诠释，以辟其误。西昆体晦，自作郑笺，恨未能详也。卷尾若干阕，乃今夏寝疾医舍无聊之作，遣怀兼以学道，反映前尘，梦幻泡影，无非般若。播梵音于乐苑，此其先声，倘亦士林慧业之一助欤？壬申秋末，圣因识于瑞士国之日内瓦湖畔。"

卷三，录词31阕。有《侧犯·为龙榆生君题彊村授砚图》、《陌上花·木棉花作猩红色别名烽火树和榆生教授之作》等。《汨罗怨·过旧都作》云："翠拱屏嶂，红逦宫墙，犹见旧时天府。伤心麦秀，过眼沧桑，消得客车延住。认斜阳、门巷乌衣，匆匆几番来去。输与寒鸦，占取垂杨终古。　　闲话南朝往事，谁踵清游，采香残步。汉宫传蜡，秦镜荧星，一例秋华无据。但江城、零乱歌弦，哀入黄陵烟雨。还怕说，花落新亭，鹧鸪啼苦。"

卷四，录词31阕。《国香慢·素兰和樊榭山房之作》云："九畹春荒。又雪飞香海，催渡仙幢。天门夜凉初辟，笙鹤齐锵。瞥眼玉冠诸娣，翩然下、襂翠成行。临波试罗袜，万里清流，犹似沅湘。　　孤芳逢叔世，但铢衣尚绹，秘掩红妆。馨斯后土，邹鲁惟素称王。未许灵均纫佩，空孤负、楚梦秋纕。幽忧换双鬓，谁赋风诗，小雅繁霜。"

后有吕碧城自识云："年来潜心梵夹，久辍倚声，由欧归国后专以佉卢文字迻译释典，三载始竣，形神交瘁，乃重拈词笔，以游戏文章，息养心力。顾既触凤嗜，流连忘返，百日内得六十余阕，爰合旧稿，厘为四卷，草草写定，从今搁笔。盖深慨夫浮生有限，学道未成，移情夺境，以词为最。风皱池水，狃而玩之，终必沉溺，凛乎其不可留也。至若感怀身世，发为心声，微辞写忠爱之忱,小雅抒怨悱之旨,弦歌变徵,振作士气,词虽末艺,亦未尝无补焉。予惟避席前贤,倒屣来哲,作壁上观可耳。丁丑孟夏,圣因再识。"

附录有《惠如长短句》,乃吕碧城长姊吕惠如之词作,共录24阕,后有吕碧城跋语,云:"先长姊惠如邃于国学,淹贯百家,有巾帼之概,矢志柏舟,主持姆教,长江宁国立师范女校有年,人多仰其行谊。殁时家难纠纷,著作湮没,遗稿之求列入讼案,盖与遗产同被攫夺,亦往古才人所未闻也。时予方由美归国,甫卸尘装,茫无所措。承蒋竹村居士等协助,遍搜未得,叹为人琴俱亡矣。右词一卷,近始承友人寄到,惜非全璧。本拟为刊专集,因页数太少,乃附刊于此。窃思先姊平生致力不仅词章,即词复湮没大半,诚不幸已。聊志数行,以慰泉壤。怅触家事,感慨系之。沈哀永閟,又岂永叹所能宣其万一耶?噫!丁丑六月,碧城谨跋。"其词幽怨冷艳,不输其妹,惜所存太少,不能尽展其才也。录《忆旧游·羁泊江南,匆匆十五年矣。桑海迁易,百忧填膺。行将卜居冶城山麓,以秣陵之烟树,作故山之猿鹤。胜地有缘,信天自憙,藉倚声聊抒怀抱》一阕:"记襟分辽月,鬓染吴云,十载尤赊。老向江南住,把莫愁故里,当作侬家。青山待人情重,留与共烟霞。看转烛人情,抟沙世事,且伴梅花。　　独立水云侧,似信天翁鸟,饥守苍葭。没个消凝处,倚东风一笛,自遣生涯。平生不愿枯寂,冷处亦清华。正怕作愁吟,郊寒岛瘦谁效他?"

吕天民　《偶得诗集》,一册,五卷,民国三十二年(1943)铅印本。

吕天民(1881—1940),原名吕志伊,一名占东,字天民,别署侠少、旭初、金马。云南思茅人。1900年中举,1904年官费留学日本早稻田大学。次年参加同盟会,被推为同盟会总会评议、云南主盟人。1906 年参与创办《云南》杂志及姊妹刊《滇话报》。1940 年病逝于昆明。

《偶得诗集》,五卷。竹纸,线装一册。民国三十二年铅印本。半页 19 行,满行 42 字。封面为李根源隶书题签:吕天民诗集,李根源书。钤印:根源。首有民国三十年李根源序,次为李根源撰《立法院立法委员思茅吕君天民墓志铭》,再为吕天民自序一篇,末有自撰后序一篇。书末署"中华民国三十二年九月,同盟弟李根源印于昆明"。

是集为编年体,卷一收光绪甲午至丙午年诗,共 44 题,诗 54 首。卷二收光绪丁未至辛亥诗,共 18 题,诗 49 首。卷三收民国元年至八年诗,共 34 题,诗 91 首。卷四收民国九年至十七年诗,共 35 题,诗 128 首。卷五收民国十八年至二十八年诗词,共 37 题,诗词 102 首。

《偶得诗集》序云:"思茅吕君天民,余盟友也,卒逾年,为文志其墓。又逾年,余辑永昌府文征,访于其妻弟后君长德,于天民母舅陈西屏先生所,得所为《偶得诗集》者八巨册。乃理董比缀而刊行之。自甲午至辛亥所作为一卷,民国元年至八年所作为一卷,《新游仙》以下至乐府歌词为二卷,都凡五卷,后二卷,盖八年以后作也。刊既成,缀言序其端曰:人事夥矣,惟诗不可以为伪。性灵开阖,表里若符契也。天民行义蹈方,黄花岗之役,耻不得与死者之列。民国缔建,以直道任司法次长者三月,大盗僭号,扶义兴师,寻复奔走东南,崎岖岭海,所至奋笔摅辞,正纲维,扬徽烈,岩岩谔谔,海内钦其人也。而所作诗声情激越,雅称其为人。辽幽变色,滨海沦胥,中枢陈师鞠旅,坚大防于天下。天民垂垂老矣,而所作半多讽议,积于中而与时偕行者,浩乎未有穷也,惜乎未见中兴而殁,所作仅止于斯。平素不乐以文人自见,卒也竟以诗传。呜呼!可哀也已。然天民以名孝廉游扶桑,与香山孙公、善化黄公三十有余人,歃盟慷慨,驱鞑虏,建汉帜,迄今与盟之擅文辞工啸歌者,多下世矣。天民解其天弢,与二三故人,掉臂游行,会于九原之上。眷怀宗国,歌咏低昂,念四郊之多垒,必也仍共论夫汉灵之无疆,而阴佑默相,牖启我后人。俾为强毅宏远之音,以张吾圉也。幽明隔越,感而遂通。吾刊此集,诚馨香祷祝而有待于此矣。至其历身行事,已备于志,世有耆艾,亦能纪而传之,故不赘云。中华民国三十年辛巳九月,云南光复纪念日,腾冲李根源书。"

次,李根源所撰墓志铭。

次,自序云:"吾人欲获高尚优美之生活,非仅宜有物质之知识,尤贵有精神之修养。近世科学昌明,对于物质之知识,精博远迈前古,而与吾人精神之修养,有密切重大之关系,如哲学与文学,亦有长足之进步。我国前民之于科学,虽未能为有系统之组成,而罗针、火药、活字板之发明,如《易》与《诗》,夐乎尚矣。且哲学则周秦诸子,俱能各造其极,蔚为大观。顾自秦焚古籍,汉黜百家,哲学顿形退步。后因佛教流入,国人思想,渐生变化。宋明诸儒之学说,亦多受其影响。惟文学则自周迄今,代有其人,彬彬称盛。虽乱如六朝五季,而文学作品,亦多有足观者。此我国精神之文明,足以安慰吾人,如游农村花园,自适于高尚优美之生活。非若专尚功利主义之民族,竞趋于熙来攘往之都市生活者比也。伊舞勺失怙,弱冠远游,后更奔走国事,学殖荒落。惟自五六岁时,趋侍庭训,多习韵语,遂解属对。并渐学为小诗,就正师长,过承奖励。顾赋性疏阔,虽爱读书,而厌伏案作文,尤厌伏案作诗。若与猥官滑吏,为赠答或祝贺之诗,则精神之痛苦,几如置我于饿鬼道中,夜叉国里,幸平生未遭此厄也。顾因宣传革命,屡任日刊月刊等笔政,或勉应社刊之征,间草数章以塞责,知友见之,辄谬相推许,并劝付剞劂。乃忆录旧作,略存十之六七,自甲午迄甲子,共得二百余首。以岁月之先后,定篇什之次序,盖吾人思想之变化,恒与时势相推移,生为何时代人,文作何时代语。春鸟秋虫,应候而鸣,非必皆作不平声也,惟天机之自然流露于不觉耳。杜少陵有言:文章本天成,妙手偶得之。盖宇宙间一切事物,多有诗意存焉,惟视人之领悟何如耳。伊非能诗者,惟性好游,并好奇。凡物与事之奇者,每助吾人以佳妙之诗料,虽非妙手,亦能偶有所得,此造物惠我无私也,我又何靳焉而不公诸同好者乎?昔扬子云谓雕虫小技,壮夫不为;顾亭林亦言,人一自命为文人,其余不足观也已。伊壮不如人,复言之无文,惟陶写性灵,自适其乐,以为精神修养之一助。若谓玩物丧志,则非可以言诗者。兴观群怨,仲尼岂欺予哉?特如李贺之呕心乃已,殆未免以诗自苦耳。"

卷一,录光绪甲午(1894)至丙午(1906)各体诗作44题53首。有《癸卯元日行次贵筑》、《游青龙洞次岑润之韵》、《题渔樵耕读图和周善堂学长》等诗。《和虎臣挈眷游西湖,乡友数人与俱,行次嘉兴阻雪,以柳色春藏苏小家分韵得藏字》云:"满江风雪阻轻航,信宿嘉兴客恨长。千里云山征雁杳,万家烟树晚鸦藏。谢庭柳絮娇无力,王店梅花冷愈香。怪底钧天胡此醉,阴霾久合蔽朝阳。"

卷二,自光绪丁未(1907)至辛亥(1911)所作诗,缺第二叶,重第三叶。现有各体诗作16题33首。有《次韵答王君凿空》、《次韵答某女士》等诗。《辛亥三月廿九日广州事败乘轮赴沪》云:"半生徒抱澄清志,九死偏留骯脏身。骨瘗黄花悲故友,腥弥赤县吊斯民。太平洋上舟冲浪,无定河边锦丧尘。醉向孤灯类试剑,寒光射倒逼星辰。"

卷三,录民国元年(1912)至八年(1919)各体诗作33题89

首。有《次韵答林浚南》、《南社同人宴集畿辅先哲祠分韵得客字》、《次柳亚子观春航贞女血即事赠子美韵》等诗。《题叶楚伧汾堤钓梦图》云："午梦未醒国已破,香魂难返集长留。深深葬玉知何处,醉卧汾堤理钓钩。"

卷四,录民国九年(1920)至十七年(1928)各体诗作 37 题 27 首。有《题许怡园匡山诗词稿》、《贺叶楚伧吴孟芙结婚》、《题蔡少黄啼红词稿》等诗。《题高天梅花前说剑图》云："崆峒长剑倚天外,邓尉梅花寄陇头。说剑花前索花笑,花魂剑魂识清秋。"

卷五,录民国十八(1929)年至二十八(1939)年各体诗作 37 题 104 首。有《双枞堂次张默君韵》、《龙山别业八咏和李印泉》等诗。《次冼燕穆雨雪过访韵》一诗云："京洛风尘已倦游,旧田无地起层楼。心乎救国才难逮,学未成名仕岂忧。抗敌良谋充后备,惊人佳句费冥搜。补天孰炼娲皇石,柱折共工触不周。"

集中纪事诗可作近代史诗读,如《春怨》(甲午中日之役,吴某统兵驻辽御敌。一日执望远镜窥见积雪满山,疑是敌人营幕,惊惧失措,未战先逃,兵士自相残踏,死者甚众,遂大败。因反唐人《春怨》诗意,戏成一绝。):"莫打枝上莺,莺啼妾梦惊。雪山皆敌幕,怕梦辽西营。"《南社同人宴集畿辅先哲祠分韵得客字》:"卓荦眼千秋,昂藏躯七尺。相携湖海豪,远作幽燕客。市骏轻黄金,驱蝇全白璧。风萧易水寒,慷慨先哲祠。"《五年春赴南洋筹饷,由海防启行,二日抵广南》:"久爱瀛洲海客谈,昆仑洋上梦犹酣。船窗破晓渔舟集,曲水屏山是广南。"《舟抵基隆感赋》:"国亡种将灭,家破人逾孤。昔无立锥地,今真锥也无。"《题高天梅变雅楼选诗图》:"陆起神州壮志同,横流沧海障之东。卅年改革征诗史,变雅楼头一剑公(天梅自署剑公,有《三十年诗征》之集)。"

末有自撰后序一篇。

马小进　《罗浮游记》,清宣统元年(1909)铅印本。

马小进(1887—?),名骏声,号退之,别署不进、梦寄,广东台山人。1909年赴美留学哥伦比亚大学,同年加入同盟会。1910年回国,参加南社。同年7月,重赴美国,入纽约大学。1913年被选为众议院议员,为宪法起草委员会委员。二次革命失败后,任袁世凯大总统府秘书,兼财政部秘书。袁死后,马小进重入国会,1917年南下广东,任大元帅府参事、广东督军府参谋、香港华侨学院中文系主任、广州大学教授。1932年与友人合办"南方电影制片厂",未几倒闭。自此以教学卖文为生,曾任广州大学文学院长,1945年仍在广州大学。

封面题签:罗浮游记,己酉正月,俞西题。钤印:俞西。扉页,版记:己酉孟春,刊于香岛。

次,郑文焯序文云:"昔风人兴感,语本性情。唐代论诗,味尚淡雅。诗以言志,言为心声,是古人即景写情,率皆取于言近旨远、情真语挚者为多。专尚词华,已落晚唐蹊径。己酉元宵,潘君兰史来游澳门,握手言欢,忘余固陋,出示马君小进所撰《罗浮游记》,且命弁言。余观其唱酬赠答,则真挚缠绵;其即古怀贤,则激昂慷慨;其登山玩水,则陶写志趣。皆取乎达情适意,而不屑屑于镂刻为工。是洵有合于白乐天、柳子厚简古淡薄之旨者欤。余愧不文,勉应潘君之命,谨缀数语,以志景仰。大鹤山人郑陶斋序于镜湖。"

次,题签:己酉七夕寄亚庐先生鉴。哲夫蔡守识。钤印:哲夫旧莩。次,海粟序文一篇。次,题词,共收杨其光七言律诗一首、谢英伯七言绝句二首、梁又农五言古诗一首、陈子丹五言律诗二首。许沉《金缕曲》一阕。

次,自序云:"余弱不好动,惟事博闻强记,乐山乐水而已。然偶有所获,恒笔于书,横心之所念,横口之所言,固不计是非利害美恶大小。此《罗浮游记》者,亦我横言横念之一端也。但予幼荒汉学,长业佉卢,生长海外,于万几丛脞之际,旁午著述,辞意多讹,自知不免,故集之既成,皆未刊出。客岁予游罗浮,浪迹山中,流连旬日,逸兴遄飞,草有斯记。及归,内亲外戚、贤师挚友知予游此,乃咸咨询名胜。远则通讯,迩则躬临,几令予百予喙、秃予笔,亦不遑答。因竭数天之力,重理残稿,付诸剞劂,以代口笔,俾替辰万厥愆。凡诸明哲,知我罪我。昔子列子好游,壶丘子问曰:'御寇好游,游何所好?'列子曰:'游之乐所玩无故。人之游也,观其所见;我之游也,观其所变。游乎游乎,未有能辨其游者。'故吾愿乐闻吾之游者,犹当辨吾之游。己酉孟春望月,骏声试笔书此于赤柱山中之梦寄楼。"

是集记录游玩罗浮山之情境与所写诗篇,以景为目,每一景下有短文数笔,勾勒景色,兼记游玩时日,后附题咏诗若干。诗篇清丽,诚如郑文焯序文所言,简古淡薄,发乎真情也。

宁调元 《太一遗书》,二册,十三卷,民国初铅印本;《太一遗书续刊》,二册,十卷,民国四年(1915)铅印本;《太一诗词合钞》,一册,1956年油印本。

宁调元(1873—1913),字仙霞,号太一,笔名有辟支、屈魂,化名林士逸,湖南醴陵人。1904年加入华兴会,次年留学日本,并加入同盟会。曾狱中撰写《南社序》,人称"囚徒诗人"。出狱后赴北京,主编《帝国日报》,创办《民声日报》。后人编有《太一遗书》。

《太一遗书》收录《朗吟诗草》、《明夷诗钞》《南幽百绝句》、

《太一诗存》、《明夷词钞》、《太一文存》、《太一笺启》七种。

扉页题签:吴江柳亚子编,太一遗书,钝根署检。次,宁太一遗像二幅。次,宁调元遗墨四种。

次,太一遗书总目:"《朗吟诗草》三卷、《明夷诗钞》二卷、《南幽百绝句》一卷、《太一诗存》四卷、《明夷词钞》一卷、《太一文存》一卷、《太一笺启》一卷、《庄子补释》一卷、《读汉书札记》一卷、《太一丛话》一卷、《南幽杂俎》二卷、《南幽笔记》、《译佛教圣典》、《闲情集》、《风遗小草》、《辟支庐诗稿》二卷、《叹逝集》一卷、《太一佚诗》一卷、《南幽文集》二卷、《说文广正》一卷、《楚辞王注补》、《碧血痕》三卷、《幽室范言》一卷、《小学续诗选本》二卷。"其中《庄子补释》一卷、《读汉书札记》一卷、《太一丛话》一卷、《南幽杂俎》二卷、《南幽笔记》收在《太一遗书续刊》中,其后诸书,今已不见,仅存其目。

《朗吟诗草》三卷,前有吴称三评语,云:"余外游卅有余年,吾里后来之秀,罕所接晤。今岁承乏澸江,见芸湘文渠古近体诗,以为异嗣。文渠复以仙霞此帙与视,披阅数过,觉其音节之宏亮,议论之沉雄,均已登作者之堂,迥非近玩。吾醴洵多才矣,为慰快者久之,仙霞勉之。既与芸文友,幸互相砥砺,衷诸至善,以薪底于古人,勿自菲薄,以一得自囿,其可乎?仙霞勉之。癸卯闰五,笋叟识于渌江学堂。"

题词有傅尃诗四首,卜世藩诗一首。

卷一录各体诗作30题64首,皆性灵抒怀之作。如《幽居即目》云:"门外绕黄沙,纤纤掠绛纱。松声檐际落,竹影日中斜。远火烧残草,微风开野花。目前无限意,况复望京华。"

卷二录各体诗作36题71首,亦性灵抒怀之作。《感怀》诗云:"廿年渔钓作生涯,春涨秋潮志未谐。何日燕云山下路,致身得裹马皮垾。"可见是中年所作也。又有《答颜芝彬七律二首因次其韵》。

卷三录各体诗作 36 题 72 首,有《题萧景霞惆怅词》、《经治书塾留别王氏柏樵纤青肖韩小衡诸兄》等诗。

后有记文二:

傅钝根跋云:"此卷仙霞少作。癸卯同学笋师门下时,曾嘱余删写一过,呈师鉴定,与此卷互有出入。后复屡自改抹,皆在癸卯写本中,今不可得。此聊慰放失耳。其转写讹误之处,略为校正,间亦有所删节,因记之如此。念西山风雨,曾几何时,似余硕果之存,亦几无异。九京幽处,不独感夔蚿而涕泫,缣墨而神怆也。乙卯四月钝记。"

柳亚子跋云:"钝根既以《朗吟诗草》副本垂示,同时余亦适于楚伧处获兹三卷,盖即钝记中所谓癸卯写本者是也。延津剑合,事岂偶然。鬼雄有灵,庶几相余。爰即据此写定,仍附钝记于后,备考证焉。四年七月,亚子记。"

《明夷诗钞》二卷。卷一录各体诗作 70 题 230 首。有《岳州被逮时口占十截》、《狱中闻杨卓林被捕感赋》、《和仲庄》、《赠约真》、《生日和屯子》等诗,皆感时伤愤之作。如《七律次韵和同狱某》云:"故垒荒凉劫后灰,可曾报国有涓埃。善哉地狱能先入,耻以歧途误后来。意土正然烧炭党,法皇卒上断头台。相看异日风云会,莫漫伤心赋大哀。"

卷二录各体诗作 75 题 187 首。有《狱中杂吟用日人幸德秋水韵》、《题神州日报周年纪念次哀蝉韵》等诗。《春愁和仲庄》第一首云:"江山何处可为家?春恨春愁事事赊。多少因缘多少梦,至今回忆尽春华。"哀愤之至也。

后有约真题识一则,云:"右《明夷诗钞》两卷,为太一《南幽丛著》之一。曩余读书城南,每休息日必往探太一狱中,往辄抱所需典籍,易其草稿以归,为扃置一匮,如是者三年。追出狱前两月索回自理,则丛脞盈篋矣。别科手繕,得若干种。未几载与俱北,湘中遂罕存。嵇叔夜云亡,几疑广陵同尽,吹残邻笛,乃见珠还,殆亦天之未丧耶?韦编欲绝,翠墨犹新,展诵之余,觉当日情事,历历来复,泪点血痕,辐射脑膜作奇痛。噫!苦矣。顾今兹所获,以视其全,亦仅什五。其于《说文》、内典,率能探微抉奥,所著惜皆弗在。《南幽文集》则早毁于羊城,《碧血痕》及《明夷词钞》曾刊《帝国日报》,尚待访求。至其南幽所为诗,则于此卷及《南幽百绝》外,尚有《叹逝集》,顾散佚已久,仅钝根处存五十首。其哭徐锡麟、陈伯平诸章更无自辑,斯可憾已。亚子拟将《太一诗文词》先全集付刊,余因与钝根分检仙霞所致之稿,录副以寄。是卷原墨,多规复许书本字,且靃以古文,读者至弗能竟其词,手民当益为,爰强为更易,太一有知,倘不我诮乎?乙卯清明日,约真识于峭嶙吟馆。”

《南幽百绝句》一卷,前有题辞七,高旭《南歌子》词一阕,傅尃诗一首,刘泽湘诗四首,《满江红·读南幽百绝句感赋用太一生日词韵》词一阕。

是卷收五七言绝句诗作 110 首。盖分为两组组诗。其一为丁未年(1907)所作《愿诗四十什》,前有自序云:“丙午夏,旅居沪渎,见某君著愿诗如干章,每叹佳绝。幽忧无聊,偶触晨风之感,遂捧东家之心。定庵句云‘此意不可语(一作“道”),有若茹大鲠’。乌乎!此三百篇中所由多寄托之作也欤?”其二为戊申年(1908)所作《至日诗七十什》。前有自序云:“良夜静寂,薄寒中人心残意凄,悲不可抑。闻今日为至日也,因忆杜诗有‘冬至阳生春又回’之句,接续演之,得如干章。其中一二怀人之作,以去岁怀人诗多有未备,故略足一二,并分柬诸君。意之所至,并不知其言之不可遏也。嗟哉!”后有傅钝根记一则,云:“仙霞此册,原稿用八分书自写,较他稿尤工。每简五十行,都三十字,杂用古籀篆体。惜铅字难以排印,兹所录非其旧矣。抚念遗墨,为之泫然。乙卯清明,钝安记。"

《太一诗存》四卷,卷一收各体诗作 14 题 46 首,有《癸卯留别文渠西山》、《哭陈君天华七律二首》、《祝天梅结婚》等诗。

卷二收各体诗 10 题 80 首,以悼挽诗为主,如《哭禹之谟烈士二十首》、《哭杨卓林武士二十首用前韵》、《吊秋竞雄女侠十首》等。《唐守缠蹈江死,诗以哭之》云:"一呼一吸一障碍,始信不如归去休。楚水楚山皆是恨,蛮烟蛮雨那堪愁。陆机感逝当年赋,宋玉悲来何处秋。国士无多沦落尽,青磷遥夜起山郊。"

卷三收各体诗 23 题 63 首,《都中感咏》、《燕京杂咏》等皆在京所作也。《都中感咏》其一云:"帝城风物亦寻常,南望中原涕几行。远草低迷连辇道,暮烟疏淡夹斜阳。安排浊酒频频醉,多少清愁渐渐忘。只恐元规尘扑面,年来身世可怜伤。"

卷四收各体诗 9 题 25 首,有《武昌狱中书感》等。

《明夷词钞》一卷。收长短句 117 阕。《一剪梅·出狱日作》云:"一瞬年华过眼忙。魂断王昌。肠断秋娘。世情都向苦中尝。更了星霜。换了炎凉。　多谢和风与旭阳。出也寻常。入也寻常。不消前镜细思量。梦是甜乡。醉是仙乡。"

《太一文存》一卷。收录各体文十篇,有《文学林维岳墓志铭》等。其中《南社序》一文云:"诗者,志之所之也。《春秋说题辞》'在事为诗,未发为谋',故诗之为言志也。扬子亦言'说志者莫辨乎诗'。李注'在心为志,发言为诗'。人各有志,志之卑抗殊而诗之升降亦于以判。故古有采诗之官,先王所以观民俗、知得失、自考正也。延陵季子聘鲁,请观周乐,自邶以下无讥。诗之为义大矣哉!吾友高子天梅、柳子亚庐等既以诗词名海内,复创南社,以网罗当世骚人奇士之作,蔚为巨观,钟仪操南音,不忘本也。昔启祯之际,太仓二张首唱应社,贵池刘城和之为广应社,嘉鱼熊开元宰吴江,进诸生讲艺,而复社乃兴。由是云间有几社、浙西有闻社、江北有南社、江西有则社、历亭有序社、昆阳有云簪社。而吴门有羽朋社、匡社,武陵有读书社,山左有大社。流派虽别,大都以诗文词相砥砺,而统归于复社。山鸣谷应,风起水响,于斯为盛。春木之芚兮,援我手之鹑兮。去之三百载,其人若存兮,有踵接而起者,固可以观可以群可以怨也。虽然,余选古近诗至宋明,尝略而弗录,其持论曰:诗运降厉,爰兹历年几千,代有迁移。温厚以则,宋以前也。纤丽以淫,唐以后也。且五言际宋梁,犹七律之际晚唐,衰递以渐。学汉魏不能,或犹类唐,学宋明不能,将蔑所似也。然则斯编可取乎?曰辑诗非选诗也。于先王之书《乐记》道之曰:治世之音安以乐,乱世之音怨以怒,亡国之音哀以思。故哀乐感夫心,而咏叹发于声。斯编何音,斯世何世,海内士夫,庶几晓然喻之,而同声一慨也夫。嗟嗟! 小雅尽废,四夷交侵,君子生斯时也,于是夫有惧心。"

《太一笺启》一卷,收书信六十九则。与傅钝根、章太炎、文穆晞、刘禹臣、高天梅、陈蜕庵、刘约真、柳亚子诸人书。其中以与高天梅书最多,达三十六则。

《太一遗书续刊》收录《庄子补释》、《读〈汉书〉札记》、《太一丛话》、《南幽杂俎》、《南幽笔记》及补遗六种。

《庄子补释》、《读〈汉书〉札记》,兹不论。

《太一丛话》卷一至卷三,分条记录明末清初遗老志士之守节轶事,依人为目,下记其事。或录其节义之诗,或叙其忠义事,或转引他人所记。三卷共计103条。卷四乃论诗词,或言其词学主张,或叙某诗词本事,颇多南社诗人掌故。共计38条。惟末条论诸历史人物,与本卷论诗词之旨大异也。卷五前半记叙古今香艳掌故,共16条。后半则记清末与列强交战订约事,着重记录民众之反应,颇可存史,共13条。末有傅钝根记一则,云:"仙霞此稿,庚戌岁刊于《帝国日报》,曰《太一丛话》。今所获本即从报纸割出,都无次第,爰自鄙意裒为五卷。其杂采明遗民殉国自靖及隐遁而终者,别名《碧血痕》,成于丁未长沙狱。原稿于清室多所指谪,及刊报乃窜易之。今曰大清曰我朝者非其旧也。书中间有阙佚,惜墨本不存。今辑入第一、第二、第三卷,其论古近词及友朋唱和之作入第四卷,其记古近集事者入第五卷。始仙霞著《碧血痕》,尝属余为助,中违宿诺,降庋爰兹,墓剑之悲,曷云其已。裒集粗竟,因请亚子覆定,亦使后之览者论其世而哀其志云尔。乙卯立冬五日,钝记。"

《南幽杂俎》二卷。是本乃笔记条目汇编,每条目前皆有题,所言广杂,兼涉中外逸闻,共 43 条。

《南幽笔记》一卷。日记条目汇编。每条即记某日干某事。如"十二。上午知臣来。下午接药中函,催做公启,是晚告成,得一千余字。"共载五十九日,自丁未(1907)十一月录至戊申(1908)二月。

后有诗存补遗,共录各体诗 6 题 7 首。笺启补遗,录书信 16则,皆是与文牧晞书,末有韵荃山人识一则云:"太一少时,气可食牛,与钝根同为余畏友。余年差长,不能竞走于飞黄骐骥之间,则却步平庸一路。阳九之际,帜汉笮宋,学派梦如,而太一罹奇祸。余于数君子者亦如孙膑之于庞涓,苏秦之于张仪矣。陇上归来,鬓毛欲雪,太一竟劳死武汉,墓木已拱。钝根为刻其遗书十种,诗文集先就,因投书赆余,茂陵无求,名山不朽,读之泫然。太一诗、诗余似梅村,亦似定庵,不落某家窠臼。其文力追史汉,句法字法多本马班。又熟精《说文》训诂,词义渊雅,实钝根同调也。忆二十年前士趋帖括,仇视经史百家,吾师笋樵都讲漉江,始稍稍崇尚朴学。改革而后,人才益盛,三尺童子皆能举甲乙库间事,文章遂炳然与先秦两汉同风。杰士异人,辄生乱世而又摧折之，其故何耶？纸尾缀词而谂来者。乙卯冬初，韵荃山人谨识。"

《太一诗词合钞》，扉页题签：太一诗词合钞，马公愚题。钤印：公愚书画。次，宁调元传（节录自《醴陵县志》）。共抄录各体诗 90 题 293 首，末有无铮居士所记，并书信。后又抄长短句 26 阕，末亦有无铮居士之记。

潘飞声 **《说剑堂集》，两册，四卷，民国二十三年（1934）铅印本；《说剑堂集》，六册，不分卷，光绪二十四年（1898）刻本；《罗浮记游》，一卷，民国间丰源印书局铅印本；《饮琼浆馆词》一卷，民国间铅印本：《粤词雅》一卷，手稿本。**

潘飞声（1858—1934），字兰史，号剑士、心兰、老兰，别署老剑、剑道人、说剑词人、罗浮道士、独立山人，斋名剪淞阁，室名水晶庵、崇兰精舍、禅定室等，祖籍福建，先祖于清乾隆年间迁居广东经商，遂落籍于广东省番禺县（今广州市番禺区）。香港《华字日报》、《实报》主笔，南社成员。长于诗词书画，善行书，苍秀遒劲，善画折枝花卉，与罗瘿公、曾刚甫、黄晦闻、黄公度、胡展堂并称为"近代岭南六大家"。

《说剑堂集》，两册四卷，扉页题签：说剑堂集，恭绰题。钤印：玉父。次，题签：说剑堂诗集，叶恭绰署。钤印：叶公。次，照片一张。次，夏敬观序。次，叶恭绰序。

卷一，录各体诗作 111 题 228 首。有《喜晤仲阒工部（逢甲）赋赠》、《杨椒叟归寓窑溪以诗见寄次韵奉答》、《送张在初都统出使英伦十韵》等诗。《丘菽园孝廉风月尊图》其一："云萍何事感飘萧，域外湖山放棹遥。故国未堪寻乐土，词人从不负良宵。五羊北望怀离索，一鹤南飞倘见招。分我海天凉处坐，荻花无际月初潮。"《读王晓沧集拟其诗境奉寄一首》诗云："天外闻环佩，仙人未易逢。春风拂杨柳，初日艳芙蓉。花气凉如梦，琴心澹可踪。海山控鸾鹤，秋净欲相从。"

卷二，录各体诗作130题185首。有《梦坡寄馈松江鲈赋谢》、《移居山家园仓硕曳枉过赋赠》、《二月朔雪次樊山老人韵》、《重晤朱古微先生喜赋即送归吴门》等诗。《泊港上陈子丹招饮陶园并示又农弟》诗云："青山如见旧家园，此地临岐屡断魂。顾我频年别乡国，故人未老有儿孙。乾坤扰扰身安托，文字荒荒舌尚存。暂得重逢相痛饮，一宵酣醉即平原。"

卷三，录各体诗作130题191首。有《题刘戡山先生遗像》、《赠歌者李雪芳》、《题山谷书王长者史诗老两墓志铭真迹后》、《赠高鹤年居士》等诗。

《词集》一卷。有题签"说剑堂词集，姚景瀛署"。共录长短句76阕，有《蝶恋花·送绮云字女史归伦敦酒阑复歌此调》、《浪淘沙·病中寄眉子》、《沁园春·苏小墓次樊山韵》、《烛影摇红·古微丈以元旦词属和次韵》、《蕙兰芳引·鹤亭以赠畹华词属和次韵和之》等词。《齐天乐·秋日剑丞招集映园同诸子赋》："重阳已负登高约，园林奈他秋老。丛菊零香，芙蓉剩粉，都入词家画稿。柴门曾到，话酒懒琴疏，俊游偏少。醉墨题襟，如今不似旧时好。　　赏音人在何处？天涯羁旅惯，谁语幽抱。汐社书沈，南村梦杳，问我几时归棹。芳尊劝倒，任隔水飘灯，逢花侧帽。一夕论心，鬓丝添黑了。"

《说剑堂集》，六册不分卷。第一册、第二册《老剑文稿》。扉页题签：老剑文稿。次，版记"光绪戊戌三月刻于仙城药洲"。

次，颜清华序云："去冬余既叙吾友潘兰史《一得刍言》，逾年辑其议论经济之言曰《老剑文稿》，兰史歉不自足，就余商榷，复为委序。清华受而读之，卒业三反，乃引其端曰：不遇盘根错节，不足见利器者，人才以艰难而显也。天下本无事，庸人自扰之者，其排击剥割皆不中夫理也。屠牛垣一朝解十二牛而刀刃若新发于硎者，缘督以为经，无厚而入有间也。中国自道光以来，世变日甚，措置乖舛，未能操刀，妄学宰割，陆象先所谓无事自扰者乎？兰史远游欧洲，旅居德国四年，威廉第一之伟绩，毕士马克之大猷，如何而转弱为强，如何而以小敌大，如何而内治，如何而外交，皆一一身履其地而目睹之。提纲挈领，撷其国之大政，与耳食途说者迥不侔。夫中国之地，十余倍于德国也，中国之民，七八倍于德国也。东有大洋，西有昆仑，北抵沙漠，南抵炎徼，非若德国局促于俄、法、奥、丹之间也。兰史负经济才，十年前尝上书于当道矣。广铁路以通地利，联南洋以固藩篱，筹边隅以防俄，练海军以慑倭。秉国钧者苟将其说而行之，于边功外交已得过半，惜乎托诸空言，不能奉而行之，至有今日也。嘉定廖尚书寿恒《保荐人才折》有云：有才而不竟其用，则豪杰唏嘘；用才而不及其时，则英雄消沮。老剑乎？斧柯终莫假乎？利器何以见乎？岂甘牖下死乎？庶几敛抑锋芒，共优游于美人香草之间乎？光绪二十三年九月，海澄颜清华序。"

次，《说剑堂著书》总目。

是稿共录赋2篇，表1篇，碑记3篇，记3篇，论6篇，传1篇，颂2篇，书后1篇，炮考1篇，论说7篇，上书1篇，书信3篇，序14篇，游记2篇，跋4篇。

第三册《海山词》、《花语词》、《珠江低唱》、《长相思词》。

《海山词》。前有题签：海山词，日本井上哲题。次，姚文栋序。次，井上哲序。次，陶桼林序。次，题辞。共录长短句69阕。《蝶恋花·送绮云字女史归伦敦酒阑复歌此调》："楼外斜阳红一线，怕看香车、不把湘帘卷。草草离筵花下款，多情许握黄金钏。　　恨别江郎肠惯断,海角蓬飘、甚日重相见。莫惜深杯珍重劝,醉中禁得天涯远。"

《花语词》。前有题签:花语词,符翁书。次,陈良玉序。次,陈璞序。次,黄绍昌序。次,陈骧序。次,题辞。共录长短句65阕。《虞美人·题倪耘劬司马花阴寻梦图》:"紫藤棚下霏香雨,人在花深处。梦魂如水一痕消。不信人间真有可怜宵。　　寻思细细檀心印,空把银蟾认。为谁唤起旧时情。只是红墙遮不住箫声。"

《珠江低唱》。前有题签:珠江低唱,光绪癸未陈璞题。次,萧复常序。共录长短句17阕。有《虞美人·越夕张燕于桥楼明月迎人金尊劝客当筵倚此调即付银鹦歌之一拍未终万花齐笑》、《浣溪沙·有赠》等阕。《如梦令·玉蓉楼录别》云:"不分玉楼双凤,唤醒红窗幽梦。半晌不抬头,只道一声珍重。休送,休送,江上月寒霜冻。"

《长相思词》。前有题签:长相思词,辛卯仲秋橺堂题。钤印:宝镛私印。次,题词。共录长短句18阕。

第四册《游樵漫草》、《悼亡百韵》、《论粤东词绝句》、《论岭南词绝句》、《柏林竹枝词》、《海上秋吟》、《游萨克逊日记》。

《游樵漫草》前有题签:游樵漫草,高丽李应彬琴星题。钤印:应彬臣印、琴星。次,邱诰桐序。次,何桂林序。次,题词。是卷录各体诗作30题40首。有《甲午八月邱仲迟兵部招游龙山寓丘园赋诗四首》、《题陈方縠明经大中堂集》、《听陈全琵琶》等诗。《桃源里访张杏邻同登正觉寺》诗云:"桃源在人世,子是避秦人。偶蜡登仙屐,相将入画身。寻僧开草阁,借榻卧松云。信矣村居美,吾宁猿鹤亲。"

《悼亡百韵》。前有题签:悼亡百韵,丁丑九月,闽中邱炜萲署。钤印:炜萲手作。次,题词。共收录悼亡诗一百韵,并附七律 3 首。

《论粤东词绝句》,有序 1 篇,绝句 1 首。

《论岭南词绝句》,有绝句共 20 首。

《柏林竹枝词》,收诗 24 首。

《海上秋吟》前有题词,收潘飞声《秋感》七律八首,李欣荣同作八首,何桂林、沈宗略和作各八首。录原作一首:"三边棨戟耀霜明,土马刍粮尽远征。早识和戎卑魏绛,徒闻飞渡阻甘英。九重神算劳宵旰,专阃元戎属父兄。不抵黄龙谋痛饮,鹰鹯犹踞凤凰城。"

《游萨克逊日记》前有姚文栋序一篇与题词。共收录日记 4 篇,并附诗 4 首。

第五册《西海纪行卷》、《天外归槎录》。

《西海纪行卷》。前有题辞:西海纪行卷,光绪己丑七月宁乡陶森甲署检。次,日本井上哲序。次,题辞。是卷收录光绪十三年(1887)丁亥七月十四日至八月二十二日止,去往德国柏林的日记。附诗《宿柏林客馆示竹君》:"雨夜风霜宿火车,征衣才解拂尘沙。与君取足今宵睡,客邸心安似到家。"

《天外归槎录》。前有题签:天外归槎录,黄士陵署检,钤印"黄士陵"。次,版记"光绪甲午三月刻于栖栅老屋"。次,潘仪增序。次,题辞。收录自光绪十六年(1891)庚寅七月至八月自柏林归国的日记。

第六册《香海集》,扉页题签:香海集,门人莫自修谨署。钤印:景沂。次,李东沅序。次,邱炜菱序。是集收录各体诗作 122 题 213 首。《人日》诗云:"春阴寒重压重檐,臣朔占书在简编。人日酒杯消永日,今年风雨过新年。登高裙屐凭诗寄,引兴江湖倚剑眠。柳色梅花看不忍,草堂应动故乡怜。"《赠黄上舍》诗云:"两作金台客,侯门不踏尘。学劬真畏友,文采信佳人。

天上巢威凤,人间走玉麟。小诗闲亦爱,子建近来亲。"

末有梁淯跋 1 篇。

《罗浮记游》封面题签:罗浮记游,庚戌春仲羞翁署签。钤印:吴中。扉页题签:罗浮记游,瞿园。钤印:祖光、瞿园。次,题词:黄遵宪词 1 阕、丘逢甲文 1 篇、萧致常诗 6 首、邱炜萲诗 1 首、梁麟章诗 1 首、廖恩焘诗 1 首、郑观应诗 1 首、王瀚诗 2 首、黄纯熙诗 2 首、袁祖光诗 1 首、梁广照诗 3 首。

正文前半为《游罗浮日记》。乃记光绪壬寅年(1902)三月十六日至三月二十四日游罗浮山之事。每日一记。后半为游罗浮诗 19 首。多为题咏罗浮景点之作。有《赠彭理源道士》一首,云:"宋朝邓守安,今日彭理源。坐我浮山楼,永夜同笑言。愧非采薇客,道妙安足论。十杯罗浮春,醉倒无碧尊。众当脱尘鞅,来住白水门。"又有《梁又农弟招饮江上酒楼即席作》,云:"身带浮山云,腰挂酥醪酿。重登江上楼,快作霞边唱。十年再来往,游客幸无恙。名山已踏遍,腰脚益雄壮。梁弟琼筵张,置酒群峰向。平挹四百君,多谢真灵眷。倚剑空峥嵘,拓戟更豪宕。大酌罗浮春,早逾十杯量。云霞结神构,文字脱宗匠。笑拍剑南肩,椽笔盍奔放。好磨十年墨,洒满万重嶂。"

《饮琼浆馆词》扉页题签:饮琼浆馆词,宣统纪元补萝。钤印:淮南重闰、补萝。

次,沈宗畸序一篇云:"己酉九月,兰史征君抵都,重晤于禺山馆。搜其书麓,得所著游吴越诗文词稿数帙,为之狂喜。骈文数篇,亟编入《炼庵文选》,词数十阕,别为《饮琼浆馆词钞》,附余辑刻《晨风阁丛书》内,尚有《江湖载酒集》、《在山泉诗话》、《游罗浮记》,均从国学萃编社次第刊出,则社已延征君为总编辑也。今海内文士,欲一读征君新作久矣,此数种乃刊于《说剑堂集》之外者,得不为艺林所欢迎耶? 至征君所作,上追仲则、仲瓛、频伽、兰雪，近与壬秋、实甫、樊山齐名，无俟鄙人誉美矣。月当头夜，同里沈宗畸太侔书于春明池馆。"

次，文作六篇：《碧春词序》、《宝娘墓铭》、《在山泉宴别序》、《汤贞愍公董婉贞夫人梅花合璧卷题词》、《陶然亭征诗画引》、《西湖楼外楼宴集诗序》。次，他人对潘飞声词评论三则。

是集共录词 37 阕。有《摸鱼儿·和汪辛伯太守即次见赠原韵》、《蝶恋花·李可亭殿秋集题词》、《台城路·寄黄椒升明经》等。《金缕曲·席上酬易实甫观察即次见赠原韵》云："洒尽江湖泪。有新词，琼花镂玉，吴淞剪水。载得花奴称绝代，分占扬州月二。读罗峤、天童游记。鲍谢天才甘下拜，慰相思、倾盖风尘里。平原饮，日须十。　　孤鹥愧荷畸人比。还拟看，离江湘水，湘君螺髻。老去关山仍作客，弹取行囊焦尾。算未脱、五陵豪气。琴罢花前狂解剑，拂吴钩、迳欲屠犀兕。应笑我，苍茫意。"

《粤词雅》，词话手稿本，共 27 条。所论词人与词皆粤人所作，有宋词人葛长庚，亦有潘飞声好友。原载于《词学季刊》，唐圭璋《词话丛编》即据此收录。

庞树柏　《庞檗子遗集》，二卷（《玉玲琼馆词》一卷，《龙禅室诗》一卷），民国六年（1917）铅印本。

庞树柏（1884—1916），字檗子，号芑庵，别号剑门病侠。江苏常熟人，生于塘桥贻安堂。光绪二十六年（1900），与黄人等创立"三千剑气社"，后由柳亚子介绍，参加同盟会。钱师仲联《近百年词坛点将录》以"杨林"当之，云其"瓣香彊村，为南社词流眉目"，"趋向南宋，得白石之警秀。"其诗集为《龙禅室诗》，词集为《玉玲琼馆词》，朱祖谋为删定。诗词合刊为《庞檗子遗集》。生平事迹见《南社丛谈》，萧蜕《庞檗子传》。民国五年抑郁而终,年仅32岁。

《庞檗子遗集》,半页9行,满行22字。封面钤"柳亚子"朱文印,故为柳亚子藏书。有王蕴章题签。首有作者遗像,高吹万《吊庞檗子即题其诗词遗集》诗,萧蜕《庞檗子传》,柳亚子、王德钟二序,朱孝臧、邵瑞彭、吴清庠、陈世宜、徐珂、吴梅、周庆云、白曾然、俞锷、叶玉森、王蕴章题词。末为王蕴章后序一篇。高吹万《吊庞檗子即题其诗词遗集》:"沉吟郁处笺愁地,历劫频年厌世人。自吐孤怀入绵渺,独携奇泪动凄辛。低徊每觉情无尽,俯仰谁怜迹已陈。欲向灵岩问樵唱,残阳莽莽下城闉。""词伯归安当代师,惟君哀艳实宗之。春花秋月浑如梦,玉佩琼琚放厥辞。结想芳馨应有托,闻歌涕泪益深悲。可怜荡气回肠后,彻骨伤寒兀不支。"

是书分两部分,一为《玉琤瑽(即琼)馆词稿》,收词49首。另为《龙禅室诗》,共65题,诗99首。书前有《庞檗子传》,先为《玉琤琼馆词》一卷,前有彊村题签并钤有"彊村"印,有序二:前序柳弃疾作,后序不知何人所为。柳序云:

"虞山庞檗子之殁,梁溪王莼农为刊其遗集,杀青有日,征叙及余。余维檗子之诗,上窥王孟,其词则姜张之遗也。身后定文,得朱彊村、萧蜕公两君为君山子健,而莼农晨钞暝写,用力尤勤。迹其持论,谓:'宁少而精,勿多而滥;宁致叹于遗珠,毋贻讥于乱玉。使湘中一草,远过西堂,方不负吾辈死后之责。'旨哉斯言,九原有作,庶几无恫矣。翳余梼昧,奚待赘辞,抑余与檗子湖海论交,且近十载,平生故旧,盛衰离合之感,诚有耿耿未易下脐者,聊贡所怀,以质海内,可乎?昔岁在己酉,余与云间高天梅、同邑陈巢南始创为南社,驰檄召四方豪俊,以孟冬朔日期会吴中。会高天梅杜门避矰缴,弗克至。至者自余与巢南外,有河东景太昭,南粤蔡寒琼,三山林秋叶,新安黄宾虹,魏塘沈道非,

135

山阴诸贞壮、胡栗长，丹阳林立山，云间陈道一、朱屏子，娄东俞剑华、冯心侠、赵厚生，吴门朱君觹辈十数人，而檗子实惠然肯来，觞于虎阜之张东阳祠。张东阳者，讳国维，朱明之季，奉监国鲁王抗建虏，国亡殉义者也。时虏焰犹张，而吾曹咸抱亡国之痛，私欲借文字以抒蕴结。余既酒酣耳热，悲从中来，则放声大哭，自比于嗣宗、皋羽。檗子诗所谓'众客酬酢一客唏'者是也。已归，舟指昌亭，相与上下古今，往复辨难，遂及倚声之学。檗子固墨守南宋门户，称词家正宗，而余独猖狂，好为大言，妄谓词盛于南唐，逶迤以及北宋，至美成而始衰，至梦窗而流极，稼轩崛起，欲挽狂澜而东之，终以时会迁流，不竟所志。檗子闻之，则怫然与余争。寒琼、君觹复为左右袒，指天划地，声震屋梁。今日思之，其光景犹历历在目，呜呼！可谓盛矣。自斯以往，沧桑陵谷，世运变迁，不可纪极。吾社胜流，亦有强死者，独岁时会集，多在海上，得支拄弗废。而檗子自辛亥后移家沪渎，过从尤便，几于无会弗至。往往刻烛联吟，分曹赌醉，以为至乐。盖豪情逸响，犹未减昌亭、虎阜时也。今岁秋仲，复为文酒之会。时则祖龙已死，汉帜重张。旧雨新知，联镳接席，极一时之盛。顾坐中独无檗子，询诸友人，知方卧病。秋雨茂陵，长卿消渴，远山眉黛，乃为伐性之媒，因怃叹久之。越十数日而耗音遽至矣。嵇琴向笛，能不悲哉？余薄植浅学，于檗子无能为役。今覩其遗集之成，抚今追昔，万感苍茫，辄复觊缕及此，聊塞纯农之意，大雅君子幸无尤焉。时中华民国五年岁不尽二十七日松陵柳弃疾叙。"

有题词十一；次为目录，共计收词四十八首，附有孙景贤、金鹤翔、陈世宜、徐珂辞一，王蕴章词三。

其词如《虞美人·晓阴庭院》,《水调歌头·海上陈匪石赋此为赠》等皆隽永可读，此录《水调歌头》(海上遇陈匪石，赋此为赠）:"漂泊欲何事？应悔识君迟。十年湖海豪气,催取鬓成丝。今日旗亭赌醉,谁唱黄河远上,怕见落花飞。幽恨不堪说,鹈鴂向人啼。　　投荒记,登楼赋,总伤悲。风前还有,尘土吹泪上征衣。休向天涯重望,西北浮云又起,忍送夕阳归。且倚一枝笛,和我断肠词。"《暗香》(赠梅兰芳,和白石道人原韵二曲):"画群雪色,又傍花怨度,东风残笛。且唤绿华,欲试梅妆手亲摘。无意调脂弄粉,重收入何郎吟笔。漫忘却玉树歌终,清泪湿兰席。　　南国,叹寂寂。有两点翠眉,旧愁深积。细弦似泣,还诉飘零为谁忆。何日芳樽共倚,望漠漠江云凝碧。便一棹随去了,此生未得。"

再如诗《己酉十月朔,南社第一次雅集于虎溪张公祠,到者凡一十七人》:"夫容初发堤柳髭,锦鞲画栀过阊门。携箫载酒寻常事,山塘空染胭脂痕。绿水湾头驻巾屐,青山桥外开芳席。两岸儿童迎酒人,一川鱼鸟惊狂客。高谭载伸逸兴飞,指掌今古探义微。舼船争泻吟笺擘,众客酬酢一客唏。西风残照催人去,回首苍烟带红树。佗日重挐一舸来,可怜风景无寻处。于嗟乎,旗亭诗句新亭泪,赚得吾曹日憔悴。不如散发随老渔,月下长歌花下醉。君不见溪山清蒋三百年,张(天如)杨(维斗)风采今渺然。词人独吊真娘墓,谁向林中拜杜鹃。"《哭同社邹亚云》:"逢君时已十年迟,往事回头感不支。呼酒琴台惊落叶,寻花春浦葬残诗。忧生自分心肝裂,近死犹看涕泪滋。为问归魂渺何处,寥寥雁影可相随(客腊在吴门与亚云及钝剑、厚生、叔源、壮公、捄炎合摄一影,予题'吴天雁影'四字)。"另有《哭黄摩西先生即题其遗稿》四首。诸诗可作南社纪事诗读。

丘复　《长汀县志》,三十五卷,首一卷,民国三十年(1941)铅印本;《杭川新风雅集》,八册,三十卷,民国二十五年（**1936**）铅印本。

丘复（1874—1950），原名馥，字果园，别号荷生，又字菏公。室名念庐。清同治十三年（1874）生于福建龙岩上杭县兰溪镇曹田村。24岁赴省试，考中举人。编有《清代文学史》一卷，著有《念庐诗稿》十册、《念庐诗话》五卷、《念庐文存》五册、《愿丰楼杂记》十卷（2009年出版）、《南武赘谭》、《念庐联话》一卷，编纂了《上杭县志》三十六卷、《长汀县志》三十五卷、《武平县志》三十一卷，还整理校勘了《后汉书注校补》、《杭川新风雅集》、《天潮阁集》等古籍多种。

《长汀县志》，三十五卷，首一卷，民国三十年铅印本。一函，六册，凡三十五卷。民国二十九年修，次年九月付印。南昌余謇题签。

谨按：《长汀县志》初修于康熙年间。此次续修，原序均予保留，别有民国三十一年长汀县县长欧阳英所撰序。欧阳英序云："按《长汀县志》胜清康熙戊戌张公文伟创修以降，迭经乾隆壬寅陈公朝义、道光庚寅王公垒、辛卯乔公有豫，光绪己卯刘公国光、谢公昌霖相继修辑，粲然美备，蔚为大观。独自光绪己卯迄今凡六十余年，从未续修。汀人士惴惴然，咸以私家著述、故老传闻，再事迁延，愈难搜集为惧。……"卷首附历届长汀县修志局职员表及本届职员表。此次重修丘复于民国十七年任总修纂，后来邓光瀛、覃百继任。

丘复参与修纂者，有卷一《地理志》、卷二《大事志》、卷六《古迹志》、卷九《盐法志》、卷十五《武备志》、卷十七《礼俗志》、卷十九《交通志》、卷二十二《艺文志》、卷二十三《列传》、卷二十四《儒林传》、卷二十五《文苑传》、卷二十六《义行传》、卷二十八《忠义传》。

《杭川新风雅集》，念庐居士丘复题签。卷首有丘复自序及

《辑录大意》。

　　谨按:封面题有"中都何卓侯氏备览"字样,殆是卓侯氏旧藏,各册所收诗书眉批语必出其手。卷首又有中都何卓侯氏便笺一叶,非原刊,为手写者,其词曰:"新风雅集雅为私,不啻先生墓道碑。祖父文辞详辑纂,寒儒诗稿任删遗。同年友谊多案语,非故才人少选词。若颂寓公五十句,纵然苦涩也刊之。民国三十年农历重阳前一日卓侯氏戏笔。"是卓侯氏于此书去取颇有微词也。今按此书虽去取不无可议,然有功上杭文献者甚大。辑录明以来迄于民国间四百五十九家诗六千一百三十五首,各家名下均撰有小传,姓氏爵里及履历,可得而征。除此之外,又于所辑诗时加案语,评骘、考证,兼而有之。

　　自序云:"杭川风雅之有集,始于此乎?曰明李梅隐先生已有之矣。然则曷为以新名?曰以别于梅隐先生之旧且以明杭川旧有风雅,先哲辑之而地方不能保存为可惜也。予之辑录是集也,初名《上杭诗录》,拟卒事,更为《文录》。乃日月易迈,精力就衰,文录之辑,恐有未逮。爰废旧名,改从先哲,冀地方人士赓续保存,弗坠梅隐先生之盛心焉。曩读侯官郑杰《全闽诗录》,清顺康雍乾四朝于杭仅得丘锺灵一绝。郭柏苍本郑氏明代未刻稿,编为《明诗传》,于杭则仅胡时一律,刘廷标一绝。窃怪其寥寥若是,岂上杭乏风雅之士哉,抑网罗之无其人也?溯自宋淳化甲午升骤至今岁丙子,历九百四十三年,而宋元三百七十年,其诗无一存者。明贤撰著,惟李职方之《烬余》、刘遗民之《天潮》。职方殉节明末,遗民生于明亡之际,谓明代无一刻本可也。有清一代,刊行于世者,所见仅《东山》、《离垢》、《后乐》、《医楼》、《荻芦》、《师竹》、《云章》、《经余》、《求志》数家而已,又皆版本零落,藏弆者寡。夫既刻者尚在若存若亡之间,其未刻者欲不湮灭,得乎?窃谓杭人著述就湮,厥有数因。士禀山川质厚之气,不愿轻自表暴，一也。山乡穷瘠，士皆安贫守分，剞劂乏赀，二也。交通梗阻，无交游有力者为之延誉而推毂，三也。山岚湿气，蛀蚁易生，《闽小记》云'书十年即腐'，四也。此四者皆足速其湮灭。而兵乱散亡，水火焚荡，犹后焉。是必有人网罗散失、拾坠钩沉、涣者萃之，汇为一集，庶易保守。梅隐先生于是有《杭川风雅集》之辑。永丰丘贤序称其广询故老，博访遗文，得宋元至明初三百余年间名公若干人，诗若干首，用心良至，力亦良勤矣。旧志不详时代，传云开封教授诚孙，以教授乡举之年推之，当为宣正间人，是其时宋元之诗未尽亡也。今其书又不传，所云兴念前修，落落如霜木晨星，翰墨皆散亡无存者，今日更将如何慨叹哉！予于廿年前，即有志搜辑，见前人遗诗，辄录存之。饥驱奔走，未遑卒事。重以赤祸，藏书荡然。此稿出入与俱，幸存行箧，留落金城，迄今八载，旅居多暇，乃编次之。壬癸之际，族侄素庵自故乡来，属为缮写，又未蒇事他去。老友包千谷连年广为掇拾，邮筒络绎，视前稿几倍。乙亥旧正，重行编次，手自写定，十阅月告成，计明一卷、明遗民一卷、清十八卷、民国八卷、女士暨方外各一卷，合三十卷。既募费付印，县中续有所寄，分卷补入，起四百五十九家，得诗六千一百三十五首。杭人诗，其遂毕萃于此乎？曰：未也。浩劫以还，故家手泽，销亡殆尽，间有存者，或据为稀世之珍，秘不肯出，或视为不急之务，漠不关心，不知前人著作之流布，地方均与有责。为之者非好事，秘之者亦非善藏，与其私之一家，饱蠹鱼之腹，何如公诸同好，流金石之声？乃所见不必尽同，而征求力竭，只得取诸私家钞本。然流传之诗，率取轻灵洒脱，尤以律绝为多，佳者或未经人传诵，诵者又未必其大佳构，据以辑录，恐灭作者之色，而无以厌读者之心，迟疑而未敢执笔者久之。尝与千谷往复相商，千谷则曰：其人全稿已不可得，此区区者亦可藉见一斑，与其慎重失之，毋宁过而存之。

予以为然,遂成兹集。凡生存不录,避标榜也;断句亦录,存梗概也。间或瑕瑜互见,亦过而存之。盖吾于兹集,非选诗也,辑录云尔。且使邑人士读之,指为有所遗漏,或未尽其人之菁华,各出所藏,广为搜补,尤予所切望矣。今春家大令海山及门包伯苇书来,于集名有所商榷,均以《杭川诗录》为宜。惟已写定付印,难于更易,且前人已有此名,书佚序存,表而出之,不没先哲,固予志也。……

阮式 《阮烈士遗集》,不分卷,民国二年(1913)铅印本。

阮式(1889—1911),原名书麒,字梦桃,号翰轩,别号汉宣,淮南山阳(今属江苏淮安)人。1911年6月,与周实二人倡建南社分社淮南社,汇集、编辑了《淮南社》第一集(稿本,未正式出版)。

国图藏本封面题签:阮烈士遗集,邓家产敬题。扉页:上款"阮梦桃烈士著",中间"阮烈士遗集",下款"安吴胡朴安署"。次,阮烈士遗像,辛亥夏日照。次,题像《菊花新》一首,云:"百忧万感萃心头,剩魄残魂满目秋。管甚古神州,我要向他分手。"次,目录。次,柳亚子、叶楚伧、曹凤笙、张廷珍、周人菊、朱伯华、邹秋声序,过长不录。后有,邹遇《阮烈士梦桃即题其遗集》四首与李正学《挽梦桃烈士联》一副。再次,胡韫玉序。次,柳亚子《阮烈士梦桃传》、《周烈士实丹传》,次,阮存(梦桃之弟)《先兄梦桃先生行述》,均不录。

正文其一,《啼红惨绿轩杂识》20则,类说部笔记,其中述明清轶事如张佩纶、林开模、方苞、李绂等,其中引王文韶家书谈拳匪之祸,引御史文悌奏疏谈康有为师弟种种黑幕,皆有关时事。最后一则,谈及和珅两条轶事,闻自家教,新颖可听。

其二，《翰轩丛话》12 则，多明末清初事，其第九则云："清定鼎，文网繁密，不独汉人之明言光复罪无赦，即一字一句之间，不谙禁律而误犯者，亦鲜能安然无事。而科场尤严，盖所谓抡才之地，自不得不尊重其事，而冀以束缚英雄，销除反侧也。同治间，有浙江举人朱某者，曾官御史，出守江西之抚州府，草《临文敬避》一册，除摘录科场条例外，自撰七字词二十二首，谨小慎微，达于极地，记其尤精细者，曰'明王明圣与明君，寿域宾天及上宾。圣化皇麻兼帝化，石床金井并冈陵。'按，明字，嫌其为前明国号也，抬头处最不宜。寿域，天子坟墓之名，宾天、上天，皆天子崩驾之称。化字有死意一解，麻与休同音。石床、金井是本朝陵寝地名，冈陵亦与陵寝同类，不可用。"

其三，《原情》、《木本水源短引》、《梦桃生二十自叙》、《冤死辨》、《阮张夫人六十乞言文》、《赠秋士邹子序》、《祭李亚伯文》、《李志士传》及致金陵孙景疯书札三。

其四，题像杂剧一，系未完稿。序云："许生赐爵、郭生尔巽偕余同摄影于清江映月轩，既成，许生丐余题之，书此以应。"所咏曲调有"越调引子"、"越调过曲"、"水底鱼"、"小桃红"等。

其五，遗诗九章，乃受业世强所存者，其《田横岛》云："秦并中原汉并秦，可怜六国尽沉沦。泄裙不见三千客，伏剑真成五百人。兔死隗嚣终抱耻，偷生独衍更伤神。何如卷石沧溟里，姓字长同万古春。"又《五人墓》云："天荒地老谏臣孤，大义居然在匹夫。十双老拳真斧钺，一杯正气长藦芜。碑敧日系青油舫，松冷时啼白颈乌。风卷河流冲岸响，犹闻壮士病声呼。"后有世强按语云："先生存时，著述甚夥，至就义前二年，更究心古诗词，鄙弃前作，而诗更进，比之初，如出二人手。"

其六，诗二章词三阕，系柳亚子所存丙午年稿。诗有《吊秋璇卿》:"闺杰成仁颈血鲜,浙潮呜咽此奇冤。汉明党籍犹无女,巾帼灵魂赋自天。一死好成三字狱,再生不值半文钱。泰山之重诚千古,就义从容薄海传。"

谨按:目录中,有"《梦桃诗钞》二卷,已佚"之语。

其七,小说《孟脱羹》、《莲花落》两篇。

其八,《姚荣泽罪案详记》。

沈昌眉 《长公吟草》,二册,诗四卷,附《词钞》一卷,民国二十年(1931)铅印本。

沈昌眉(1872—1932),字眉若,号长公,江苏吴江芦墟镇人,少年丧父。宣统二年(1910),与弟昌直发起分湖文社,同年由柳亚子介绍加入南社,在《南社丛刻》上发表诗文。现仅存《南社丛刻》中部分诗文和《长公吟草》。

《长公吟草》,诗四卷,附词钞一卷。半页 12 行,行 30 字。柳亚子藏书。封面钤"柳亚子"朱文印,有辛未夏日契宁题签:长公吟草。钤印:契宁。扉页题签:二十年八月,长公吟草,霜厓吴梅。钤印:瞿安。首有柳亚子及其弟沈昌直序,次为自序二篇。书末有其弟子张益等 24 人共撰《眉若夫子寿诞发刊诗集启》一篇。

是书为编年体,卷一上起丙辰年(1916),下至庚申年(1920),共 93 题,诗 168 首。卷二为辛酉年(1921)作,共 69 题,诗 116 首。卷三上起壬戌年(1922),下至丁卯年(1927),共 47 题,诗 80 首。卷四上起戊辰年(1928),下至辛未年(1931),共 107 题,177 首。词钞共 21 首。

次,柳弃疾《沈长公诗集序》云:"嗟夫!朋友之道难言之矣。好事者流,动称平原、孟尝,贵公子徒豪举耳。文人结纳,藉标榜为声华,宾朋湖海,非不盛极一时,究之历岁寒而不渝者,能有几人？然则余之重长公昆季，岂徒以其诗哉？长公负天人之资，器宇弘远，虽未行万里路而能读万卷书。天风海水，长河乔岳，顾盼几席间，神与古会已。诗文宗尚性灵，亦不废格调，于乾嘉诸老，颇近简斋。拟诸乡先辈，则灵芬之俦，特踪迹微异耳。余自胜衣就傅之岁，即与介弟次公订莫逆交，继获请益于长公，忘年投分，不以童騃而遐弃我也。三十年来，相与征文考献，赏奇析疑，交情在师友之间。旁涉世务，有所规划，亦复明白犀利，了如指掌。长公虽怀奇未试乎？侯嬴、鲁连，岂异人任哉？甲、乙以还，余献身党国，危言危行，乡里哗然。即曩时交旧，亦见病如怪民异物，独长公犹时时为余张目。洎余乘桴东海，拂袖南都，栖迟黄歇之宫，蕉萃田横之岛。新亭雄鬼，既雪涕夫山川；厚禄故人，徒靦颜于衣食。晦明风雨，抑郁寡欢。偶得长公诗札，辄骨飞肉腾，心志为之开朗。昔人有言，得一知己，可以无憾。长公于余，非所谓知己者耶？余少长公十有五龄，蒲柳之质，望秋先凋。献岁以来，辄类杨广江都，汲汲顾影。而长公则已六秩矣。门下士请刊诗集，以代乔松之祝。余甚韪之，私媵芜词以献，泉明义熙，子美天宝，后有征诗史者，当弗废长公此集。质诸介弟次公，亦以余言为不谬否？中华民国二十年三月三日，柳弃疾序于海上寓楼。"

次，沈昌直《长公吟草序》云："善乎哉！郑子产之语子皮也，曰'人心之不同，如其面焉，吾岂敢谓子面如我面乎？'而庄子之纪惠施之言，尤所赅者。广曰大同而与小同异，此之谓小同异。万物毕同毕异，此之谓大同异。盖万物虽同出一原，而无不自有其纷纶发展之各途，此一本之所以万殊也。而于此纷纶发展之各途中，仍必有其相向相引而终归于水乳交融之一点，此万殊之所以一本也。惟一本而万殊，斯人事之所以日进；惟万殊而一本，斯大本之所以不摇。知此乃可以语我兄弟之异同。余与长公相差十年，而同出父母一本之遗。以遗传论，属毛离里，自当如同枝之花、同巢之雏之类似者多而差别者少。顾证之事实，往往有不然者。兄自幼了了，智略辐辏，一箸之借，百里不障；一言之发，七札可穿。而余则落落寞寞，惟拙惟朴，守之不变，愿终其身。兄天资开朗，兴会飙举，跌宕一室，众流并进，嘲讥笑语，无所隔阂。而余则儳兮寠兮，惟清惟寂，遇非其人，或欲走避。更以学论，兄专一所好，不乐旁骛。而余则驳杂已甚，聿自少壮以至中年，科哲迭嗜，经子互耽，尝海一勺，实未知味。逮乎今年天竺贝多之书，又所乐道，以为西方圣人视东方圣人理尤精、道尤广，而其淑世之功亦尤大。顾兄则方呵祖骂佛，引禅宗干矢橛之语以为笑谈，而与余之说尤绝对不相容。凡此皆余兄弟之截然不同而各执一义两不相让者也。子产之言，信有征矣。然则其终无一同乎？则又岂其然？岂其然？果无同者，其又奚解于惠施之说乎？同恶在？在诗文。兄以诗文为嗜好，自幼耽之，至今数十年如一日。而余虽旁涉多门，顾终无一成，亦惟诗若文为较有寸进。而兄于二者中，尤惟诗为多作，一篇脱稿，辄写示余以为乐。而余苟有所成，亦必得兄之评正，而后定稿。以是一门之中，更唱迭和，无间昕夕。即远道分离，相见非易，而邮书往来，亦惟各出其吟咏所得，以互慰其相怀之念记。余己未岁首杂咏有云'更与阿兄有真契，文章得失两心知。年头腊尾清闲甚，风雪一庐只背诗。'文章得失，屈指可与言者，并世几人？差喜我一门之内，犹得各出所怀，以相质证，曰两心知，盖慨之深而弥为幸之甚也。然则余与兄其它虽未必尽符，而得此一艺之相同，固为已足，又何必规规于亦步亦趋之说，而必追随恐后，事事雷同，方为友于之笃乎？兄今年六十矣，及门诸子欲刊其诗以为寿。余幼学于兄，论传授渊源，当亦在弟子之列。顾就天伦言，则兄弟为重而师弟或转少轻。今故但就兄弟之关系，粗举其异同之大概，以为之序。二十年七月，弟昌直。"

次，沈昌眉自序两篇。

卷一，录各体诗94题160首。有《简董易庐》、《题许盥孚武陵游草》、《和陆欧安先生早梅诗韵》、《次张鼎斋韵即以赠之》、《次颖若韵》、《赠顾天石》等诗。《范烟桥偕柳亚子诸人游胜溪老屋，有诗纪事，依韵和之》云："庭户依然径就荒，故家乔木最难忘。于今五世芝兰秀，自昔三冬橘柚香。此地盛衰原有数，诸公醉醒不离狂。惹他田父惊疑甚，问客何因认梓桑。"《又赠沈龙笙》云："西江江水比官清，一别惊看岁序更。落月屋梁想颜色，寄书鸿正半天鸣。一官落拓依安浦，不羡嘉禾大绶章。都督南昌开宴日，落霞曾否赋滕王？"

卷二，录各体诗67题115首。有《哲夫以画梅小幅寄赠，报之诗》、《花朝和袁铁铮韵》、《得妻弟夏子檀耳书闻帝病》、《龙笙约游豫章诗以诺之》等诗。《赠张冀英女士和亚子韵》云："君家旧事我能谙，生小车黄到渭南。萧史来时同引凤，陶婴寡后又停骖。绛帷传授留师范，青障解围与容谭。慷慨捐躯先截发，宁甘血性让奇男。"

谨按：此卷后半部分基本为与柳亚子唱和诸诗。

是书所收诗，与柳亚子唱和者多达60余首。其中有《柳亚子以移家已定，约修社事，有诗索和，依韵答之》二首，其一："人生小别漫嗟唏，牛耳征盟愿奉匜。四处宾朋招即是，重来门巷认全非。梁鸿夫妇寒松健，佩宜夫人清恙已愈。庾信园亭春草肥。五亩园已废。笑我诗坛一老卒，犹随麾下舞牙旗。"其二："前游乐极转生唏，酒盏倾同注水匜。花落不知尘世换，月明只恨少年非。于今开府门犹在，从古才人貌不肥。收拾园亭拚一醉，主盟重建旧旌旗。"又《十月朔，南社同人雅集虎丘，适遇风雨，亚子以病未至，余亦有事黎里，未赴社约，归后赋寄亚子海上》："卅年磨剑愿常违,入社攒眉知者稀。风雨交侵堪卧病,河山无恙没家归。守庐猿鹤多情甚,在黎访五亩园,过磨剑室,门闭不得入。守者朱姓,识余,招待甚殷。起陆龙蛇转眼非。朱姓述被劫情形。回首分湖旧隐处,何时重上钓鱼矶。"又有爱国感时之作,如《阴历三月廿九日,追悼黄花岗殉国诸烈士》:"阴风惨惨白日死,黄花岗头歼烈士。天下乐观革命成,当时畴与图其始。乐成易易图始艰,清廷压力重如山。映典倪已殉广州省,克强黄亦败镇南关。收集残兵整旗鼓,卷土重来奋不顾。人心思汉非一朝,天意亡秦必三户。刻期三月二十九,号令一声军辐辏。内有防营为响应,外有义民相先后。布署既定成师行,人马衔枚噤不声。孤注未妨拼一掷,奇功会看策群英。那知胡运犹未绝,事机不密风声泄。敌骑纵横风雨来,沙场尸骨山丘积。遂令七十二英雄,断肢截胫流血红。十次进行无一得,三军精锐竟全空。呜呼失败本是成功母,武汉明年终得手。独惜英灵归九京,未能共饮黄龙酒。往事于今十九年,风云扰攘几变迁。惟有黄花岗不朽,年年哭祭临风前。"

卷三,录各体诗46题79首。有《题周芝畦水村图》、《蔡哲夫纳檀度庵尼古溶,以定情玉佩拓文见示,赋此答之》、《常熟施士则见赠七律次韵报之》诸诗。《东吴生抗云》云:"生小聪明解受辛,黄金挥尽不知贫。闺中莺燕三生伴,海上鸥凫十载亲。继起诗坛才独秀,同游酒国气长春。只怜有事无聊赖,辜负男儿七尺身。"《元旦次施士则韵》云:"贫病生涯过一年,晨鸡唱到枕函边。起看绕屋寒花媚,走避开门爆竹烟。酒债隔宵浑未了,诗情同社又相牵。只无好句酬朋辈,糟蹋书红数寸笺。"

卷四,录各体诗108题180首。有《令次韵和之余亦继声》、《阴历三月廿九日,追悼黄花岗殉国诸烈士》、《题钮东山退秘庐诗稿》、《哭秋同亚子作》、《梦秋石》、《题叶郎园遗像》等诗。

《答客问寓所近况》云："问我寓庐何所有，为言景物剧清鲜。新飞莺燕春三月，旧树枌榆社百年。晓送好音来枕上，午移浓阴到窗前。不时饮酒陶元亮，随意吟诗白乐天。小倦欲眠花藉地，宿醒待解若烹泉。休嫌身世寒酸甚，已算人生福慧全。手把蒙庄三复诵，蜩鸠自况也陶然。"

附《长公词钞》。

录长短句21阕。有《湘春夜月·再题亚子悲秋图》、《八声甘州·亚子寄示〈摸鱼儿题秣陵悲秋〉久未和，残年风雪，枯坐客窗，填此》等词。《绮罗香·题柳亚子秣陵悲秋图》云："磨剑难酬，挥戈易折，千载沉冤谁诉？如此江山，不见当年眉妩。吊清溪、空对烟波，殉白练、可怜风雨。猛思量杀机秋伏，更名成谶错先铸。　分湖孤冢无恙，百树玉梅花下，还余香土。环佩西归，两美雅宜同住。濡大笔、碑碣题来，荷短锸、衣冠埋去。定容我，一棹重寻，宝生庵外路。"《大江东去·中秋夕有怀时事用东坡韵》云："秋风容易，曾几日、又换一番人物。回首蒋山，青入望、镇住东南半壁。柱石才移，江涛又沸，此恨何时雪。残魂漂泊，孙郎还斗雄杰。　有幸维系殷勤，白驹空谷里，翘车催发。收拾坠欢，双美并、夕起胡儿朝灭。绝险逢生，将离还合，关系千钧发。长城堪倚，今宵且醉明月。"

末有《眉若夫子寿诞发刊诗集启》云："眉若夫子教授弟子将四十载，其讲学吾里亦逾十年，及门成就者甚众。今秋师年花甲一周矣，同人欲于其初度之辰为之寿，师坚拒之。考生之日作寿，于唐以前鲜有所闻，称觞祝嘏，类皆后世俗人之所为。师非俗人，同人乃以俗例施之，自为师所不许。因念六十、七十以至百岁，此皆寿之有尽者也。古称三不朽，立言实居其一。师生平日以著书自娱，一言一语，动中窾要，而诗词尤为性之所近，偶有所见，无不寄之吟咏，惟脱稿后每不自珍惜，随手弃掷者半。今除散佚外,所掇拾编存者仍不下五六百首,用付剞劂,使之流传海内,永永不朽。此即师寿之无尽,而同人之所以为寿者,亦较常例之称觞祝嘏而或更有进者也。及门三十余人,咸以为然,再请之师,得许可,因遵付印。抑观文人常例,为人祝嘏,每括寿者生乎之事功言行,作为寿序。同人不文,无能任此鸿笔。今吟草之出,师之性情言行皆即可于各篇中求之,益以亚子、颖若二先生之序,师之生平尤显显然须眉毕肖。是则不赖寿序,而较世俗之粉饰为序且更亲切有味者也。即以此为师寿,师亦可掀髯而晋一觞也乎?"

沈尹默 《秋明集》,二册,四卷,民国十八年(1929)北京书局铅印本;《秋明室杂诗·秋明长短句》,一册,二卷,沈尹默自钞本。

沈尹默(1883—1971),原名实,又名君默,字中、秋明,号君墨,别号鬼谷子,浙江湖州人,1883年生于陕西汉阴。著名学者、诗人、书法家、教育家。1971年6月1日,病逝于上海,享年88岁。有《二王法书管窥》、《历代名家学书经验谈辑要释义》等。出版主要书法集、字帖有《沈尹默法书集》、《沈尹默手书词稿四种》、《沈尹默入蜀词墨迹》等,约二十种。

《秋明集》,二册,四卷,1929年北京书局铅印本。

上册扉页题签:秋明集。次,目录。

卷一,录各体诗作54题87首。有《秋日雨中寄师愚》、《寒雨催秋,重阳近矣,即时感怀,与星姊联成四韵,寄士远南浔、兼士东京》等诗。

卷二,录各体诗作46题84首。《春日遣兴简季刚》诗云:"杨柳依依春水生,桃花灼灼满春城。风光自与游人便,到处相看眼尽明。""江南二月花如烟,十顷平湖多画船。青春白日黄尘里,独向燕台买醉眠。""酒后谁能被花恼,韶华独惜少年场。香车宝马时时出,紫蝶黄蜂阵阵忙。""解道伤春杜牧之,春来闭户自吟诗。牡丹已是芳菲节,只恐佳期更后期。"《答季刚》诗云:"愁中卧病曾非恶,乱里离乡尚有家。若使此生安稳过,不辞谈笑送年华。"

卷三,录各体诗作11题40首。《大雪中寄刘三》诗云:"漫斟新酝写新愁,苦忆杭州旧酒楼。欲向刘三问消息,不知风雪几时休。"《题儿岛星江所著支那文学概论》其一云:"莫凭高古论风雅,体制何曾有故常。寂寞心情谁得会,齐梁中晚待平章。"《题〈鸭涯草堂诗集〉并序》诗云:"海国诗人圣物庵,新诗一卷味醰醰。东山烟雨长堤月,都向先生句里探。""天机活活便清佳,不是诚斋定简斋。江月松风原自好,寻来踏破几芒鞋。""诗三百首无邪思,学道功夫一色醇。彭泽悠然少陵拙,从来真挚是诗人。""昔游入洛趁闲身,浪被樱花恼几春。画里今知鸭川好,羡君真作此中人。"

下册《秋明词》一卷。录词80阕,为编年体例,从1904年录至1928年。《采桑子·西京新年作》:"新年竞作新装束,爱著新衣,爱著新衣,十四十三小女儿。　　浓妆不管旁人笑,忽地颦眉,忽地颦眉,羽子抛空恼着伊。"《思佳客·共风举谈赋此》:"心事千般各有因。猜时那有见时真。话言一一传天使,烦恼重重缚爱神。　　情缱绻,意殷勤。年年见惯月华新。语君一事君须会,莫道嫦娥是故人。"《减字木兰花·为援庵题陈白沙所书心贺卷》:"崖山风月,千古精诚相对接,省识堂堂。一卷昭然月月光。　　狂心飞鹤,动静随都是学。活活乾乾,此趣于今腕下传。"

《秋明室杂诗·秋明长短句》,一册,二卷,沈尹默自钞本。

有 1951 年影印本行世。

《秋明室杂诗》一卷。前有题签:秋明室杂诗。钤印:吴兴沈尹默印。正文之首有钤印"沈尹默印"及"秋明室"。抄录各体诗 59 首。

后有沈尹默自记云:"右诗五十九首。前五十四首,一千九百四十年至四十二年留滞重庆时所为,其余五首则前岁之作,兴感无端,触绪成咏,录而存之,不复诠次,统名杂诗,都为一卷,取便省览云尒(即"尔")。一千九百五十年六月五日于沪北寓庐,尹默记。"钤印"吴兴郡","草溪沈氏","沈尹默印"。

此中多性情之作,盖感时缘情而发,多敷演前代诗家之名篇而成章,如"夜雨怨巴山,巴山哪得知。巴山常夜雨,未异从来时。悠悠古人心,沉沉今日思。且莫论古今,但咏西窗诗。"

《秋明长短句》一卷。有自题"秋明长短句",钤印"吴兴溪中钓碣"、"沈尹默"。次,有钤印"吴兴"、"晚学"、"草溪沈氏"、"析酲解愠"。录长短句 115 阕。前 92 首为 1940—1946 年间留滞重庆时作,后皆为 1946—1949 年所作。

末有沈尹默自记云:"右长短句若干首,大抵曩时析酲解愠之所为。以其犹贤于饱食终日,无所用心,亦既吟成,遂复录而存之,备省览焉。由今观之,言差近而少讽,悲欢不出于一己忧乐,无关天下。正如爱伦堡氏所讥小熊无力得食,自啮其掌,掌尽而生命亦随之尽者,是可愧也夫! 一九五一年十月,尹默题记。"钤印"秋明长寿"、"吴兴沈氏"。

所录长短句中有《虞美人·答湛翁见寄》、《玉楼春·和湛翁湖上春游韵》、《满庭芳·感时赋此解以示平君》诸词。《卜算子·题傅抱石画用稼轩韵》云:"不署昔贤驴,不学前朝马。偶尔风情爱苦瓜,无意称尊者。 善鼓不张弦,善注何须瓦。写得松风万壑间,听取无声也。"

沈宗畸 《东华琐录》,一卷,民国十七年(1928)北洋广告公司铅印本。

沈宗畸(1857—1926),字太侔,号南雅、孝耕、繁霜阁主,广东番禺人。在宣南创办著涒吟社,主编社刊《国学萃编》,后又加入南社,曾主编《女子白话旬报》。著有《东华琐录》、《南雅楼诗斑》、《繁霜词》、《宣南零梦录》、《便佳簃杂钞》等,又辑校刊刻《晨风阁丛书》。

封面题签:南埜老人遗稿,东华琐录,戊辰中春瑞彭。钤印:邵次云。前有序文六篇,黄复、杜岑、胡世嵚、张江裁、傅芸子、朱涤秋各一篇。

杜岑序云:"昔曾涤生宴居,每际秋高气爽,必偕故旧遨游山林。既归,必详纪其地之远近,景物之美恶,古迹之源流,风俗之良陋。每接一宾,退后亦必纪其举致丰度,言谈志趣,日习为常,无或稍间。其后练湘军,平发匪,人才辈出,如探囊取物。及大军所至,地势险阻,了如指掌,强半咸自其纪载得之。其用心之深,成功之伟,岂仅如常人之纪日记,徒供异日之凭吊已哉?予幼读书,最喜游记。名山大川,奇迹异闻,匪特足以洗涤胸襟,亦庶几藉悉掌故。昔吾先君漫游燕赵秦晋,酷嗜金石鼎彝,每游深山穷谷,或得片瓦残砖,必宝而藏之,笔而书之。记载益多,散失愈易。继官京曹,为日较久,记述尤多。曾于遗著中得其手钞《留燕杂记》一册,标明第二十三卷,其中所述近畿民俗旧迹綦详,唯杂以政事,不能与游记相次比。继以戊戌之变,仓卒出都,前二十余册不识散失人间何处矣。每一念此,犹深痛惜。今观沈太侔先生所著《东华琐录》,述都下景物历历如在目前,回环再三,强半与先子所述,若合符节。读先生之文,益增予思亲之痛矣!始予负笈北来时,曾与其哲嗣共砚于顺天学校。时先生名震海内,学际天人,才几何时,而竟老成凋谢,赍志已终,岂文人命蹇，竟成定论耶？先生著述遍天下，斯录正其余沫耳。先生既殁，遗著散失者，不知凡几。吾友朱君涤秋，少年倜傥，先生之忘年友也。深虑断简残篇，久而湮没，特为编纂付梓，以阐潜德之幽光。朱君亦庶不负其故人矣。编成索序，谨述其所怀以归之，冀世之览斯文者，勿仅以笔记目之可也。戊辰清明前一日，南浦鉴侬杜岑。"

又涤秋序云："余既为太侔编校曲话藏事，毕君倚虹复贻书索稿，尘务粟六，卒无以应。一日，访太侔于宣南，谈及海上文艺之凋靡，几庵怒然忧之。太侔曰：'几庵与余，曩在著泾吟社，过从甚密，夙器其才。今乃执笔海上说界，负盛誉，彼既有振起文艺颓风之意，曷可不为之助？'因检旧箧，得琐事若干，则畀余，属转倚虹，为其张目。三日一校，五日一审，迄二月有奇始竣。倚虹深加赞评，谓稗乘中之有价值者，亦应有尽有矣。夫历代相沿，朝野秘闻，社会琐事，以及臣僚之卑鄙，史乘略而不载，于是野史尚矣，无论贤不肖臧否，悉搜罗其中。琐录云者，亦野史之一耳。嗟乎！宇宙之大，变化万端，形形色色，何止恒河沙数。虽罄千百琐录，难以尽载，则是《琐录》实沧海之一粟，曷足以言书？然使后之读者，得藉此以窥一斑，或亦搜罗史料者所不弃乎？今此书将付刊，公之于世，而倚虹已殁，太侔又逝，念及故交，不胜黄垆之痛，用志数语，以抒悲感。戊辰春仲，秋涤序于日下秋籁阁。"

是书乃笔记体杂录，杂载北京之事，多记清末民初掌故。承《东京梦华录》、《武林旧事》等都城笔记传统，可观北京之风情。只惜篇幅较短，不能窥得全豹。略录一条云："京师人烟稠密，车马喧阗。平时亦春浓似海，月满如潮。某年西后七旬万寿，薄海胪欢，争献膏腴，以为祝嘏之地，设经棚及戏台焉。后因海氛不靖，始将由宫内至颐和园路，改为由内庭至北长街。帛彩灯花，互相焜耀，红男绿女，追逐其间。……"

共有 88 条。末有题词六首:顾醉萸诗 2 首,王蟫斋诗 4 首,姚增祺词 1 阕。

寿鉨 《珏庵词初集》,一册,二卷,民国间刻本;《消息词》,一卷,民国十九年(**1930**)自刻朱印本;《珏庵词二集》,一卷,民国间刻朱印本;《词学讲义》,一卷,民国间国立北平大学艺术学院铅印本;《蝶芜斋自制印逐年存稿》,一册,民国间钤印本:《篆刻学》,一册,民国二十二年(**1933**)北平铭泉阁铅印本;《印丐印存》,四册,民国铅印本。

寿鉨(1885—1949),现代篆刻家。字石公,一作石工。别号印丐、珏盦、辟支尊者、会稽山顽石等,浙江绍兴人,久寓北京。为杨烈山弟子。篆刻初宗秦汉而参吴昌硕法,得苍老朴厚之趣;后改师黄士陵,作风一变。工书,善小行楷。能词,喜藏古墨。著有《珏庵词初集》、《珏庵词二集》等。

《珏庵词初集》扉页题签:珏庵词初集,枯桐怨语、消息词,庚午,寿鉨自署。次,题签:珏庵词,朱孝臧。钤印:上彊村人。

次,朱孝臧手书信札一则,云:"石工先生道席,一晬来书并大集,抱诵数四,神骨秾远,真火传四明者矣。惟有倾服,不能为一覆之资。卷中略有讹文脱字,或未协律处,别纸列上,审勘正。鬻字事太烦,读香著清浊愧恶。吾已通父扇,度已逢仲坚,书奉云已北归,盖蜀道难也。手顾起居,不一。弟孝臧。"

次,张素序一篇。次,邵瑞彭序一篇。次杨济序一篇。次,李澄宇序一篇。次,陈世宜序一篇。

张序云:"有清一代,词家夥矣。顾言律者,必称梦窗。如酉生、沤尹诸贤,断断于四声,其所为词皆肖梦窗,皆协于律,而学者难之。吾友石工，固以学梦窗自见者。其所为词，往往眇曼而幽咽，令人不可卒读。至揆之于律，则四声悉准原制，无毫发之差，盖亦西生、沤尹类也。余自念学词且近二十年，颇亦私淑梦窗，有所模拟而苦不能肖之。即并世所识之词人，其宗周柳者失之庸，宗姜张者失之弱，宗苏辛者失之粗，求一深于词而精于律者盖寡。至梦窗一派，则尤少问津，不善学之，其失也碎。今石工乃独为诸词家所难，一切炼字选声，务以梦窗为法，可不谓为有志者欤？昔尹维晓论宋人词，尝曰'前有清真，后有梦窗'，此非苟为推许而已。清真以格胜，梦窗以气胜。夫格者显露于外，有目所易知；气者潜蓄于内，浅人所难晓。梦窗词之眇曼而幽咽，皆气为之，万非可以袭取者。吾家玉田，不谙梦窗蓄气之法，乃谬谓梦窗之词如七宝楼台，拆下不成片段，而况不如玉田者乎？今之人将欲学梦窗之词，必先蓄梦窗之气。将欲蓄梦窗之气，必先求梦窗之词。此中甘苦，石工或能言之，而余之所望于石工者奢矣。石工方在壮年，兴会飙举，刻意为词，不似余之衰陋。其它日造诣益孟晋，似不难夺西生、沤尹之席而代之。然则余序此编，亦仅为之嚆矢云尔。己未三月，丹阳张素。"

李序云："珏庵遁于词有年矣，既存词二卷，曰《枯桐怨语》曰《消息辞》，则示澄宇，谓必有以序之。澄宇既读邵、杨、张诸叙辞，未可复为，珏庵固不许，则敬叙曰：世变亟矣！方识之无遂于国事，经世之文，尚资白话，何言词也？自公退食，博弈犹贤，簿书鞅掌，已苦难堪，遑论词也？不在其位，纵横捭阖，处心积虑，唯恐不乱，安问词也？不宁惟是，营营干进上官，每不识字，恣睢草泽，揭竿便称健者，更无事词也。由此言之，士即能词，无宁与当世所谓名士比权量力，今日佞鬼神，明日媚倡优耳。此诗文厄运，词又岂能幸逃耶？虽然，文字之狱，诗文易蹈，词则罕焉。诚以词之为物，显者晦之，直者曲之，即有时姓氏事迹刻画靡遗，而阅者熟视无睹。芳草美人，祖诗而父骚，其效乃竟至此也。此则词所擅长，虽诗文比兴，文号寓言，未可同年而语也。夫指斥乘舆，昔以为罪，士论闵之。今则赳赳武夫，言者罪也；莘莘学子，言者罪也；甚至娥娥红粉，言者亦罪也。既曰民主，乃无地非乘舆，则珏庵又恶得不姑以词见耶？夫珏庵非仅能词者，而时限以词。词，则珏庵犹是珏庵也，不词，则珏庵或遂非复珏庵也。回旋无地，真而尚存，此则珏庵之所以为珏庵，不得仅以词人目之者也。若夫声律宗派，诸叙言之详矣，故不具于篇。庚申五月，李澄宇。"

卷一《枯桐怨语》。录词104阕，有《绛都春·歌席赋赠养安》、《凄凉犯·穆庵属题岳云闻笛图》、《瑶华·钱冶民夫妇哀辞》、《东风第一枝·己未元日城南公园和婴公韵》、《一寸金·俞伯易文挽词》、《金凤钩·梦白画十二辰卷子》等词。《应天长·送娄生南归》云："新鸿寄旅，骄马少年，城南路变离色。正是画楼天角，飘灯雨如纤。红桑换，哀旧陌。但自笑、眼经身历。醉吟半，隔梦吴杯，唾影狼藉。　　春去几禁持，逝水光阴，何计驻今夕。可奈小帘深烛，尘荒故侯宅。摊书地，弹剩墨。万感迸、五湖归客。倦游美，片响江枫，轻殢词笔。"

卷二《消息词》题签：珏庵词，于右任。钤印：右任。

次，张素序文一篇，云："石工此等词，往往得之歌坊曲院，闲世或以艳语少之。然吾观宋元以来词家，若周美成之橙香纤手，蔡松年之衣倦宫腰，其逸情妍韵，亦有足存者焉。此盖未足为吾石工盛名之崇也。张素。"

是卷录词39阕。有《夜合花·书所见为珊洛赋》、《玲珑四犯·拟赠素忱》、《花犯·慧君湖上摄影》、《芳草渡·与菊贞话秋痴往事，怅然有作。秋痴犹女大隽，宛娈能歌，非复十年前之雏鬟矣》诸词。《惜秋华·天津晤丽秋，道将再至京师》云："倦问行云，镇无憀,暗掷芳华如电。花底旧巢,低徊尚迷归燕。迢迢绣箔,飘灯照不稳,天涯阑槛。东风困,新妆媚,夕啼兰娇面。　　沉醉倚青眼。便相逢未老,沧波轻换。短梦殢,欢事剩忖寒量暖。闲情涩,惹筝弦恁度,将十三金雁重见。碧鸡坊,乱红休泫。"

《消息词》一卷,扉页题签:珏庵词,杨仲子。钤印:日下子。序文与内容皆同《珏庵词初集》卷二《消息词》,又二者版式皆同,或是翻刻。

《珏庵词二集》一卷,扉页题签:珏庵词二集,柳边词,己卯夏五,寿镳自署。钤印:石工、容臣。次,题签:柳边词,珏庵词第三,邵章。钤印:邵章。次,题辞:徐珂词1阕,王蕴章词1阕。

是卷收录词53阕。有《惜秋华·和柳溪重九感示同坐之什用原韵》、《寿楼春·寿夏闰庵八十》、《霜花腴·榆生将影印彊村翁词第三卷手稿,书来征题,敬赋一解》等词。《虞美人·次韵送大壮再之江皋》云:"浑河南去荒荒水。远近伤离泪。车尘几日大江来,不信汉南柳色似章台。　　吴娘妙曼伧尺怪。酒薄饶新债。辞巢客燕本无家。难道矮笺淡墨贸风华。"《鹧鸪天·彊村翁挽词,用翁自挽词韵,正倒各一首》:"臆醉匆匆泣羽分,江南遗恨削寒温。名山剩有千秋业,蠹简翻期一字恩。花月夜,薜萝身。东风如海了词人。泪痕点点成孤忆,鹭老苹愁渺胜因。""笛里呼杯见往因,短笺传句愧闻人。黄垆宛宛长安市,白发萧萧德裕身。　　空雪涕,枉书恩。兰依熏夕玉流温。劫灰轻换宜春字,海上阴晴惨不分。"

《词学讲义》,一卷十篇,曰《探深》、《唐五代词学》、《北宋词学》、《南宋词学》、《辽金人词学》、《元人词学》、《明人词学》、《清人词学》、《词之研究》、《余论》,合卷首《凡论》一篇,总十一篇。寿氏本工词,所著《珏盦词》三种,在民国倚声家中,为第一流。此书乃寿氏讲义,层次井然。《凡论》总叙词学。《探深》则推溯词之起源,阐发词之演变,并及其用。《唐五代词学》以至《清人词学》,凡七篇,为分论,每一篇各论一时代词学之大要及倚声大家而外,又胪列每一时代之乐府别集,所依据者则率为五代以来所刊行之总集,如《花间集》、冯煦《六十一家词选》、侯文灿《汇刻名家词》、王鹏运《四印斋所刻词》、江标《灵鹣阁丛书》中汇刻词、吴昌绶《双照楼汇刻景宋本词》、朱祖谋《彊村丛书汇刻词》、元好问《中州乐府》、孙默《清名家诗余》、聂先与曾王孙合刻之《百名家词钞》、王昶《琴画楼词钞》、缪荃孙《云自在龛汇刻名家词》、张惠言《词选》、谭献《箧中词》、徐乃昌《小檀栾室汇刻闺秀百家词》等等。《词之研究》及《余论》二篇,则仍是纵论古今词家流派及其主张。《余论》起句即云:"词人未必工于论词,工于论词者,其词又未必工。"然则寿氏以词人著《词学》,其论虽未必确然,要必不可废,而其书其人亦可以传后矣。

《蝶芜斋自制印逐年存稿》,黄皮纸上书:"甲戌自制印存稿。寿鑈记。"然则题曰:"蝶芜斋自制印逐年存稿",其实仅为甲戌一年所制耳。印不满二十,亦系一证。颇疑寿氏原计划印行逐年存稿,为事所牵,仅出甲戌一册。

《篆刻学》,张海若题签。武进巢章甫序。巢章甫,寿氏门生也。又有手写赠语:"晦若娴台参证。燕山钝叟赠。己卯清和作客金台。"

谨按:此书乃寿氏教授国立美专时,逐日讲授之作。分《凡论》、《宗主》、《旁通》、《名式》、《派别》、《弃取》、《选材》、《着墨》、《章法》、《运刀》、《款识》、《润色》、《印人》若干篇,附《铸梦庐金石文字》书例、文例、篆刻例。此书本系讲义,又早出,自不及后来邓散木《篆刻学》精详,然《着墨篇》、《运刀篇》语虽不多,而钩玄提要,不遗一法,所谓亘古弥新者近是。

《印丐印存》,于右任题签。每册约三十页,每页印章两款,上、下各一，上一为红，下一用黑。编排不著体例，审阅一过，可知每页上印多为正式姓氏印章，下印则多随兴所至，如"印丐自制""印丐刻梦窗句""印丐纪年"等。

苏曼殊 **《曼殊作品选集》，民国二十二年（1933）光华书局刊；《曼殊诗集》，民国二十三年（1934）上海开华书局版；《曼殊大师纪念集》，民国三十三年（1944）正风书局版；《苏曼殊全集》，全五卷，民国十七年（1928）北新书局版；《曼殊笔记》，一册，民国十九年（1930）广益书局版。**

苏曼殊(1884—1918)，本名子谷，法号曼殊，又号元瑛。广东香山人（今广东珠海）。苏曼殊能诗擅画，通晓日文、英文、梵文等多种文字，翻译作品有《拜伦诗选》和《悲惨世界》。《拜伦诗选》出版于宣统元年(1909)，以中国古体诗形式翻译《哀希腊》、《去国行》等篇。《悲惨世界》发表于光绪二十九年(1903)，最初译名《惨社会》，在上海《国民日日报》上连载，其译书未忠于原著，自第7回起，更杜撰情节，乱改处极多。创作小说有《断鸿零雁记》、《绛纱记》、《焚剑记》、《碎簪记》、《非梦记》等，另有《天涯红泪记》未完成。后人将其著作编成《曼殊全集》（共5卷）。现存诗约有100首。

《曼殊作品选集》，柳亚子选，内有曼殊大师像一幅。收入曼殊正传、略传、年表、诗集、小说集及书信选。

《曼殊诗集》，分诗、译诗两部分，内页共25页。

《曼殊大师纪念集》，柳无忌编，叶楚伧题名，有柳亚子序、苏曼殊年谱、诗集、译诗集、书札集、杂著集、小说集、译小说集、附录九部分组成。

《苏曼殊全集》(全五卷),北新书局1928年版。柳亚子编纂,柳无忌序,第一册为苏曼殊传、年表、作品考、诗集、文集、书札;第二册第三册为杂著、小说;第四册第五册为附录,是作品的序跋、后记、弁言、纪念诗词、回忆文章。每一册都有大量苏曼殊的手迹和照片。

曼殊诗多凄婉之作,录其本色风格者如次:《代柯子柬少侯》:"小楼春尽雨丝丝,孤负添香对语时。宝镜有尘难见面,妆台红粉画谁眉?"《本事诗》:"无量春愁无量恨,一时都向指间鸣。我亦艰难多病日,哪堪重听八云筝。""丈室番茶手自煎,语深香冷涕潸然。生身阿母无情甚,为向摩耶问夙缘。""碧玉莫愁身世贱,同乡仙子独销魂。袈裟点点疑樱瓣,半是脂痕半泪痕。""淡扫蛾眉朝画师,同心华髻结青丝。一杯颜色和双泪,写就梨花付与谁?""愧向尊前说报恩,香残黛浅含颦。卿自无言侬已会,湘兰天女是前身。""春水难量旧恨盈,桃腮檀口坐吹笙。华严瀑布高千尺,不及卿卿爱我情。""乌舍凌波肌似雪,亲持红叶属题诗。还卿一钵无情泪,恨不相逢未剃时!""相怜病骨轻于蝶,梦入罗浮万里云。赠尔多情诗一卷,他年重拾石榴裙。""九年面壁成空相,持锡归来悔晤卿。我本负人今已矣,任他人作乐中筝。"《莫愁湖寓望》:"清凉如美人,莫愁如明镜。终日对凝妆,掩映万荷柄。"《住西湖白云禅院》:"白云深处拥雷峰,几树寒梅带雪红。斋罢垂垂浑入定,庵前潭影落疏钟。"

《曼殊笔记》封面题署:曼殊笔记,时希圣编。该书收苏曼殊《岭海幽光录》、《燕子龛随笔》、《娑罗海滨遁迹记》三种。

《岭海幽光录》共16则,记录明末广东地区十七位义僧、烈女等抗清事迹。前有自序云:"吾粤滨海之南,亡国之际,人心尚已。苦节艰贞,发扬馨烈,雄才瑰意,智勇过人。余每于残籍见之,随即抄录。古德幽光,宁容沉晦?奈何今也有志之士,门户龋龊,狷狷嗷嗷;长妇妊女,皆竞侈邪。思之能勿涔涔堕泪哉?船山有言:末俗相率而为伪者,盖有习气而无性气也!吾亦欲与古人可诵之诗,可读之书,相为浃洽而潜移其气,自有见其本心之日昧者。是亦可以悔矣。"其内容有如记述陈子壮篇云:"子壮兵驻五羊驿,李已破张家玉兵于新安,趋归击败之。子壮奔还九江。前御史麦而炫破高明,迎子壮入居之。十一月,李成栋入高明,子壮、麦而炫与前知县朱实莲俱被执。总督佟养甲置于馆,厚享之。狱具,以犯旗示子壮曰:'不处公极刑,则威不立。'遂衣以赭袴,舁之游城内外遍,更集诸降绅,燕饮聚观,有奋足蹋子壮面大唾骂者。临刑,举酒属诸绅曰:'畏否?'诸人以头抢地曰:'敢不畏?'左右皆掩口笑。子壮身被数十刀,呼太祖高皇帝、烈皇帝不绝口,与麦而炫等同日死于市。子陈上图,亦在获,以家僮伯卿请寸斩以赎主人之孤,得免死。戊子春,李成栋叛,子壮弟给事陈子升上书请恤,得赠番禺侯,谥文忠;子上图,荫锦衣卫指挥使。"又如李氏篇云:"李氏者,番禺三元市人。庚寅,广州被围,胡骑抄掠得之,不辱,赋诗十章而缢,有曰:'恨绝当时步不前,追随夫婿越江边。双双共入桃花水,化作鸳鸯亦是仙。'味其辞,其夫必先自沈者。"记述烈女有:"王桂卿,广州人,为张参将之妾。丙戌,年始二十。清兵至,拜辞其夫,弹琵琶一曲,自经死。邝湛若吊之,有曰:堕楼未散香烟梦,披发犹存石鼓歌。雁柱只今余玳甲,为怜落木晚风多。"

《燕子龛随笔》共62则。首篇云:"英人诗句,以师梨(雪莱)最奇诡而兼流丽。尝译其《含羞草》一篇,峻洁无伦,其诗格盖合中土义山、长吉而熔冶之者。曩者英吉利莲华女士以《雪莱诗选》媵英领事佛莱蔗于海上,佛子持贶蔡八,蔡八移赠于余。太炎居士书其端曰:'师梨所作诗,于西方最为妍丽,犹此土有义山也。其赠者亦女子,辗转移被,为曼殊阇黎所得。或因是悬想提维，与佛弟难陀同辙，于曼殊为祸为福，未可知也。'"
又如《世说》篇云："《世说》：南阳宗世林与曹操同时，而薄其为
人，不与之交。及操作司空，总朝政，从容问宗曰：'可以交未？'
答曰：'松柏之志犹存。'香山句云：'乃知择交难，须有知人明。
莫将山上松，结托水上萍。'"如评谭嗣同诗云："谭嗣同《寥天一
阁文》，奇峭幽洁。《古意》两章，有弦外音，曰：'鳞鳞日照鸳鸯
瓦，姑射仙人住其下。素手闲调雁柱筝，花雨空向湘弦洒。''六
幅秋江曳画缯，珠帘垂地暗香凝。春风不动秋千索，独上红楼第
一层。'尝闻仁山老居士言：'嗣同顶甚热，严冬亦不冠云。'"又
有记述感慨，如："余年十七，住虎山法云寺。小楼三楹，朝云推
窗，暮雨卷帘，有泉，有茶，有笋，有芋。师傅居羊城，频遣师兄馈
余糖果、糕饼甚丰。嘱余端居静摄，毋事参方。后辞师东行，五
载，师傅圆寂，师兄不审行脚何方，剩余东飘西荡，忽忽八年矣。
偶与燕君言之，不觉泪下。"

《娑罗海滨遁迹记》为一部未完成作品，其记述了印度人对
入侵者的反抗。前有"译者记"云："此印度人笔记，自英文重译
者。其人盖怀亡国之悲，托诸神话，所谓盗戴赤帽、怒发铳者，指
白种人言之。"

孙鸿 《雪泥诗集》，不分卷，1954 年铅印本。

孙鸿（1889—1965），字雪泥，以字行。又名鸿、杰声，字翠
章，号枕流，江苏松江（今属上海市）人。中国美术家协会会员
及上海分会理事，上海中国画院画师，上海中国书法篆刻研究会
会员，上海市文史馆馆员，农工民主党党员，南社社员。解放前
在上海创办生生美术公司，编辑《世界画报》、《良友画报》，颇负
声誉。

国图藏本封面题签：雪泥诗集 甲午 复戡，下钤白文章"朱

复戡"。扉页:亚子先生惠存,孙雪泥,下钤朱文"雪泥"。白纸本。当为孙鸿赠柳亚子之书。

作者引言:"余自幼喜剪纸绘画,记五六岁时,日持小剪,随意裁成,自然有花草动物之结构,穷年累月,积一巨缸,以供邻女刺绣花本之择取。且东涂西抹,入学后,仍视为常课。我父见而叹曰:'是儿手巧为技艺耳。'盖言不足光门楣,成举子业也。年十六,已读书十年,其时科举已废。我家世业造酒,外祖家业织造,乃弃学就商。然以性耽绘事,凡山水园林、花木蔬果,靡不刻意探求。好游览,虽未遍涉名山大川,而园林小景以及野果山蔬,往往留连成趣,用是不敢自菲,居恒与沪滨诸朋旧风雨往还,揣摩简练,时或即席挥毫,秉烛达旦。然学无师承,惟以造化为天倪,平时爱读古人诗集,以为诗画相通,可以交悟,不可偏废,遂浸润其间,日事涵泳。偶至庐山,领略山水之美,诗思忽如泉涌,画境亦随之而生。性固嗜酒,但所饮不多,盖借此以鼓兴耳。余旅食海上四十余年,虽厕身货殖,而组织画会,提倡艺术,无不悉心为之,处事一本于诚,且接纳皆益友,故所为诗不务矫谲,不竞浮靡,要皆抒写性情之作,感于中则形诸言,不敢比拟于诗人之诗而遽自谓能诗也。存稿类为绝句,题画诗尤夥。余当花甲之年,曾将四十年来所作留十之一二,自题曰《雪泥诗集》,用留鸿爪,兼以自寿。去年冬,偶检旧稿,展读数过,不自惬心,以为书生结习未除,觉平凡空洞,且有不合时宜之病,亟思弃去。而沈公见之,以为数十年精力所积,力劝姑存其真,广求攻错之乐。余始知藏拙更非今世所宜。爰乞旧友沈瘦东先生为之检点删削,乃贾勇付刊,分贻同好。曩岁或有宠余诗而贻序者,类皆奖饰过甚,忸怩不敢承,若遽以弁诸卷端,将以贻自衒之讥,乃自书作诗大较如此以为引。"

正文题署:雪泥诗集,云间孙鸿。该集不分卷,各体旧诗共

164 题,200 首,多为绝句。

《戊寅中秋避倭寇乱赴香江升旗山绝顶吊月》二首:其一"风急欲惊山石走,月明正受海云遮。炎荒高处寒如许,玉宇琼楼不是家。"其二"月小秋高万景清,竹风松籁两生情。人家灯火明于昼,出海冰轮反不明。"

题画论画诗不少,有《题陆小曼画竹》云:"好竹连天绿,青山密树春。不图千载后,又见管夫人。"

唱和诗,有《和玄翁》、《和瓶翁红牡丹四首》、《再和瓶老》、《答瓶翁》、《除夕答瓶翁书》、《慧殊来访未遇》、《得慧殊书》等。游览诗有《万石岩郑成功墓》、《九龙》、《荔枝湾》、《金陵》、《玄武湖》、《夜宿京口》、《宿鼋头渚》、《瘦西湖》、《五亭桥》、《拙政园》、《将至广州》、《白云山》。又,咏梅诗甚夥。

田兴奎 **《晚秋堂诗集》,九卷,附《蔗香馆词》,三册,民国二十年(1931)长沙鸿飞印刷所铅印本。**

田兴奎(1872—1958),原名瑜叔,字星六,一字醒陆,别号晚秋、醒庵、辛庐。湖南凤凰县沱江镇人,土家族。曾参与修《慈利县志》,有《晚秋堂诗集》和《蔗香馆词》行世。

封面题签:晚秋堂诗集,名瑜敬题,下钤白文"田名瑜印"、朱文"个石"。前有张称达叙一篇、柳弃疾叙一篇、杨再苏叙一篇、田名瑜序一篇,田兴奎自序及自跋各一篇。后另有作者《剑游集后序》、《百一集引》两篇。次,题词部分:计有张称达五言古诗一首、七言律诗四首、吴恭亨七言绝句一首、王德锺五言古诗一首、柳亚子五言古诗一首、黄心禅五言律诗一首、金灼三五言古诗一首、田名瑜七言绝句九首。

目次:卷一《酒馀集》,古今体诗 54 首;卷二《剑游集》,古今体诗 156 首;卷三《破帽集》,古今体诗 111 首;卷四《且归集》,

古今体诗126首,卷五《雨鞋集》,古今体诗115首;卷六《一筇集》,古今体诗100首;卷七《百一集》,古今体诗101首;卷八《南音集》,古今体诗158首;卷九《劫存集》,古今体诗97首;总计1018首。书末附有《蔗香馆词》甲卷,计47首。

第一册:《酒馀集》、《剑游集》、《破帽集》。

《酒馀集》前有题签:酒馀集,镜僧题。收录清丁酉(1897)迄己酉(1909)所作各体诗作40题54首。前有自序云:"余嗜饮,尤嗜挟诗饮。有会心则右手注杯,左手引满,尽一二瓮不自已醉矣。醉乃走荒山古庙中,拉方外人谈佛鬼。或枯坐荒寂无人所,自笑而歌,不知其果醒狂耶?非醒狂耶?曰《酒馀集》。"有《城南玉清寺怀海琴杨公》等诗。《与诸友醉饮登城东八角楼》诗云:"溪云生树山雨蒙,峒雷出壑天晖容。当轩花鸟酬碧风,大鱼登盘春酒红。""酒杯在握诗在抱,少年意气熊熊好。八方欲翻四海扫,上楼一笑九洲小。"

《剑游集》前有题签:剑游集,恭亨署,时年七十五。钤印:悔晦。次,吴恭亨手书题词:"读《剑游集》讫,题二十八字,即希哂正。珊瑚横碎铁如意,块垒直浇金叵罗。载酒凌云游更续,风雷五筸霸才多。慈利吴恭亨悔晦署耑。"后有田兴奎题识:"悔丈六十前题墨也,谨留此。辛未田兴六。"钤印"田兴奎印"。收录己酉(1909)夏迄壬子(1912)所作各体诗作94题156首。前有自序云:"蜀为天下险,而余则一粗豪可笑人也。作客四年,萧然一剑,佳山水亦多自鹃啼猿啸处得之。铁车掀翻,横刀上马,劣苍头虽不无小狂纵时,然感人伤世哀杜为终多矣。曰《剑游集》。"有《和答陆五》、《秋日杂兴示黄大宋一海上四首》等诗。《秋日与少周文琴松谷同游小天竺二首》诗云:"一径背桥折,孤庵依郭斜。到门欢下马,栖树听啼鸦。野屋生苍藓,江楼衬晚霞。息尘闲最好,只是羡僧家。""苔石扫题字,松寮呼煮茶。清谈重庄老,险韵斗尖叉。此日游殊乐,吾生幸有涯。计时重九近,还约就菊花。"

《破帽集》,前有题签:破帽集,张称达署。收录癸丑(1913)迄丁巳(1917)各体诗作 87 题 111 首。前有自序云:"汉鼎重光,大盗横僭。赤帻黄巾,应时纷起。而吾聚米案头,磨墨盾鼻,卖刀画平盗之策,扬旄会讨贼之师,披艰荡险,驰驰而逐逐,头上巾已流尘压眉矣。微名误我,搔首苍然。曰《破帽集》。"有《送子由还干》、《北都杂感示邹次兰四首》等诗。《将出都示刘四》诗云:"无劳龟卜定行藏,已醉还浇酒半缸。还志凭教讥小草,雄文终耻赋长杨。不奇王粲依刘表,宁费文侯礼子方。知己难留姑早去,好携诗梦过清湘。"

第二册:《且归集》、《雨鞋集》、《一笻集》。

《且归集》,前有题签:"且归,晚秋居士",钤印:"星文"。收录戊午(1918)迄庚午(1930)所作各体诗作 68 题 126 首。前有自序云:"松菊荒矣,三径苟无。具晋陶北窗下,宁易言高卧耶?然违己之苦,实有甚寒饿者。五斗米不能折人腰,一咏浩归矣。闲出看山,兴尽辄返,可问之岫角云。曰《且归集》。"有《长沙旅兴次朱小十先生和止渊韵八首》、《重葺海琴杨公祠喜志即用公构寿苏阁纪事韵二首》、《赠太炎三首》等诗。《春日雨中怀海上诸友》诗云:"忽惊春又半,山雨冷丝丝。楗户拥愁坐,怀人生远思。大才多命蹇,偏悬得书迟。闻雁倘吾念,酒杯宽一持。"

《雨鞋集》,前有题签:雨鞋集,名瑜敬题。钤印:个石、田名瑜印。收录辛酉(1921)迄甲子(1924)所作各体诗作 87 题 115 首。前有自序云:"山多虎,川多蛟,城社多狐鼠。又蓬棘蒙途,野鸿哭鸥,吓鬼昼出揶揄人。风雨弥天,皇皇焉,蹙蹙焉。登一柄铁齿鞋,衣食于奔走,天下路之难,不大难蜀道哉?一屦一战兢,如是我云。曰《雨鞋集》。"有《得个石正月十三日书即次其新春感事二韵》、《保靖柬陈大兼示季旷》、《访李翰丈谈旧二首》、《诗弊一首示个石》等诗。《漫兴用李翰丈韵》诗云:"长竹短兰山壑香,凤兮歌罢怨迷阳。箧书合注鬼仙佛,松干高凌风雪霜。骥自草黄怜骨瘦,鸥因水阔易机忘。寻幽昨过城东寺,忍听残髡话劫羊。"

《一筇集》,前有题签:一筇集,应寿敬书。钤印:应寿。收录乙丑(1925)迄己巳(1929)各体诗作48题100首。前有自序云:"乙丑城破,风鹤惊满山。余时患臂风,强扶一筇,挈妻孥匿林野。寇去,敝庐空如也。愤然扶一筇出,泛洞庭,行吟大江南岸。欲隐无山,有山难买,委折流徙。又返棹桃花源口,听渔子鸣榔,歌洞歌缓缓,曳得一筇还,而吾毿毿者皆霜矣。曰《一筇集》。"有《哭刘子维夫子》、《汉上客怀示张季旷》、《五十一初度日感书示朱堉翔观》、《杂怀八首寄个石长沙兼示阿寿》等诗。

第三册:《百一集》、《南音集》、《劫存集》、《蔗香馆词》。

《百一集》,前有题签:百一集,男寿。钤印:应寿。收录诗101首,皆录于《山居杂诗一百首》题下。前有自序云:"使我有名,不如及时一杯酒,古人思烂熟矣。辞官归来,闭门却扫,清泉白石,又皆臣山中固有物。昼长人静,日课一小诗积百,一日竟无间。吾其持此抵淮南一篇《招隐》乎?曰《百一集》。"

《南音集》,前有题签:南音集。收录各体诗作42题158首。前有自序云:"南社以文章气节称于时,多铮铮者。始识悔晦,识钝安,入社识亚子、玄穆,继于诸硕流鸿彦,亦有吟答。然其半神交也。空山今坐老,后会又杳不知何期。五溪上犹有停云乎?留且寄吾想。曰《南音集》。"集中唱和往来最多者,一为社首柳亚子,一为同乡同社友吴恭亨,其次则为钝安、玄穆也。然评价吴恭亨之佳什,在卷七《山居杂诗》之十二,诗云"荒寒太古无人境,缒险凿幽摇笔来。妙句可思吴百怪,孤岩老树一花开。"卷中《题钝安〈红薇感旧集〉》六绝,其一云:"生解爱才宜妩媚,况逢亡命更仓皇。红薇色比桃花色,不仅侯郎重李香。"乃将其事与《桃花扇》中侯方域与李香君相比也。其五则云:"笛声飞过十三楼,一曲歌圆字字柔。为爱美人心爱国,风流漫拟杜扬州。"又有《悼社友陈匪厂二首》,其一云:"江枫红落菊前霜,雁影长云字折行。剑纵灵存应有恨,诗多兴到未嫌狂。鹏身兀欲横千里,鹿尾空怜逐一场。时事不堪霸才少,此中天意太苍苍。"卷九复有《哭玄穆六首》、《哭钝安四首》,皆有关南社掌故。其哭玄穆其三,谈及诗文,录之:"不易乡居客路难,箫边酒角总心酸。几人鲁国孔文举,一代天才王子安。鬼趣戏题沤社散,渔歌归去淀湖寒。悲秋杜兴登楼意,《秋兴》、《登楼》各八首,皆君集中杰作。抱向空山拥泪看。"卷中又有《亚子惠书读讫各制一截句谢其嘉贶都三十四首》,其中题阮式《阮烈士遗集》云:"寸火飞天散劫灰,啼红惨绿枉多才。头颅世贱成诗谶,指周实丹。一例山阳笛里哀。阮与周皆山阳人,同时死难,亚子为作传。"题余十眉《寄心琐语》云:"定庵诗好奈愁何,万古伤心语独多。鸾影似堪招一返,怕他流泪眼成河。"又有《安如续惠书仍各题一截句志谢凡十五首》,其中题邹亚《流霞书屋遗集》云:"大好河山落暮箝,词人忧乐莽无涯。轻挥两桨歌桃叶,怅绝南都卖酒家。"题程善之《骈枝馀话》云:"暖笑寒潮掉笔来,海天孤抱向谁开。齐教补入虞初志,尚有疑情问劫灰。"又题程氏《倦云忆语》云:"梦痕何据著痴憨,弹指撇然三十三。中有话头参悟也,一无随忍见瞿昙。"

《劫存集》,前有题签:劫存集,柳亚子题。钤印:柳亚子。收录各体诗作61题97首。前有自序云:"游怀兀荡,扁舟出五溪,留枉渚,迄两月遂泛湘皋,诚不得谓无朋从文酒之乐也。长沙陷于寇，十日危城，兵火交逼，辛苦由贼中归来，仅余皮骨矣。而吾故识又日萎落，如秋叶之脱枝。老木荒峦，看云听鸟，其能无苍茫立咏之感耶？曰《劫存集》。"有《得悔晦书及近诗即次其雪字韵兼寄鄙怀》、《松林山访静光上人》、《得个石黔阳书书寄》、《和悔晦哉字韵》等诗。《初夏园中和悔晦生字韵》诗云："可人新笋挺岩生，茶检雨前亲一烹。池水乍添山色好，且听莺坐看云行。"卷末附有周竹汀题词一首云："读书万卷行万里，衡岳洞庭人汝奇。当日宝刀今日酒，为君豪醉莽题诗。"

《蔗香馆词》，前有题签：晚秋堂丛书之一，弹赦老人。钤印：弹赦。次，题签：蔗香馆词，名瑜敬题。钤印：田名瑜印、个石。录长短句47阕。其词多《瑞鹤仙》、《戚氏》、《百字令》、《摸鱼儿》、《齐天乐》、《台城路》等中长调。录其《迈陂塘·访随园遗址吊袁子才先生墓》一首："衬斜阳、不多茅屋，断连围住秋色。吟楼画馆都消尽，愁说浪樽闲笛。山软叠，看淡点、炊烟有树垂杨碧。悲今念昔。便字问青裙，词填红豆，一例梦消歇。　　风流券，多少粉痕香屑。总教收入诗笔，卑官四海才名大，管得六朝花月。坟数尺，笑野草、荒荒还惹双飞蝶。南湖剩客。正独立苍茫，伤心不语，归鹭响池叶。"《唐多令·书感寄铁丝》云："蜂噪蝶魂消，林花杂絮飘。胜斜阳、守住莺巢，只惜金钗偷寄去，轻付与、小红箫。　　卖字买香绡，檀奴意过骄。画鸳鸯、都是无聊。剑价不多珠价贵，愁瘦了、沈郎腰。"

谨按：田氏喜欢在生日作诗，集中初度诗甚夥，自三十五岁开始，继有四十岁、四十四岁、四十五岁、四十七岁、五十一岁等。田氏诗才浩瀚，集中卷四有《荷梦一首用啸效号三全韵凡千百七十九字》，诗长1179字，为全集中最长诗作，此外卷六有《游桃花源次刘彭城一百韵》诗，卷九有《哀长沙一百韵》诗，亦皆为千字诗，如此长篇巨制，非有霸才难以驾驭也。

万以增 《章练小志》,二册,八卷,民国七年(1918)铅印本。

万以增,字继长,一字纪常,江苏青浦(今属上海市)人。

封面题签:章练小志,天遂题。钤印:天遂。扉页题签:章练小志,余天遂题。钤印:遂。

次,程兼善序一篇,云:"凡事贵乎能创,尤贵乎能继。无创之于前,后虽欲继而无由。然无继之于后,则创之功亦无自而彰。甚矣!创与继固有相因而并重者矣。予于同治季年侨寓练塘,居九载而返枫溪,即知高君琢堂有《颜安小志》之辑。厥后奔走南北,不通音问者数年,嗣悉高君已归道山,而志事未葳,心殊惜之。今又迁居于此,计去前寓时已阅三十载矣。曩时故旧,半作古人,予又足伤,不获出门访友。故于练塘诸事,概无所闻。兹有高君之令侄诵嘉茂才枉顾,出示小志八卷,云系万君纪常所纂。亟披阅之,始知即取高君所创者继辑之。其中体例,颇能详明,而欲商榷问序于予。予老矣,虽尝分纂《嘉善县志》,总纂《于潜县志》,并续修《枫泾小志》,而于志事略谙一二。顾如万君之用心精细,措词简密,吾知可慰高君于地下矣,又何庸参赞一词乎?信乎非高君创之于前,则此志无由而辑。非万君继之于后,则此志亦无由而成。二君者,洵练塘之功臣也。爰不辞而为之序。民国三年,岁次甲寅仲冬下浣,嘉善程兼善谨序。"

次,陈世垣序一篇,云:"高丈琢堂所辑《颜安小志》,曩于光绪乙未秋间校阅一过,搜剔爬罗,甚佩先辈用力之笃。第以体例有所商榷,蓄怀以待。未几,其文孙达泉索回,世垣亦奔走四方,匆匆未暇及此也。我乡凤隶元、江两邑,自庚戌归并青邑之议决,邹君亚云就高志窜改,欲赓续为之,未竟而卒。其师万君纪常,学识渊邃,惧高志之散佚,而其徒亚云复商订考证有年,乃重为之增损完善、锲而不舍者,阅期年以葳是编。自非好学深思,关怀桑梓者,曷克臻此?溯前清学校浡兴,近贤多葺乡土志,谓为初校所必需,然究亦未列课本。以儿童脑力琐屑,不耐记忆也。惟一隅之参观互证,非此则如舟失舵,如形失镜,有相与盲从焉尔。万君诚吾乡之舵镜哉!世垣所见乡志,仅陶丈泜村所纂《贞丰志》、叶丈培卿所续《枫泾志》最为详悉,俞曲园先生尤推许《澉浦志》,可为乡志之模范。大抵不外区域无讹、体例足备而已。万君编既成,将付梓,属序于垣。垣谫陋无文,勉缀数语于简端,以完高丈之志,以答万君之劬,并质后之君子云尔。时民国三年十二月,陈世垣序。"

次,柳弃疾序一篇,云:"练塘以蕞尔一隅,斗入元和、吴江、青浦三邑间,华离破碎,滋弗便于行政。民国纪元前二年,里人邹亚云上书当事,请割元和、吴江所属地悉隶青浦,于是经界始正而疆域形势亦因以大变。后有述练塘沿革者,弗能遗亚云矣。里故有高氏琢堂所撰《颜安小志》,断手庚寅之岁,距今已二十余年。又稿本单行,流传未广。亚云思从其业师万先生继长为增辑成书,卒卒未果,遽殒其年,论者惜之。余与亚云论交在甲乙之际,辛亥九秋,同客海上,往来尤密。尝介谒先生,见其恂恂笃谨,有君子之容,顾人海浮沉间,立谭未竟也。亚云既长逝,余倦游削辙,息影禊湖,而先生亦适以授经来斯地。风雨过从,追念畴曩,每为怆然不自禁。先生则出一编相示曰:'此《练塘小志》也,实亚云所欲从事而未遂者。今幸假手不佞,告厥成功矣。子弗可以无言。'余受而读之,盖为卷者八,为目者三十有二。考核终始,分别部居,犁然可观,罔有遗漏。然后知先生用力之勤,程功之笃。丹铅兀兀,露纂雪钞,殆有数年如一日者,其意不重可感欤。余学术荒落,见闻弇陋,无足稍效驰驱者。独念先生惓惓之诚,弗容固谢,且悲亚云早世,不获睹斯志之成,能无遗憾?爰述所怀,聊厕简末云尔。民国三年十一月,吴江柳弃疾谨序。"

次,万以增自序一篇,云:"国有志,省有志,县有志,下至一市一乡,莫不有志。志之范围小大虽殊,所以纪文献而资掌故则一也。方今江浙等省,同时修志,并督促各属县举行修志,以为省志之基础,而各属县又刺取各市乡志以为县志之预备。故夫乡志者,非徒一乡之关系已也。与我最近之枫溪市也、蒸溪乡也,志皆已先后出版,而吾练独无闻焉,何也?乡先辈高丈琢堂向有《颜安小志》之辑,顾至今失修已三十年。重以世代之沧桑,益以区域之并青,沿革变迁,人物代谢,有不能不续之势。窃不自量,重加修辑,补旧增新者有年。已而光复军起,出门有所事事,久辍。甲寅春,索居无俚,乃复随访随辑,或得诸故老之前闻,或探诸陈编之记载,旁搜博采,阅期年而始竣。为卷八,为目三十有二,大旨亦可观矣。惟原志以苏府志元和县治之二十八九都,俱称吴下乡颜安里,因名颜安,然其义不能明,或取颜子安贫乐道意,殊近附会,乃改其名为《章练小志》。稿既竣,藏而待刊者又有年。复以时累加增辑,补其所未备,盖至今又三年矣。顾是书之成,则嘉善程先生达青、同里陈先生季藩实多所补正,而邹生亚云、杨君仲和、曹君漱石且多方采访附益之。将伯之助,允宜铸事,自是里中文献可藉是略存梗概,而后之采风者亦庶几有所考焉。若夫修辑大概,则有凡例在,可无赘也。后之君子,有病其未备而赓续为之者乎?则是编者为大辂之椎轮可也,为覆瓿之废纸亦可也。民国七年戊午,清明后二日,万以增自序。"

次,凡例。次,章练小志参校姓氏。次,章练小志目录。次,地图一张。次,章练风景照八张,每页录两张,并有题词。卷一,区域沿革、形胜、镇市、街巷、村落、水道、潮汛、桥梁、津渡。卷二,田赋、户口、物产。卷三,风俗方言、祠庙、寺观、学校、公建、公署、职官表、名宦。卷四,人物。卷五,科名、应例、封赠、寓贤、列女、第宅墓域、坊表。卷六,兵制、撰著、拾遗。卷七,集诗。卷八,集文。

末有高尚谟跋一则,云:"古云莫为之前,虽美勿彰;莫为之后,虽盛勿传。谅哉是言也。《章练小志》创于吾族先伯卓堂公,而成于同里万君纪常。卓堂公见珠溪有志,枫溪有志,金溪亦有志,而于吾练独付缺如。于是旁搜博采,考献征文,朝斯夕斯,卒成是编,俾后之采风者有所考证,厥功亦良伟矣。然非得万君之续辑,其盛亦不传。万君纪常,学问渊博,名噪一时。惧前志之散佚,重为编辑,网罗三百年之废坠,经历三五载之探讨,以赓续之。增损得宜,体例咸备,用力亦专致矣。然非得卓堂公创始,其美亦不彰。然后叹是编之作,卓公创始之功诚巨,而万君续成之业亦宏。万君编既成,将付梓,嘱言于谟。谟披读一过,爱其词意之简赅,条例之完善,作而叹曰:'万君诚吾练之功臣也!'勉缀数语,殿诸君子后,用以竟先伯未成之志,且以答万君续修之殷云尔。时民国四年正月,高尚谟跋。"

汪东 《寄庵随笔》,一册,印行时间待考。

汪东(1890—1963),原名东宝,字叔初,后改字旭初,号宁庵,另号寄生、梦秋,又署寄安。江苏吴县人。1904 年东渡日本,入早稻田大学预科,毕业后入哲学馆(后改为东洋大学)学习,并参加同盟会,任《民报》编辑、主编职务。1908 年,师从章太炎习文字学,与黄侃、钱玄同、吴承仕同为章门四弟子。1910年回国,参与江苏光复活动。1912 年,担任《大共和报》撰述,并参加南社。1927 年后,历任第四中山大学中文系主任,中大文学院院长。抗战胜利后回南京,任国立礼乐馆馆长。1947 年任国史馆纂修,与柳诒徵、冒鹤亭、汪辟疆、顾颉刚等人共事。亲自编定《梦秋词》计20卷1380余阕,有夏敬观序,沈尹默、唐圭璋、程千帆、殷孟伦等人跋。汪东又擅书画,与沈尹默等交厚。书法初习董其昌,继而出入颜、米,饶有古法。著有《词学通论》、《梦秋词》、《汪旭初先生遗集》等。

《寄庵随笔》扉页题签:寄庵随笔。次,汪东先生像一帧。次为总目。共收文章一百一十五篇。附录五篇:含凉《叔接嫂》、野民《汪衮甫之遗文》、吴双人《狮林石》、郑逸梅《狮林易主》及卫紫厂《明季史稿》。

有郑逸梅序,较长不录。序中云:"民初,旭丈主《大共和日报》笔政,推为报坛耆宿。时《新闻报》附刊,连载刘成禺的《世载堂杂忆》,累年毕,报社编辑严独鹤,以旭丈博雅多闻,词情英迈,且和成禺同隶南社,天球琬琰,相得益彰。便商诸旭丈,为附刊执笔。适旭丈闲居多暇,应之操觚,标题为《寄庵随笔》,连载了一百多篇,意倦始辍。有人评骘两者所作,谓'《杂忆》以质胜,《随笔》以文胜。'解放后,《杂忆》刊为单行本,《随笔》未付剞劂,读者引为遗憾。"叙成书原委。

《随笔》中有游记数篇,如《名园深处贮名葩》、《听书品茗在陶园》、《明孝陵之梅》、《吴中园林琐记》、《听笛题词忆旧游》、《作曲秦淮画舫中》、《颂桔庐诗酒会》等。如《清游香雪海》所记:"邓尉之游,以民国十八年为最乐,其时余主中国大学中国文学系,同系诸子,如王伯沆、吴瞿安、黄季刚、胡小石、汪辟疆、王小湘,皆以文学名,诗酒之会,月必数聚。季刚尤好游,金陵胜迹,搜寻殆遍。是年春假,倡议至邓尉探梅,余与瞿安为东道主,吴九珠、张颂涛预焉。买小舟,用汽油船缆之以行,舟中贮酒数斛,酣饮联咏。"又或如《天目两山多奇景》云:"天目两山,东山在临安境,西山则于潜所辖也。民国七年,官临安者,为戚属李照忱,适余之于潜任,是年冬防会哨,约同游东山。登山未半,而云气四布，跬步以外，不复见物。惟临崖巨松，略可辨影，绝似张素绡，着淡墨画一两枝，奇秀无比。"

另有文章记述贤士奇闻轶事，如《苏曼殊喜啖牛肉》、《马相老谈谑生风》、《吴门二仲并称贤》、《弘一师纪事补阙》、《叶楚伧之健忘》、《沈尹默之诗兴》等。其中《章太炎讲庄子》云太炎先生："尝应诸生请，集会开讲，周树人、黄侃、钱玄同辈，皆于此时北面受业。所讲以《说文》、《庄子》为主，其说《庄子》，除明训诂外，启发玄言，多与释氏相契，后简括其义为《庄子解诂》。《庄子》为主，其别著《齐物论释》，余若《新方言》、《小学答问》二书，亦先后数年中作也。"又有《弘一大师之绮语》云："叔同未为僧时，多绮语。四十年前，余编录近人词，曾得其数首。《菩萨蛮》云：'燕支山上花如雪，燕支山下人如月，额发翠云铺，眉弯淡欲无。　　夕阳微雨后，叶底秋痕瘦，生小怕言愁，言愁不耐羞。'"另录《金松岑有侠气》云："余始识松岑，在民国初元编《大共和日报》时。松岑日寄社论来，署名鹤望，后因仲深介相见。清癯如鹤，目短视，御玻璃镜，厚许分，吐词温然，而诗文则凌厉兀傲。余尝谓：'松岑其行类儒，其气类侠，其文类纵横家。'知松岑者，当是余言。"

此外，仍有评论世事文章数篇，如《满船书画付波臣》、《博具杂谈》、《开门揖盗记》、《喜获旧雨轩图卷》等。如《于潜县的新旧党》一文云："县有新旧两党，旧党以方姓为魁，新党朱姓，故又称方朱两党。官此土者，与朱党昵，则方党耻之，反是亦然。积数十年，无能调解者。余闻其事，约两党，谓：'公等非有私争，徒意见不协耳。我来为民理事，唯开诚心，布公道，以善为归，不知有党。且请治杯酒，为公等释怨可乎？'两党皆言：'积憾已久，公不悉原委，然请终公之任，必无违约，以答诚意。'后果践其言。"又有《成都的姑姑筵》记民俗云："姑姑筵之名有二义:一说,蜀人称姑曰姑姑,竟宁之姑善治馔,竟宁所师也。一说,儿童以木制杯盘,饾饤为戏,他方或谓之'斋泥木',蜀谓之'姑姑筵',竟宁自以所为,等于儿嬉,故名。"

书后有汪尧昌作《后记》,述其生平,文长不录。

汪兆铭 《双照楼诗词稿》,一册,三卷,民国二十一年(1932)刻本;《汪精卫先生文钞》,四册,四卷,民国元年(1912)协社印行。

汪兆铭(1883—1944),字季新,笔名精卫,以"汪精卫"行世。广东佛山人。1903年官费赴日留学,1905年参与组建同盟会,1910年曾谋刺清摄政王载沣。袁世凯统治时期到法国留学,回国后于1919年上海创办《建设》杂志。1921年任广东省教育会长、广东政府顾问,次年任总参议。1944年病死于日本名古屋。

《双照楼诗词稿》收录《小休集》与《扫叶集》二种。

扉页题签:双照楼诗词稿。次,版记"岁在壬申三月泽存书库刊本"。

卷一《小休集》卷上,前有汪兆铭自序《小休集》云:"《诗》云'民亦劳止,汔可小休?'旨哉斯言! 人生不能无劳,劳不能无息,长劳而暂息,人生所宜然,亦人生之至乐也。而吾诗适成于此时,故吾诗非能曲尽万物之情,如禹鼎之无所不象,温犀之无所不照。特如农夫樵子,偶然释耒弛担,相与坐道旁树荫下,微吟短啸以忘劳苦于须臾耳。因即以'小休'名吾集云。汪兆铭精卫自序。"

是卷录各体诗74题105首。其中《比那莲山杂诗》惟录诗题、小序,诗文不存。其中赠诗大多赠寄陈璧君,如《西伯利亚道中寄冰如》、《晓行山中书所见寄冰如》等。其《被逮口占》后二首云："慷慨歌燕市，从容作楚囚。引刀成一快，不负少年头。""留得心魂在，残躯付劫灰。青磷光不灭，夜夜照燕台。"慷慨从容，昭昭如也。不想晚节堕落，自是负了少年头矣！又有《咏杨椒山先生手所种榆树》诗云："树犹如此况生平，动我苍茫思古情。千里不堪闻路哭，一鸣岂为令人惊。疏阴落落无蟠节，枯叶萧萧有恨声。寥寂阶前坐相对，南枝留得夕阳明。"

卷二《小休集》卷下，录各体诗53题68首。其中《西山纪游诗》惟录诗题、小序，诗文不存。《十年三月二十九日黄花冈七十二烈士墓下作》诗云："飞鸟茫茫岁月徂，沸空铙吹杂悲吁。九原面目真如见，百劫山河总不殊。树木十年萌蘖少，断蓬万里往来疏。读碑堕泪人间事，新鬼为邻影未孤。"

又此卷录长短句18阕。首阕《金缕曲》云："别后平安否？便相逢、凄凉万事，不堪回首。国破家亡无穷恨，禁得此生消受。又添了、离愁万斗。眼底心头如昨日，诉心期、夜夜常携手。一腔血，为君剖。　泪痕料渍云笺透。倚寒衾、循环细读，残灯如豆。留此余生成底事，空令故人潸愁。愧戴却、头颅如旧。跋涉关河知不易，愿孤魂缭护车前后。肠已断，歌难又。"盖步顾贞观寄吴兆骞词韵，亦效其以词代书也。

谨按：《小休集》乃汪氏自编。按写作年份依次编下，诗从十四岁录至1931年，词从1909年录至1924年。

卷三《扫叶集》，前有自序"《小休集》后，续有所作，稍加编次，复成一帙。中有《重九登扫叶楼》一首，颇道出数年来况味。因以'扫叶'名此集云。汪兆铭精卫自序。"

是集录各体诗111题151首。其中《庐山杂诗》只录诗题、小序，诗文则未录。诸诗中有交游迹象者除与陈璧君外亦稀，惟《为榆生题吴湖帆画竹册》、《辛巳除夕寄榆生》也。《辛巳除夕寄榆生》云："梅花如故人，闲岁辄一来。来时披素心，雪月同皑

177

皑。水仙性狷洁,亦傍南枝开。忍寒故相待,岂意春风回。"乃寄赠忍寒居士龙榆生也,可见汪、龙二人相交甚密。又是集录长短句18阕。《百字令·流徽榭即事》云:"春风桃李,比梅花时节,多些芳绿。浩浩川原,舒窈窕、是处山丘华屋。草绿含滋,林烟散晕,万象如膏沐。玉阑干外,柳丝初袅晴旭。　　日暮。穷巷牛羊,画堂燕雀,各自寻归宿。留得苍然山色在,领取人间幽独。潭水悠悠,落霞袅袅,树影重重复。低头吟望,疏钟已动灵谷。"盖在金陵作也,其人孤寞如此。

末有曾仲鸣跋语一篇,云:"尝读南社诗话,关于汪精卫先生之诗有一条如左:'去岁冬日,余于坊间购得《汪精卫集》四册,第四册之末附诗百余首。又购得《汪精卫诗存》一小册,读之均多讹字,不可胜校。曾各买一部以寄示精卫,并附以书问讯此等出版物曾得其允许否,何以讹谬如此。嗣得精卫覆书如下:'奉手书及刻本两种,敬悉。弟文本以供革命宣传之用,不问刊行者为何人,对之惟有致谢。至于诗则作于小休,与革命宣传无涉,且无意于问世,仅留以为三五朋好偶然谈笑之资而已。数年以前,旅居上海,叶楚伧曾携弟诗稿去。既而弟赴广州,上海《民国日报》逐日登弟诗稿。弟致书楚伧止之,已刊布大半矣。大约此坊间本即搜辑当时报端所刊布者。刊布尚非弟意,况于印行专本乎?讹字之多,不必校对,置之可也。'又有一条如左:'余尝在广州东山陈树人寓得见精卫手录诗稿,签题为《小休集》,并有自序一首。以精卫之自序,刊精卫之诗,觉其所言,一一吻合。盖精卫在北京狱中始学为诗,当时虽银铛被体,而负担已去其肩上,诚哉为小休矣。囚居一室,无事可为,无书可读,舍为诗外,何以自遣?至于出狱之后,则纪游之作,居其八九。盖十九年间,偶得若干时日以作游息,而诗遂成于此时耳。革命党人不为物欲所蔽,惟天然风景则取不伤廉,此苏轼所谓惟江上之清风,山间之明月,取之无尽,用之不竭者。精卫在民国纪元以前,尝为马小进作诗集序,最近为陈树人作画集序,皆引申此义。彼为汪精卫诗存作序者,殆未知精卫作诗之本旨也。'以上二条,皆深知汪精卫先生者。顾先生之诗,虽自以为与革命宣传无涉,不欲出而问世,然其胸次之涵养,与性情之流露,能令读者往往爱不忍释。而坊间刻本既多讹谬,即南社同人如胡朴安所为丛选钞先生之词,亦复屡入他人所作。然则苟得善本而精校之,刊布于世,以供读者,使无鲁鱼虚虎之憾,固艺林所乐闻,而亦先生所不以为忤者也。余从先生久,得见先生手所录诗稿,虽生平所作或不止此,然既为先生所手录,则其可深信不疑,已无俟言。爰与二三同志誊录校勘,印成专本,以饷爱读先生之诗者。并纪其始末如右。民国十九年六月二十日,曾仲鸣跋。"

又,复旦大学图书馆藏有龙榆生校补本一种,乃龙榆生于1942年在所藏1932年泽存书库刊本上手批本。龙氏所校补处,皆在《扫叶集》中,对些许诗篇中某处诗句做修订。如《孚加巴斯山中书所见》一诗,龙氏在正文中将"仰首惟沈寥,万象在一俯。层冰何峩峩,寒色自太古。湖水寂照之,凝碧若可茹。欣然试一掬,清冷在心腑"数句圈出,并在天头写上改订文字:"上有天可仰,下无地可传。湖光广万亩,深可十丈许。万古冰与雪,尽向此中贮。酥融中玉液,寒碧鉴心腑。源清有如此,流哀故共所。欣然试一掬,更与作回溯。"除校改外,龙氏又增补《海上》、《菊花绝句》、《梅花绝句》诗三首。并在卷末增补汪兆铭1941年新作《水调歌头·辛巳中秋寄冰如》词一阕,云:"一片旧时月,流影入中庭。问天于世何意,岁岁眼常青。天上琼楼皎洁,人世金瓯残缺,两两苦相形。拂衣舍云去,欹枕听长更。　　饮孤光,似冰雪,夜泠泠。银河清浅,怎栽得如许飘萍。鸿雁北来还去,乌鹊南飞又止,无处不零丁。何辞千里远,共此一窗明。"温软阴柔幽独之感贯穿汪兆铭一生,正符月色与夕阳之双照楼名。

《汪精卫先生文钞》,扉页题辞:"民国元年初冬,汪精卫先生文钞,协社印行"。次,汪君兆铭小像。

次,协社同人所识之《汪精卫先生事略》,其云:"汪精卫先生名兆铭,字桂辛,本浙之山阴人,生于粤之番禺。幼聪慧,下笔千言立就。甲辰岑春煊督粤,选士四十人赴日本学习法政,先生与焉。其时革命思潮初起,先生即以光复宗邦,建造新国为己任。前临时大总统孙中山慕先生才学,以礼相见,并出资组立《民报》,聘先生主持笔政。先生乃出其崇论弘议,以发挥民族、国民两主义,举国受其影响。庚戌春,先生慨革命无成,思以暗杀行其志。乃入都,图炸清监国。事败,为值吏所获。清民政大臣善耆讯问之,先生立书三万余言供词,案切事理,慷慨激昂。善耆叹为奇才,请于清监国,得免死,定永远监禁。辛亥秋,武汉举义,清政府惧,乃赦先生。十月,民军克复南京,清遣唐绍仪南来议和,先生与其列。卒之北军反正,共和告成。以如许重大之事,决之数月,为古今中外所仅见。探其原因,实以民族、国民两大主义普灌于人心,故亦实以先生之言论鼓吹故。迨国事渐定,先生复高举遗引,创立进德会,不作官,不作议,昌意欲祛美利坚政界之污辱,为我中华民国国民立一极好之模范云。协社同人谨识。"次,汪精卫先生文钞目录。

180

附论

希望满洲立宪者盍听者

再告希望满洲立宪者盍听者

是编所钞录之文章,均为辛亥革命之前汪精卫所撰写的反满清之民族主义议论文字。其文恢弘恣意,论证严密,极富气势,感染人心之力如江河滔滔而下,盖有《国策》《新书》之遗风。

王德锜等撰 《王大觉先生追悼录》,一册,不分卷,民国十七年(1928)本。

王德锜,字振威,一字二痴,号秋厓,江苏青浦人(今属上海)。大觉则德锜兄也,名德钟,字玄穆,曾任《民国日报》编辑,后来战事起,又创红十字会,以济时艰。

无序跋,以类编次,分《事略》、《祭文》、《挽诗》、《挽联》、《幛额》五类,附录朱云光《幻化忆语》一篇,载王大觉生平轶事也。封面题签不知出谁手,漫漶不可辨。扉页有秦伯未题签。卷前附"大觉酷象"一帧。

谨按:祭文、挽诗,多出南社同人之手,如周斌、陆明桓、蔡文镛、金慕尧、费公直等人,而挽联及幛额又不乏出红十字会相关机构者。

《追悼录》第一篇《王大觉先生事略》云:"先生讳德钟,字玄穆,世居青浦之渔郎村,耕读传家,潜德勿彰。清初以降,代出俊才。虽非簪缨阀阅,而文艺之隆,人所共称。……先生早孤,然天姿敏悟,异于常儿。束发就学,过目成诵,每试辄冠军。课余好为词章,与同学吴江凌莘子有同好,故交谊尤笃。卒业后,闭户攻书,精研不辍者五六年。于书无所不窥,其学则淹贯古今,寝馈史汉,故发为文辞,铿锵宏博,卓荦成家。小品则规范六朝,高古隽妙,娟秀绝伦。……诗词则峭刻豪放,不拘一格。十年来,驰骋词坛,人称祭酒。清季入南社,民国初主《民国日报》编辑,笔墨酬应,日无暇晷。驱车归寓,恒于午夜,如是者将一年。以酒后冒寒,遂病肺,旋谢归修养,筑别院于羡地,颜其斋曰'风雨闭门'以见志,坐拥书城,以诗文自娱。次年,与里中学子结正始社,藉商兑国学,遣此无聊岁月,如是者数年。迨甲子之秋,齐卢衅起,兵火四侵,周庄乃弹丸地,落巨浸之中,为苏沪浙交通要道,战云日急,势将糜烂,于是为地方解危计,谋创红十字会,与诸同志多方筹划,始告厥成。经北京总会上海总办事处批准立案,请会所于吴县公署,允以四义祠为办事处。于是年十二月十四日,宣告成立。缔造之艰,先生之力居多焉。……以羸弱之躯,肩此繁任,乃于十五年冬,旧疾忽作,咯血过多,肺体受损,遍延西医,投药鲜效,虽病机时见进退,而终未能离榻,延至十六年秋八月逝于里第,春秋仅三十有一。……先生撰著宏富,遗著有《风雨闭门斋诗文集》及《乡居百绝》、《西湖游草》、《海天新乐府》、《留都游草》、《琅琊碎锦》、《咒红忆语》、诗余杂作等十余种。……今其弟秋厓先生将裒集成册,持就名宿点定,枣梨寿世。……"

附录《幻化忆语》亦颇有可述者,如一则云:"柳亚子之字信怪而难认,如致书其稔友,则狂草更怪,如蝌蚪之文,必细经玩味后,始能悟其大旨。惟君能发书读之,顺流而不爽一字。"

王德钟 《风雨闭门斋遗稿》,一册,民国七年(1918)刻本。

王德钟(1897—1927),字玄穆,一字大觉,号幻花。青浦县商榻乡渔荇村人,后迁吴县周庄镇(今属江苏昆山)。与弟王德锜同入小学堂,师事沈廷镛、沈廷钟兄弟。1927年中秋肺病去世,年仅31岁。生前自编《风雨闭门斋诗稿》,柳亚子题诗称赞:"二十王郎鬓未丝,诗名已遣万人知。我来敢做欧阳语,正是一头让汝时。"推崇备至。殁后,由凌慧纕与王德锜编成《风雨闭门斋遗稿》。

是稿收录《风雨闭门斋诗稿》五卷;《乡居百绝》一卷;《留都游草》一卷及外集四种。

封面题签:风雨闭门斋遗稿,去病题签。钤印:去病。扉页题签:风雨闭门斋遗稿,刘三题。钤印:刘三之章。次,上方题字"王玄穆先生遗写,吴江费公直拜题",中间有王德钟像一幅,下方为柳亚子《哭玄穆》诗。

次,于秋墨《祭王玄穆文》一篇,云:"哀哀玄穆,值四海之驿骚而不要人爵,放乎山巅水涯,友林泉以寄托。本乎兴观群怨,一以寓之诗。惴惴乎道丧文弊,风尚之不药。呜呼!吾不见子八年矣。意者清癯之貌,无改其容;庄敬之度,不易其胸;恢恢之才,清明在躬。或者悬车不下,用舍进退,不以时会变其穷通。又孰知一纸书来,子之墓木已拱,剩有泣诉之寒蛩。念昔同侪,逝者其谁。零落殆尽,云胡不悲!岂盛衰之消息难凭,而造物报于才者如斯。虽存高悬佩剑之心,而不获其短碣丰碑,徒然悲怆,凄其挥泪其何之。嗟嗟!玄穆子已大觉,虽埋不殁。子之诗文,长并日月。子之形骸不存,子之浩气不歇。不见夫纤青拖紫肉食大夫,炟炟赫赫,一旦委诸粪壤,狐貉宾其白骨。其名其形,泯灭无迹。以彼视此子,可以安于灶岕。哀哉!"

其后,王德钟手迹三种。

次,陈去病《王玄穆传》一篇,云:"世有绝人之才,而乏长生之术以殒其身者,夥矣。从未有淡泊宁静,擅自摄养如吾友王玄穆者,乃亦奄然以逝,弗获与予辈相终始。呜呼!不可惜哉!玄穆,讳德钟,字大觉,别号幻花,姓王氏,青浦之吴巷人也。家世耕读,著声艺苑。祖炳华尤以诗鸣于时,父世均、本生父世垣均早卒,君以孤童独自振起,霜鬘缥帐之间,苦心刻砺,至于有成,不可谓非俊杰之士矣。时吴江沈廷镛、廷钟兄弟创乡校于周庄,君

184

就之读。数年，学大进，试辄冠其曹。沈君大赏之，曰：'此儿非池中物也。'未几卒业，例升学，君意不欲于试场中醉睡，逾时而去，论者惜之。顾君益傲岸自喜，归而闭户，独肆力于时人所不为之学，沉酣淹贯，无所不窥。如是者五六年，而君且弱冠矣。才藻颖发，出入风雅，往往压倒流辈，卓然与古人相抗衡。而神清秀朗，风度翩然，尤有谢家玉树之誉。以是南社俊流，民党魁杰，闻其名者，莫不折节倾倒，愿与之交。春秋佳节，修禊登高，抽笺染翰，斐然成章，则朝脱稿而夕传诵词林矣。当是时，袁氏横，中原之士，中于奴虏婢婀之习，方与其荐鹰犬，图窃神器以归操莽。而东南义旅，独如云蔚起，应响者半天下。陈琳之檄，多于美新之文；臧洪之誓，烈于昆阳之战。而君亦为讨袁之檄以告于众，见者壮之。未几，袁氏遽殒，君乃归渔村旧业，日与里之亲故持螯对菊，饮酒赋诗，成《乡居百绝》一卷。明年丁巳，复倡正始社以商兑国学，和之者百余人。于是赴沪主《民国日报》，益与胡蕴玉、王莼农、潘兰史辈相酬唱。而醴陵傅熊湘、青浦俞慧殊过从尤密。如是者一年，复还周庄，筑室三楹于其羡地，颜曰'风雨闭门斋'，晨夕啸吟于中，以示己志。及十二年癸亥，复应惠殊招，作白下游，凡诸名胜，莫不从容延伫，以极其致。因得《留都游草》一卷。盖至是而君诗乃日益孟晋矣。甲子，江浙兵起，君以周庄当苏沪孔道，而四面环水，势若孤岛，一旦有警，百凡可虑，乃复创为红十字会以为之备。及战事渐息，遂力行方便，以济贫者，施药种痘，各适其用，而君遂自此病矣。以民国十六年八月十六日卒于里第，春秋三十有一。妻凌慧缠哭泣年馀，亦卒。无子，以其弟德锜子之泰为之后。陈去病曰：'自君之逝，于今三年矣。予无复见有才情瑰玮如君也者，乃知天之生才，固未易也。君既自具其才，而天复靳之，使勿能展，则亦何必生是才哉？有才而不尽其才，复老我于荒江白屋之下，使为之传。呜呼！予能无为君惜哉？'"

次，柳弃疾《风雨闭门斋记》一篇。次，有序四，丁逢甲、沈昌直、柳弃疾、凌景坚四人各一篇。次，题词五首，傅熊湘二首、周斌二首、朱汝昌一首。

《风雨闭门斋诗稿》，五卷，前有题签"大觉先生遗著，风雨闭门斋诗稿，安吴胡朴安署端"，钤印"朴安韫玉"。

卷一，录各体诗作22题60首。交游诗有《丁巳二月与亚子作客斜塘，联床话颇往复于乐道直躬之学，别后怅念弗能置也，追记一律即柬亚子》，诗云："愁边说剑酒边歌，知我如君已不多。此夕雄谭动寥廓，横天灵雨吊蛟鼍。本无京洛三官服，各有江湖一钓蓑。掷笔空山功罪了，只应商略到烟萝。"另还有《哭蒯啸楼八首》、《送行歌赠孔彰毅归蜀》、《与李汝航书》、《丹阳姜可生投诗为予影事作也予曾微得其本事乃答以三绝其首章则自记云》诸诗。

卷二，录各体诗作22题58首。有《赠李息霜并乞风雨闭门斋牓书时君客武林》、《题许盟孚西泠仿古园》、《三月二十一日夜同亚庐楚伧作》、《吊苏曼殊》、《吊郭九璋从熊克武战死遂宁》等诗。《寒夜怀余十眉即寄》其二云："沉醉东风花落余，碧乡秋梦复何如？可曾续注《灵芬集》，翠袖擎灯艳晚蕖。"

卷三，录各体诗作31题62首。有《与秋心夜饮赋》、《七月十一日与秋厓游半淞园》等诗。《复成一律示秋厓》云："低徊殊未已，叹息抚庭柯。宫保新台榭，诗人旧薜萝。坐看秋树秃，但觉冷云多。故事今销歇，春风怨踏歌。"

卷四，录各体诗作20题46首。《题戴震殊遗稿》一诗云："一卷新词百辈传，绮怀争比晚霞妍。珠帘夜月调《金缕》，宝镜春云贴翠钿。欲别销魂脂化泪，相思刻骨梦成烟。赌诗倘有旗亭女，分付红牙按酒边。"

卷五,录各体诗作19题64首。有《秋日斋居怀钝安》、《微词两首示十眉》等诗。《挽汪子实》诗云:"二十轻当世,关河策马来。寒风歌易水,独夜下丛台。昔与登楼去,今惟挂剑回。梦中颜色在,肠断是离杯。"

《乡居百绝》,一卷,前有题签:乡居百绝,曹家达题。钤印:拱甫书画。有序二,自序及朱汝珏序。

自序云:"《乡居百绝》,大觉退隐之嚆矢也。淀湖胜景名东南,渔榔村位其滨,予家宅焉。湖渌山光,云涛烟雨,皆几席间物,清旷之福飨吾者洵厚矣。乃卜筑他乡,不遑厥居,偶返故庐,亦未有友朋尊酒之雅,山水遨游之乐,得毋令故乡云水笑人耶。乙卯秋九月,得族兄彤九书招余归乡,余徇焉。时万子觐旒、顾子造英等咸客吾乡,风日晴朗,则斗酒扁舟,荡漾湖上。或寻花木于孤村,或读残碑于古刹,或月下论文,或灯前谈鬼。幽怀既惬,诗思斯发,酒后茶余,辄有所作,汇得百首,录成一帙。风雨思乡,挑灯披诵,慨其叹矣。呜呼!士志四方,岂惜离乡?然营于千里之外,失之耳目之前,古人亦引以为大憾。若夫已酬落日戈,来践松桂约,异日唱是编而来也,故乡云水,倘识鸥盟旧主乎?十月十二日大觉识于东江,时离乡已五日矣。"朱序云:"丙辰春,表弟王大觉以《乡居百绝》示余,读一过,爱不忍释,因乞以归,再四讽诵,而妙绪环生,令人神往。夫古之人好诗文者夥矣,其所以能造极者,则必游乎名山大川之间,足之所履,巉崖绝壁;目之所遇,飞泉瀑布;耳之所得,悲风怒涛。以是而发为诗文,则光怪离奇,汪洋恣肆,可以惊天泣鬼怡人者也。大觉居渔榔村,与淀湖为邻,山光水色相映于几席间,良辰佳夕,与诸君子酒垆茶灶,泛舟湖上,容与中流,互相酬唱。虽不足以喻兰亭、赤壁之游,而东南胜景山水灵秀之气揽取略尽,发为诗文,自然绝唱矣。苏辙所谓'其气充乎其中而溢乎其貌,动乎其言而现乎

其文,而不自知也',大觉其庶几乎？呜呼！士君子处此世也,
修然无荣利之念,遁迹荒寒,寻生涯于诗文钓游间者,有几人哉？
若大觉者,则吾愿与之游。"

题词十六首,柳弃疾四首、姚锡均一首、余其锵四首、凌志坚
二首、朱穆家二首、朱汝珏三首。

此卷共收七绝诗一百首。其中一绝云:"故乡清福淘无涯,
有酒有诗更有茶。犹恐思家情不切,后园补种万梅花。"后自注
"彤九兄约"。

《留都游草》,一卷,前有题签:留都游草,姚鹓雏。钤印:姚
鹓雏凤。

题词二,许观一首,云:"白门杨柳几经秋,曾向湖边问莫
愁。烽火千年消王气,后庭一曲付江流。月明犹照卢家树,天远
空怀王粲楼。无限人琴生死感,只余丽句满归舟。"

朱汝昌二首,云:"青衫小帽白门游,极目苍茫一倚楼。如
此风光浑不似,新亭涕泪夕阳愁。""画船银烛画楼箫,几处筵开
祝夜遥。有客秦淮河上去,歌残酒醒咏南朝。"

此卷收录各体诗 20 题 34 首。留都乃指金陵,此卷诗皆作
于金陵。或记金陵游历,或咏金陵风物、古迹。如《雨花台骋
望》云:"形胜当年百战曾,酒酣高唱一攀登。齐梁文物归西邸,
淮泗风涛下秣陵。人去霸图空指顾,云开山势日崚嶒。华林旧
苑都消散,太傅遗墩亦葛藤。"又其中有《十二夜再集嘉宾楼呈
慧殊》等诗,盖其应俞慧殊之邀,畅游金陵名胜。

《风雨闭门斋外集》,不分卷,前有题签"风雨闭门斋外集,
辛酉紫汲瓶题。"钤印"云庵"。

是集收各体文 60 篇,各体诗 122 题 261 首,长短句 12 阕。
文有友人文集序跋、赠序、书信、祭文、传文、墓志等体。诗有
《过禊湖遇四君子》、《和悼秋醉后之作》、《赠周君志伊狱中》

等。长短句多题画词，如《诉衷情·题十眉南泓寻诗图》云："马鸣庵畔罢垂杨。疏雨稻花香。秋来蓼门红树，收拾付诗囊。　　寒渚外，镜湖旁。尽文章。半堤荻雪，一笛渔风，十里湖光。"

全集后有王德锜跋语一篇，云："予兄玄穆，禀子安之天才，师仲舒之力学，俊逸清新，早蜚声于艺苑；雄奇宏博，允驰骋于骚坛。甲乙以还，痛赤县之蜩螗，悯苍生之涂炭，男儿爱国，狂挥讨贼之文；志士成功，宁作封侯之想。是以栖迟衡泌，安步当车，啸傲烟霞，优游卒岁。风潇雨晦，借诗酒以消忧；月夕花晨，藉琴书以遣兴。似此乐天知命，淡泊明志之士，是固俗子之所难能，末世之所罕觏者也。洎乎齐卢构衅，不忍作壁上之观，鸠集同志，组织红会，苦心孤诣，况瘁独多。期年而宿疾复作，咯血盈斗，丐药石兮无灵，竟尔不起，年才三十有一。鹏图未展，薤露遽歌，亲朋故旧，莫不哀之。慨驹光之过隙，儵裘葛兮再更，碧落黄泉，与世永隔。逝者已矣，存岂忘情，然则予将何以慰兄于溟漠哉？睠怀畴昔，景物全非。入室而斋空人渺，缥帙凝尘；涉阶而草长苔滋，蟏蛸罥户。蒿目凄凉，酸心欲泣，剩有等身之著作，聿谋攒集而成编。于是握管钞誊，焚膏继晷，盖恐馋鼠相侵，蠹鱼寻蚀，致使菁华湮没，浩气销沈，则予之获罪于兄者大矣！爰定《风雨闭门斋诗稿》五卷，《乡居百绝》一卷，《留都游草》一卷。更陆续得文六十首，诗二百六十五首，词十一首，按其年月，重加整比，汇为外集，以附于后。亟付剞劂，俾贻奕禩，庶几稍尽予季之职，而聊释九原遗憾云尔。夫以兄之才，苟得天假以年，则其成就宁止于斯？乃彼苍者，既赋其才，复夺其年，是岂玉以光泽而前毁，桂以芳茂而先折者耶？嗟嗟！秋风雁序，空溯伊人；春草池塘，难通好梦。鸰原在望，不禁涕泗之交并；片羽徒珍，用志悲伤于无既。中华民国十八年己巳孟夏，胞弟德锜跋于吴门寓次。"

王毓岱 《舟枕山人自述诗》一首,民国间石印本。

王毓岱(1845—1917),字海帆,号少舫,别号舟枕山人,室名耕读旧人家。浙江余杭人。早年游幕名宦,后处馆杭州丁氏八千卷楼。

封面题签:舟枕山人乙卯自述诗,靖盦敬题。次,正文,纸仅五叶,乃其《乙卯自述一百四十韵》诗一首,署"禹航海帆王毓岱",非乙卯一年之事,而是截至乙卯之年,从出生一直写到乙卯年。

诗开头云:"我生逢己酉,乐岁溯当时。锦褓双亲喜,花朝十日迟。矢弧门设射,汤饼酒盈卮。"作者青年东奔西走,艰难而活。

成年后,曾"囊笔忧迢递,辞亲强喔咿。榕城襄校阅,就沈叔湄先生福建学幕之聘。莱水寄藩篱。就许君子曼之聘。"

作者五十四岁时,壬寅年补科乡试获隽,然此后科举遂停,时势大变,诗中有云:"五洲谈亚美,一第愧郊祁。从此停科举,凭谁夺战麾。张弦多变易,染翰漫淋漓。回首徒增悔,专心本是痴。……忽报更华帜,居然复汉仪。惊飞巢幕燕,吼醒梦中狮。祖国尊黄帝,降军树白旗。城隍摧古堞,载道重轮辐。响屦疑空谷,高冠异接䍦。沐猴矜狡捷,聚鹬炫襟襦。草草劳人倦,花花世界訾。舶来工艳丽,装束竞妍媸。渡口船添幔,街头士夹铍。销金锅倍暖,照玉镜难疲。箫管鸣天际,楼台峙水涯。倘无医国手,曷愈病夫痎?"

最后写及晚年加入南社,"争原消鹬蚌,文敢诩蟒螭。南社跻裙屐,西泠醉醯醨。高君吹万、柳君安如、姚君石子暨眷属同游西湖,程君光甫、丁善之、宣之昆季因发起,开南社临时雅集于西泠印社,余亦与焉。挥毫惊倚马,斗韵想探骊。翰墨良缘缔,箴规畏友愭。芝兰怀臭味,瓜果沁诗脾。伴读门生小,居欣托九思。今夏馆于丁氏九思居。课和甫子明之、序之,时与和甫、善之相唱和。"

王蕴章 《然脂余韵》,不分卷,民国七年(1918)商务印书馆刊。

王蕴章(1884—1942),字莼农,号西神残客、窈九生、红鹅生、二泉亭长、鹊脑词人,室名菊影楼、篁冷轩、秋云平室,江苏无锡人。光绪二十八年(1902)中副榜举人。上海沪江大学、南方大学、暨南大学国文教授,上海《新闻报》编辑,上海正风文学院院长。主编《小说月报》及《妇女杂志》。通诗词,擅作小说,属于"鸳鸯蝴蝶派"。工书法,善欧体,能写铁线篆。主要作品有《碧血花传奇》、《香骨桃传奇》、《可中亭》、《铁云山》、《霜华影》、《鸳鸯被》、《玉鱼缘》、《绿绮台》、《西神小说集》等9种;另有艺术杂论集《玉台艺乘》行世;诗词专集《秋平云室词》、《梅魂菊影空词话》等;诗词和小品文辑有《雪蕉吟馆集》、《梁溪词话》、《云外朱楼集》等未刊稿本。

《然脂余韵》单行本最早在民国七年(1918)由商务印书馆刊行。徐彦宽民国七年(1918)跋,王蕴章完成此书"在民国肇造之三年春,寸玑尺锦,尝先取散载涵芬楼各月刊中,一帙才行,寰海欢睹",可见影响不小。后有商务印书馆民国九年(1920)本,惜未见,今人张寅彭主编之《民国诗话丛编》即用此本。

《然脂余韵》属于笔记体诗话,收录清朝闺阁诗事。"然脂",即燃烛,语本南朝徐陵《玉台新咏序》"于是然脂暝写,弄笔晨书,选录艳歌,凡为十卷"。清初王士禄"尝欲辑古今闺秀之文为一书,取徐陵《玉台新咏序》'然脂暝写'之语为名,然陵所选乃艳歌,非女子诗,士禄盖误引也。其弟士禛书其年谱后曰:'先生著书,惟《然脂集》二百三十余卷,条目初就,盖为之而未成,仅有此例十条而已。'"(《四库总目提要·然脂集例》)。因前有王士禄误引徐陵"然脂"一词,作为"闺秀之文"书名《然脂集》,王蕴章乃将错就错,将其记载清代女子诗事之作取名《然脂余韵》，"余韵"，有续貂之意。其所谓"非敢纂西樵(谨按：王士禄号西樵先生)之坠绪，聊以阐闺襜之馨逸耳。尝谓诗词之作，本乎性情……女子之作，于金戈铁马之风，豪肉哀丝之奏，或稍漓矣。至若幽花媚春，子规叫血，赋景独绝，言愁已芜……美人香草，要为天地间必不可少之一境"(《然脂余韵·序》)。可见王蕴章与其主编《妇女杂志》一样，编撰此书仍在大力鼓吹女性亦为文化发展动力，以期引起人们重视。

《然脂余韵》称"此编以诗为主，而诗馀、杂文间亦采入。意在扬榷群言，不敢拘墟一格，庶闺阁清芬，得以旁流远绍"(《凡例》)。虽记载涉及诗、词、杂文，但主体仍是诗话。其记载闺阁诗事，如同袁枚《随园诗话》，范围广泛，"有教无类"，不看作者身份地位，既有大家闺秀，也有小家碧玉，既有达官之妾，也有草民之妻，只要具有诗才，留有佳作，传有佳话，尽皆采录。由于清代经济、文化原因，以及作者见闻所及，此书所记闺秀诗事，基本限于江南地区，但也真实反映清代闺秀诗歌创作实际状况，也能大体反映清代女性诗歌创作风貌。总之，此书使众多名不见经传之巾帼诗人作品与轶事得以流传，并描画出一幅清代女性创作长卷，不仅具有文学价值，也具有历史文献价值。

《然脂余韵》内容不限于诗歌或文学，还涉及艺术、风俗、政事等，特别是记载了不同层次女性生活状态与环境等，具有社会学、伦理学等价值，可供今人挖掘之资料十分丰富。

闻野鹤 《野鹤遗墨》，一册，民国七年(1918)上海清华书局石印版。

闻野鹤(1901—1985)，原名闻宥，字在宥，号野鹤。江苏娄县(今属上海市松江县)泗泾镇人。早年入南社，因诗论与柳亚子异，改治金石之学，尤以治西南文字享誉中外，英国剑桥聘其授课未就任。与施蛰存同乡,引为挚友。陈寅恪评其"君化无用为有用,我以小巫见大巫"一联可以证陈之推崇。擅长诗词、书法,部分作品曾结集出版。历任广州国立中山大学文史科、青岛国立青岛大学中文系、北平私立燕京大学中文系、青岛国立山东大学中文系、成都国立四川大学中文系、昆明国立云南大学中文系、四川大学中文系等教授,1955年起调中央民族学院任教授,直到逝世。为法国远东博古学院通讯院士、联邦德国德意志东方文学会会员、土耳其国际东方研究会会员。

书前有序六,检其简短者录之:

叶序:"昔值野鹤酒家,识其为清新俊逸人也。于鹓雏处闻其姓氏文章,乃慨然曰:世果尚有斯人乎? 彼白首习一经,抱之以死者,吾见之矣。至于鬈釿娴诗书,纵横古人间,比李侯苏令之踪者,则今始见之耳。由是喜与野鹤游间,复拊其背以语曰:'才非吾子所憾矣。或将更进以厉国家之略耶?'野鹤则喟然曰:'屈平投荒,杜甫客屑,书生言经济者,如斯而已,违天以求世,非吾志也。'余亦为恻然。然其所述,抑何芬馨凄恻,若有不可已者耶? 噫! 佩兰纫蕙,春陵溁陂之志,余于《野鹤零墨》见之矣。东江叶叶。"

潘序:"余识野鹤一年矣。去秋无俚,相从为译事,余口道西文意旨,而野鹤则笔于楮。风落霓转,顷刻数十纸,常诧叹以为捷才。自是寒灯细雨,蛩驱为依者数月。今岁余移居,野鹤亦以人事牵率,而译事遂废,尘坱流转,不相值且数月矣。日者忽见,顾曰:'兹徇友人请,将有零墨之梓。'余受稿读竟,太息曰:'天假子以宏才至学,兹乃为是戈戈者,以稍曳之耶! 风怀之章,纪艳之什,聊浪自喜,子犹是蓬之心也夫?'野鹤亦怆然叹去。野鹤者,为人不事边幅,时饮狭斜中,多微辞,快好笃,文燕酒阵间,未尝假友朋一言,其行事大率若此。戊午夏五青溪潘文柔序。"

刘序："野鹤少年能文章,处季世文敝之余,坚其清操,不为阿世之文,不作违心之论,兴之所至,奋笔直书,不知何事为忌讳,此其胸襟之开豁,志气之磅礴,因非时下纯盗虚声者所得同日而语。孟子曰:'我善养吾浩然之气。'野鹤其善养气者欤?曩吾读野鹤文章,深以为不得见其人为憾,比来沪,同在报界求生活,因得朝夕过从,私心甚慰,至不可言。今野鹤出其半生文字,刻以问世,吾知读其书而愿望见者必且百倍于我。古人云:士得一知己可以无憾。使读者得书而愿见其人,即野鹤之知己也。然则野鹤其可以无憾矣。民国七年春相城刘豁公识。"

自序："野鹤平居无营,拾残墨断简为一集。序曰:詹詹之言,□粿之说,其无称于世宜也。然濡墨拾楮,羁踪寓焉,集而存之,愈于散失,自云自悦,贤乎博弈云尔。又曰:此野鹤谐俗之作,庸以娱独坐旦暮耳。苟持是以衡短长,则非知者。推仔第二楼书。"

朱序："垂示一集,都凡四卷,珠璐生于行间,奇情浃于楮背。夫邯郸瑟动则万玉哀鸣,团扇人来则群花乱落。绮槐只赤,穆王回驾之年;人面长红,杨妹承恩之日。癸辛有讥,髡朔能传,凡此故实,都归著录。啼痕破粉,怜长门之泣;银云合抱,听海口之琴,可觑矣。华亭朱玺。"

后为目录共计四卷:卷一《稗粹》十篇;卷二《艳薮》三篇;卷三《笔札》四篇;卷四《谐乘》两篇。书后有跋语云:"戊午春羁沪,与野鹤习,出示丛刊四种,辞意精覆,几入古人之阃,而嗜其□,卒读骇汗,以为时下耆宿未之或出,矧终军之年少耶!昔烟霞万古楼主见童子龚,深愧勿若。吾非仲瞿;野鹤,瑶人亚也,其丛刊特窥海一蠡耳。魏唐周斌跋。"

谢鸿熙 《尊孔宗经与中国文化》,一册,不分卷,民国

铅印本。

谢鸿熙,字同甫,一字秉章,湖南长沙人。

无序跋。此书旨在尊孔宗经,尤致力于驳难反对读经者,列其说凡数十条,一一驳正之,以为经既亡,国亦随之。西洋诸国之奉基督、土耳其诸国之奉回教,当与此同观。

兹谨录其第一段云:"吾国尊奉孔子已数千年,庙祀之隆,遍于全国郡县,教化洋溢薄海,尊亲深入人心,蔚为国教。历史所载,国家之治乱兴衰,民俗之隆污进退,莫不视信仰孔教与否以为转移。孔子之道,配天地,贯古今,本神明,育万物,冠诸教而首出,集群圣之大成。综四科百行之全,赅大同小康之治,盛德妙道,民不能名。至孔圣制作,厥为六经。诸儒宗之,著述无间。垂为彝训,立为学官。搢绅奉之,以为治国之常;国民诵之,以为率由之路。学术遍于乡里,弦诵及于童蒙。经术在中国之需要,殆一如布帛菽粟之不可离矣。秦汉以来,承学之士,一以经学为依归。班固作《汉书·艺文志》,以六艺冠于群书之首。刘彦和作《文心雕龙》一书,所列篇目,《原道》、《征圣》之外,即为《宗经》。后儒区分群籍,称为四库。经部一门,蔚然冠于史、子、集诸门之上。故就中国文化言之,道莫备于孔子,书莫尊于经传,久已牢笼百家,甄陶万汇,若百川之朝东海,如众星之拱北辰。五千年文明祖国之学术思想中心,固非尊孔宗经莫属也。"

徐珂 《小自立斋文》,一卷,《天苏阁丛刊》本;《真如室诗》,一卷,《天苏阁丛刊》本。

徐珂(1869—1928),原名昌,字仲可,浙江杭县(今杭州市)人。光绪十五年(1889)举人。后任商务印书馆编辑。参加南社。1901年在上海担任了《外交报》、《东方杂志》编辑,1911

年，接管《东方杂志》"杂纂部"，与潘仕成、王晋卿、王揖塘、冒鹤亭等友好。编有《清稗类钞》、《历代白话诗选》、《古今词选集评》等。

《小自立斋文》首无序，无目录。录有《高云乡小传》、《外舅朱砚臣先生家传》、《祭潘子骥文》、《祭汪母顾太夫人文》、《丁善之〈丁子居剩草〉序》、《胡朴安〈中华全国风俗志〉序》。后有作者跋云："吾不文，今乃以文示人耶？不知人世间之有羞耻事者莫予若矣，安得如昌黎之所谓小惭小好、大惭大好耶？亦或于杨见山之言耳。其言曰：'余非能文者也，文不中度与诗等，何必示人。然尝譬之人面不同，有美亦有丑，美者招摇而过市，岂丑者不许一窥客乎？夫世不皆西施也，则嫫母亦犹人耳，犹人即不妨大踏步出矣。'《小自立斋文》今日小不敢窃比于先子也，欲继志云尔。癸未立夏徐珂仲可识于上海寓庐。"

《真如室诗》首无序，无目录。收诗计一百九十三题，一百九十四首。如《野望》、《风雪有感》、《杂感》、《杂咏》、《汽车中看山》、《己未新岁作》、《戊午岁暮至除夕止得九首》、《留别徐又陵》、《寄斗胆同年》等。其《风雪有感》云："大雪桥东寺，王孙乞食回。颠风城北路，公子褐裘来。少日同门地，今时异乐哀。劳劳马牛者，何事苦营财。"后有作者跋云："真如佛家语，谓实体实性而永世不变之真理，《唯识论》有谓：真谓真实，显非虚妄；如谓如常，表无变易。《天隐子》本一性而言，谓之真如，真如之意义若是。予之以真如名室者，则以近方有志学佛，且将卜居真如之暨南村，期以梵诵。余暇习诗自娱，特不知他日篇什能视此稍进否？癸亥处暑后三日，徐珂仲可识于上海寓庐之南窗下。"

徐绍棨　《广州版片纪略》《广东藏书纪事诗》，印行时间待考。

　　徐绍棨(1879—1948)，字信符。民国著名藏书家，图书馆学家、版本学家。广东番禺人，祖籍浙江钱塘(今杭州)。光绪二十六年(1900)肄业于学海山堂、菊坡精舍，与朱执信、汪兆铭、陈融等人组织"群智社"，宣传进步思想。后任教于广东高等学堂，先后执教于中山大学、岭南大学、广东法科学院、广州大学，讲授目录学、版本学、文学史等。曾任广东省图书馆馆长、中山图书馆董事、中山大学图书馆委员等职，后在广东修志馆、编印局、文献馆作研究工作。对图书馆学、目录学，版本学均有研究。仿叶昌炽《藏书纪事诗》，作《广东藏书纪事诗》收录广东藏书家51人，1963年在香港出版，开广东地方藏书史、藏书家研究之先河。家藏图书极多，收书范围除广东各地外，远者至北京、天津、江浙等地，先后收有伍崇曜"粤雅堂"、孔广陶"岳雪楼"、潘宗周"宝礼堂"、曾钊"面城楼"等藏书大家旧椠，藏书达100余万卷，于广州建有"南州草堂"，后改为"南州书楼"。绍棨精于校勘，每于课暇，则躬身抄校，手批题识。藏书特点为收集广东地方志为多，明刻本较丰，计达500余种。后冼玉清辑有《南州书楼所藏广东书目》，其子徐承瑛、徐汤殷，历时十余年，编有《南州书楼善本题识》等。1918年刊刻《广雅丛书》600册，收书156种；修订刊刻有《学海堂丛书》等。著《书目学》、《版本学》、《中国文学史》、《中国诗学史》、《文选研究》、《古籍校读法》、《南园考》、《广东艺文志补》等20种。

　　谨按：此二种附在叶恭绰《矩园遗墨·纪书画绝句(附印四种)》后。封面题签"附印四种"，依次为东莞伦明《辛亥以来藏书纪事诗》，番禺徐绍棨信符撰、其子承瑛、汤殷校补《广东藏书纪事诗》，番禺徐绍棨信符《广州版片记略》，黄慈博《广东宋元明经籍椠本记略》。

《广东藏书纪事诗》末有徐汤殷跋一篇。

谨按:此书有点校本,诗作从略。

徐汤殷跋云:"遐稽古昔,载笔载言,王官庋藏,崇阶掌握。邦国谱系,四方志记,以至索邱之要,三五之书,太史而下,小史外史,分司管钥,笙簧典籍,民无能名。秦燔之余,逮至汉惠,挟书解禁,私藏聿起。嗣时厥后,私人插架之盈虚,与地方文化之隆替,相为表里,如影随形。然而缃缥聚散,因缘运会,欣荣叹悴,感慨攸生,不有咏怀,何抒悃素?此藏书纪事诗所由作也。至若征其文献,树之风声,扬已往之芳菲,扇后来之馨逸,诗末缀以藏书家小传,则亦有其必要也。夷考诗纪藏书家,肇自长洲叶氏,继以东莞伦君。二氏于历代藏书家之身世考证,及所藏典籍之聚散源流,搜集勤劳,洵称殊绩。然叶诗所记关于粤士仅见数人;伦氏有作,辛亥以前,概不著录。譬之绘画,前者偶露鳞爪,未睹蜿蜒全身;后者无首群龙,何异腾蛇游雾?求其对于吾粤历代以来藏书先哲钩稽严明,隰括详尽,作为模范,举以示人者,未之前闻。先信符府君雅好藏书,节衣缩食,广求旁搜,公余课暇,日亲蟫蠹,手自丹铅,孜孜不怠。分别部录,尤重乡邦,属意瓣香,弥恭桑梓。将明季以来粤中藏书家辑成《广东藏书纪事诗》二卷。发沈德之幽光,寓风于颂;叙典籍之聚散,因史成诗。书未杀青,遽捐馆舍。戋戋遗稿,为广州大学同人索去,叶裕甫为之校阅,刊于己丑《广大学报》复刊第一卷第一期。前有序云:'此诗稿乃本校已故目录学教授徐信符先生遗著,曾经叶恭绰先生校阅。收广东自明代以迄民国藏书家数十人,详述广东典籍聚散之源流,阐扬藏书家之潜德,洵为不朽之作。且其中所述广雅书局十峰轩、广雅书院冠冕楼、菊坡精舍书藏、惠州丰湖书藏之史实,均为广东文化教育重要史料,尤足珍贵。惟首页所咏明代藏书家有诗而无小传,盖未完成之稿也。'汤殷不敏,绍述先志,为力未逮。每睹是卷,怵惕于心,遗著未完,引为憾事。检索皮架,遗墨残笺中,片纸只辞有涉及卷中传语者,勤加掇拾。其有诗无传者,缀而补之。学报排印手民误刊者,订而正之。惜原稿取去,无从雠校。呜呼!风木兴悲,倏经七稔。成书顾托,悚愧傍徨。率尔操觚,翼扬先业。闵予小子,惟我父执诸君子进而教之,则幸甚。乙未小雪,徐汤殷识于南州书楼。”

《广州版片记略》无序跋,大率记载明清以来官私刻板之同异及其发展,尤重在讲述学海堂、广雅书局、粤雅堂、海山仙馆等官私刻书处之主持者及刻行之书。徐绍棨云:“文化事业,首在图书。图书流布,端赖印刷。自晚唐五代雕镂术兴,而木刻乃开一新纪元。宋代雕刻,以杭本为上,蜀本次之,福建为下,粤东寂然无闻。明代以来,粤刻可见者以崇正书院本为始。……”通读一过,文不满万字,于广州之雕刻事业,铨叙可观。自道光阮元总督两广以来,粤刻勃兴,《记略》考论甚详。迨光绪末,铅印兴,而雕刻微,为自有雕版以来一大变。《纪略》亦稍稍及之。

许崇灏 《大隐庐诗草》一卷,民国二十五年(1936)铅印本。

许崇灏(1882—1959),字晴江,号公武,广东番禺(今属广州)人。辛亥革命元老,为孙中山重要军事幕僚。与兄许崇智,人称“辛亥双雄”。自幼嗜爱诗书,著有《大隐庐诗草》六卷、《大隐庐曲》一卷。

封面题签:大隐庐诗草,天潇题。下钤朱文“徐”。前有民国二十五年(1936)十月长沙黄寿慈序。

次,汪兆铭信札二。其一云:“公武先生惠鉴:闻季陶先生云,先生庐山佳作甚多,今承命书二律,亦不过抛砖引玉之意而已,幸勿吝教为祷。此上敬请。弟兆铭顿首。"其二云:"公武先生惠鉴:顷奉手示,并承钞示大著。读之再三,欢喜赞叹,不可言喻。弟尝论诗无古今中外,当先做到一真字,孔子所谓绘事后素也。既做到一真字,然后出之以自然,至于平淡奇秾,则各极其力之所能至,不必尽人同矣。否则以涂饰为工,以艰深为事,非如傀儡,即如尸骸,无论藻绘如何,披之必索然无味,可断言也。先生之诗,有真性情真意趣,而又能于千锤百炼之后,出之以自然,昔人惟渊明乃有此境。先生得之,其为难能可贵,孰逾于此?拜读之馀,谨识感佩,书不尽意,敬请著安。弟兆铭顿首。"

正文:诗计 173 题,213 首。

第一首为《夏日即景》:"熏风淡荡稻花香,高柳蝉声噪夕阳。一架瓜棚三两客,绿阴深处话沧桑。"游览诗居多,如《爱晚亭赏枫树》云:"爱晚亭前秋意新,丹枫如锦草如茵。分明一幅天然画,我亦权为画里人。"《游玄武湖》二首其二云:"兰桡棹破碧波秋,惊起双双水上鸥。游兴未阑天欲晚,月明初上柳梢头。"《游采石矶太白祠》三首其一云:"览胜来登太白楼,蓼花红到十分秋。一杯拼作颓然醉,放胆题诗在上头。"(彭玉麟联有云"到此莫题诗,谁个敢为学士敌"之语,故反其意用之。)

民国二十三年(1934)四月,作者曾乘坐飞机入甘肃青海,有《乘飞机入甘青》诗云:"看罢黄河两岸山,奇峰收入画图间。明朝试奋凌天翼,携取春风度玉关。"又有《乘飞机视察黄河青海》诗云:"足迹平生满九州,于今更与白云游。扶摇直上天高处,不羡乘槎博望侯。"又有《飞行入蜀》诗:"大展凌云翅,快哉御风行。长江数千里,不过半日程。朝辞秣陵驿,暮宿锦官城。匡庐与巫峡,淡云轻烟横。洞庭与彭蠡,清风微波生。大地如织锦,乡村列如星。翱翔在天上,眼界更清明。仿若驾苍龙,俯首观蓬瀛。不觉长征苦,但觉怡心情。"

其民国二十四年（1935）夏，曾游庐山，写有《庐山杂咏》十余首，有双剑峰、讲经台、双林寺、天池诸景，即汪精卫书中"先生庐山佳作甚多"之本事。

作者曾入华林诗社，又有《乙亥人日雅集华林馆東诗社同人》、《乙亥人日华林诗社同人雅集以杜工部人日诗分均得风字》、《乙亥花朝华林诗社同人雅集风咏阁以明钱谦贞花朝诗分均得天字》等诗。

许观 《静观轩诗钞》，不分卷，民国二十二年（1933）铅印本。

许观（1899—1939），又名许观曾，字盥孚，号半龙，室名师让小筑、静观轩。受学于金松岑，继学医于其舅陈仲威。毕业于上海中医专门学校。1927年与秦伯未、王一仁等创办中国医学院，有医学著作多种。此外尚有未刊稿《话雨篷业缀》、《两京纪游诗》等。

封面题签：静观轩诗钞，太炎题。下钤白文：章炳麟；朱文：太炎。扉页题签：静观轩诗钞，十九年，刘三题。下有墨印朱文：刘三。次，作者照像。上署"半龙造象，亚子"，落款为"柳亚子印。"

序有三篇：民国二十年八月章炳麟序；癸酉二月，江阴曹家达序；民国十年四月，青浦王德钟序。

题词有七篇：杨锡章《题半龙静观轩诗钞》："一枝妙笔叹无双，雒诵回环低首降。文选精华陶令体，铸金我拜李才江。"柳亚子《题许半龙诗集》二首，其一云："卅里分湖路，当年几隐沦。儒流陆季道，词客郭灵芬。大雅今都歇，斯文谁复亲。论才到后起，谨厚独推君。"曹家达《仿表圣诗品作四绝题盥孚诗稿》四绝；高燮《海上赠半龙即题其静观轩诗钞》："东坡诗以和陶终，君诗乃以和陶始。轩名静观有自得,襟怀冲淡可知矣。……"
金天羽《题半龙静观轩诗钞》;蔡守《半龙属题静观轩诗钞与月色病榻中连句》;胞兄许豫《简盥孚弟并题其静观轩诗选》。

正文题署:静观轩诗钞,吴江许观盥孚。计169题,278首诗。

第一首便是《饮酒和陶》十二首,所以高燮题词云云,后复有《移居和陶》二首,《读韦苏州诗集》。交游诗作有《春晚同柳亚子叶楚伧燕集王玄穆风雨闭门斋》、《九日柬玄穆》、《哭王玄穆》三首,其二云:"我诗初不工,颇喜学陶韦。未敢喻诸友,甘苦只自知。继复攻选理,风雅得所归。只惜才力薄,心源终在兹。君来独赏鉴,奖饰多溢辞。煌煌元宴序,为文有古姿。悠悠天地间,知音古所希。忍展旧时卷,感喟宜昌歜。"既见二人之交游,又知许氏之诗确从陶韦入手。又,《分湖自元季杨维桢挈俊侣遨游,风流阒绝五百年矣。庚申十月二十一日,同陈佩忍、柳亚子、凌昭懿、范烟桥镛、余十眉、郁慎廉世烈、佐皋、蔡韶声文镛,泛雨湖中,经来秀桥,携樽集饮胜溪草堂,归次系舟泗洲寺前,追怀往哲,感慨靡已,得诗三章》;又《早春寄傅钝安熊湘湘中》、《酬杨了公》;《送杨了公锡章之松江》:"北山无境界,萝月漫移文。词赋收枚叔,江湖老子云。云间迷鹤迹,世上重鹅群。归去华亭路,秋潭空夕曛。"

又《示陈佩忍》、《阙园图为李印泉根源题》、《次韵酬朱遁庸家驹》、《哭陆简敬》、《次韵潘兰史飞声见寄》、《挽傅钝安》、《酬孙师郑雄》、《胡朴安韫玉招同人小饮以倭乱不果会赋此驰寄》、《观冯春航剧和亚子》、《题高吹万闲闲山庄》、《重阳日沧社同人雅集半淞园》、《海上喜晤柳亚子》、《柬慈利吴悔晦恭亨》等。《吴悔晦寄示所刊诗集即题其后》:"湘绮风微大匠门(用集中句),只今派别几人存。庄骚腕底有奇气,河岳胸中无俗痕。力可扶衰标一帜,文能寿世息群喧。独愁绣出鸳鸯谱,谁把金针与细论。"

《题改七芗琦词稿》二绝:"素缣粉本劫馀灰,镂叶镌花巧剪裁。不信江南断肠句,东风愁绝贺方回。""湘帘秋雨夜灯阑,梦醒罗浮拾坠欢。一舸闹红浑不减,新声吹彻玉箫寒。"

时事诗则有《书愤》云:"国破家何在,孤身涕泪馀。总戎失裴度,请援泣包胥。落月明荒垒,寒花乱废墟。鲸横东海肆,赤手竟何如?"另有《日人侵苏州美航空家萧德上尉愤其横暴适罹斯难诗以哀之》、《中日合议成感赋》等。《追悼淞沪抗日阵亡将士》:"慷慨登碑际,能回落日戈。伤心空锁钥,遗恸满江河。夜雨悲铜柱,春风奏凯歌。国魂凭唤起,应慰九原多。"《感事》(甲子)四首,其一云:"吴越烽烟半壁天,湖山垂泪发花妍。中原版荡思诸葛,四海披纷愧鲁连。云晓玉峰屯铁马,秋清沪渎泛楼船。哀时庾信头空白,才尽江南赋一篇。"

又有《海上观程郎艳秋剧》。

跋语:"许师半龙,早岁工诗,才藻颖发,每一艺出,动与众殊,以是南社隽流、朝野魁杰,闻其名者,莫不折节论交。二十年中,唱和殆无虚日。顾威凤弗翔,饥麟独悴,浮云世网,翛然自远。性恬淡,隐于医,医闻海上,诗名转为所掩,是可惜也。著有《静观轩诗钞》十卷,浩然再四敦请,俾寿梨枣,勿许。既而诸同门环请不已,始首肯,简选问世。刊资半由浩然任之,半由同门者任之。若龙游余梅清华、嘉定范松心瑾如、吴江郑明志一、无锡刘寿康天健、上海沈逢介昌眉、如皋章鹤年矞云、顺德陈颖贞惠民、潮阳林鼎宏金铉、昆山陈中权衡平、崇德周冷秋咏康、上海傅永昌希文、吴江沈健可斐然,皆是也。裒成集腋,例得附书。中华民国二十二年二月受业弟子同安苏养吾浩然谨志于新嘉坡。"

薛钟斗 《寄瓯寄笔》三卷,民国六年(1917)油印本,《寿萱草堂丛书》本;《永嘉诗人祠堂丛刻札记》,民国四年(1915)刻本,《永嘉诗人祠堂丛刻》本。

薛钟斗(1892—1920),乳名蓉果,字储石,号守拙,别号西岘山民,浙江瑞安人。1911年,薛钟斗考入杭州法政专门学校政治科,后转法律科读书。与曹陶成成立"晦明社",自称"社旨在于振起朴学,砥砺名节。前明几(社)、复(社)之所以独脍炙人口者,不在于风流文采,而以辨贤伪、好节义为可称耳。……今惟南社尚能号召一时,亦非其文章足以信今传后,由社中革命事业多所尽力,以文人为烈士也。晦明社之建,于学术言之,以从前上海国学保存会之事业为楷模,编辑文字须关于朴学,决不以饾饤为贵。"任瑞安公立图书馆馆长之职,以疾暴亡于任,年仅29岁。

《寄瓯寄笔》,乃薛氏寄居冒广生瓯隐园时所成,故集中文字颇为庞杂,亦非一体,传记、题跋、赠序、书札以至小品、漫谈、考证之文,靡不有之,审其编排,殊无次第。卷首有著者自序,略云:"昔人有言,天地者万物之逆旅,然则人生斯世,何莫非寄也。吾生于瓯,则吾为寄瓯矣。吾身犹寄,则吾身之外,若父母妻子朋友田园,藉何莫非寄也。"又云:"如皋冒鹤亭广生筑瓯隐园于太玉洞天之侧,丁巳七月招余读书园中。九月,先生去位,而余亦归,因将三月来所杂言并闻诸先生者汇录之,都三卷,末附《兰言补注》,共为一帙。"故篇末文字颇多关于冒广生及永嘉诗人祠堂者,可资考证。

《永嘉诗人祠堂丛刻札记》,此系民国二十年黄群刻冒广生辑《永嘉诗人祠堂丛刻》最末一种,不分卷,刘景晨题签。《札记》有薛氏小序,略云:"如皋冒鹤亭先生监督瓯海关,官橥之暇,网罗吾邦文献,编刻《永嘉诗人祠堂丛刻》凡若干种。余以文字缘,承先生见贶一部。盛暑无事,发箧读之,录成《札记》一卷,以为后之人读丛刻者,作他山之助。然校书如扫落叶,随时而有。大雅君子,尚望匡其不逮焉。丙辰长夏记。"故《札记》所收,类皆匡谬补遗文字,有功丛刻者甚大。薛氏与冒广生本自交好,所撰《寄瓯寄笔》三卷,即二人谈次所得,前已著录,兹不赘。如皋冒广生鹤亭尝汇刻《永嘉诗人祠堂丛刻》,后黄君溯初得其雕版,以颇残破,为修补重刊之,又以薛氏札记益之,系其后,都十四种。敬乡楼黄氏补版,凡两函八册,子目十四种。黄氏补版本《丛刻》刘景晨跋云:"民国四年如皋冒君鹤亭为瓯海关监督,汇永嘉先哲遗著十四种为《永嘉诗人祠堂丛刻》,版藏旧温属图书馆。后数年,瑞安薛君储石为《札记》一卷,亦雕版,附藏馆中。十九年,馆长王君希逸初受事,检所藏版共缺三十叶。是时,余在上海,同里黄君溯初校印《敬乡楼丛书》甫成,闻希逸言,为语溯初,以此版本残佚之故,相对感叹。季冬,余归里,溯初书来,任补刻之费。并寄其所辑《二黄先生集》补遗一卷,属为附刊于是书之后,因告希逸,亟以镂版之事属怀古斋叶君墨卿。议甫定,余又有秣陵之行,而顾君丹夫适归自燕台,乃以校勘之责托与希逸共任之。风雪载途,匆匆就道,倚装书此。喜兹刻之缺而获全,且有所增益也。二十年二月,永嘉刘景晨。"记述详明,足可征信。

杨鸿年 《五十唱酬集》,一册,不分卷,民国二十三年(**1934**)苏州铅印本;《四知堂追庆集》,一册,不分卷。民国铅印本;《四知堂诵芬录》,一册,不分卷,民国十六年(**1927**)丹徒杨氏铅印本;《虎丘唱和集》,一册,不分卷,民国十三年(1924)铅印本。

杨鸿年(1886—?),字寿人,号秋心,江苏丹徒人,迁居吴县。别有《悲秋馆骈文稿》,辑《天平游草》等。

《五十唱酬集》,朱家驹遹叟题签作"五秩唱酬集"。卷首附杨秋心小影一,系沔阳黄友诚允一《题秋心先生玉照》、杨氏《自题小象》七律各一,又附休宁吴瑞汾子鼎、吴县陶钧春年、无为李慎之、吴县顾宝书森卿绘图并题句五叶。有歙县吴承烜东园、歙县吴蕊先绛珠、北平王恒清靖和、潜江朱道彬文卿、麻城祝澍文安、常熟俞炳镛友潘、南昌栗无忌寄沧序各一。秋心五十寿辰(谨按:依旧习为四十九岁)之际,作述怀诗七律四章,友辈竞相唱和,因编是集,供稿者约有百人之多。集尾附录秋心《卅五生辰有感》、《卅六生辰有感》、《卅七生辰有感》。

歙县吴承烜东园序云:"南极老人,隶文昌而共耀;东坡居士,值生日而同绥。溯羊舌大夫,发祥晋室;缅虎符太守,著籍汉京。由是代有明贤,门多通德。蔚故家之乔木,荫世胄之精华。积之厚者,流自光;息之深者,达自童。洪惟我友杨君秋心,岁逢乙亥,寿届五旬。是孔丘学《易》之年,乃高适好诗之会。壶悬于户,开筵已放黄花;鼎食在家,入馔正多紫蟹。志同道合,旧雨一堂;声应气求,客星四座。瑞少微而感应,图大衍而数周。牛斗龙光,马班鸿序,何其盛也,不亦康乎!溯夫五夜青灯,诗书味美;三生白石,翰墨缘悭。弄月吟风,骚客挥毫之日;瞻蒲望杏,小民秉耒之时。未几农科毕业,忽闻殷社成墟;学校执鞭,无奈吴宫为沼。不用卜伏羲之易,时光变鼎革风云;但须赓《小雅》之诗,天保永升恒日月。匆匆廿载,抚尘海之沧桑;莽莽九州,丽江山之文藻。鹤舫邮递,鸠杖家扶。觉阳月之温和,喜乾风之燠暖。焕红梅一色,千重霞绮之文;奏绛树双声,三叠霓裳之序。"

歙县吴蕊先绛珠序云:"出门一笑,岭上梅开;倚幌并看,空中月满。迎来桃叶，王郎之小妇情深；放去杨枝，白氏之老翁识浅。诗编甲乙，一卷传名；字有丙丁，五旬知命。骚人未贵，开东阁而把酒卮；贺客实繁，诵南山而吹雅管。洪惟杨秋心先生，蕊先之父执也，敬恭桑梓，忠信蘋蘩。载厚坤舆，牧卑谦柄。离黄笃实，贲白文明。吴市隐年年，梅氏之妻孥无恙；皋桥栖岁岁，梁家之伉俪有情。高尚志坚，一乡之善；大同量溥，三代之英。余事作诗，名教之中成乐地；闲居为赋，啸歌之际畅性天。惜春开轩，多士知为旧雨；悲秋筑馆，老人识是寿星。悬壶当萧艾之年，击钵催林壬之句。愿附末光，虎皮蒙马；不嫌后学，狗尾续貂。蕊先蒙采荞菲，不遗下体；晋供榛栗，敢竭微忱。上头有崔颢之诗，左手执卫伶之钥。不解风云鼎革，但赓日月升恒。四极腾光，丽宵牛斗；一编耀彩，旷代马班。介寿千秋，张相之篆存金鉴；祝釐五岳，徐公之序补玉台。"

秋心自跋云："余于三十九岁时曾作述怀诗四首，蒙海内诗友和韵者一百七十六首，不和韵者五十首，遂刊《四十唱和集》。余今年四十有九，亦作述怀诗四首，蒙海内诗又和韵者一百九十九首，不和韵者一百三首，附录诗廿五首。不料其中老友已丧二人，一为福鼎林君寿卿，一为吴县黄君颂尧，每诵遗诗，能无生感乎？惟余四十岁后，丧妇丧母，丧儿丧女，与三十岁后相同。故余五十述怀诗，仍用四十述怀诗之韵也。噫！甲戌中秋节，丹徒杨鸿年秋心跋于吴门悲秋馆。"

秋心《五十述怀录呈诸大吟坛正和》凡四首，兹录其一："一刹又逢知命年，平生最恨乞人怜。栖身尚有三间屋，糊口难依十亩田。苏子惟能耕破砚，王郎不忍弃青毡。双亲可叹皆捐馆，五十无闻敢设筵。"

《四知堂追庆集》，闲云山人题签。有吴县张茂炯序、杨鸿年自跋。杨鸿年以先祖妣百龄冥寿及先考芷泉府君七旬冥寿将至，刊启征诗，海内故旧及好事者翕然应之，所积既夥，爰印是集，用图敷播。杨鸿年征诗启有云："先祖妣包太宜人驾返瑶池，已经廿载，先考芷泉府君魂升碧落，亦有十年。回思昔届九旬，竹柏之画图曾绘，岂有今逢百岁台莱之诗句不征乎？……尚乞儒林丈人、瀛洲学士，各挥大笔，共赐佳章。呜呼！北海樽开，聊表此序之诚意；《南山》诗赋，当传他日之令名。"自跋又有云："余阅《留青集》内有曾涤生先生正月八日亡考生辰告文、郑蛰池先生祝淡如百岁阴寿诗，是古人已有追庆之集也。近来如香山梁氏有九十冥寿、南汇朱氏有百龄冥寿诗，是近人亦有追庆之举也。"以是集中诗，殊无佳制，盖既出应酬，自不必绳之以艺。诗不录。但录吴县张茂炯序一篇。

张序云："丹徒杨子秋心以《四知堂追庆集》问序于余曰：今岁丙寅，距先祖妣包太宜人之生百年矣，距先考芷泉府君之生亦七十年矣，不幸皆前殁，今于生日行追庆之礼，征海内能诗者为诗纪之，得若干首，裒为是集，敢请序。余曰：追庆非古也。然《礼》有之曰：事死者如事生。盖孝子慈孙，有不忍死其亲之心，亲虽殁，犹以生人之礼事之，则于其亲之生日，治馔而祭，出馂余以飨宾客，抑亦亡于礼之礼也。或疑之曰：古有吉日祭，而无生日祭。《礼》所云'事死如事生'者，谓忌日之哀也，今转以为生日之庆，无乃非欤？曰：是有说。古之事亲者奉觞上寿，不必其生日也。亲在，生日不称觞，殁而无，生日之祭可也。生日称觞，行之久矣。亲在则称觞；亲殁，即恝然置之，是岂孝子慈孙之所忍乎？故不得已而始为之祭焉。祭而犹不忍，不谓之庆者，为其亲言之也，非子孙之心，诚以为庆也。《礼》不云乎：祭之日，乐与哀半。为子孙者，于其亲之生日举觞称庆，亲死如不死，宜若可乐也。然一思夫吾亲之不可复作，而我徒假生人之礼以徼在天之灵之一来飨也，其能已于哀乎？故余尝见世人有以追庆其

208

亲而铺张扬厉以恣声色之乐者,心窃非之。今杨子于其亲之生日,治觞而祭,祭而征诗,以志不忘皇皇焉,惟表潜德,展孝思,是亟不敢以之为乐,庶乎其中于礼矣。故乐为之序。"

《虎丘唱和集》,附勘误表两页,苏州观西三新印刷所代印。封面:君博题签。扉页:吴县郭祖勋题签,作"虎丘倡和集"。有序二,其一不署名,其二出长洲黄钧,杨鸿年跋一。有吴县黄钧颂尧、吴县张荣培蛰公、吴县陈凤高巢阁、昆山王德森岩士、海宁朱祖恩绶青、武进诸懿德秉彝、杨鸿年题词。集中诗香艳悱恻,哀乐无端,不无龚定庵所谓"之美一人,哀亦过人,乐亦过人"之概;虽诸公才情有以致之,使非虎丘,虽万斛泉涌,无可泄之地,殆又张说所谓"得江山之助"者也。

序云:"文人足迹,多揽胜于烟霞;达士胸襟,半寄情于林壑。是以辋川别墅,摩诘留题;玉山草堂,仲瑛觅句。古之作者,往往借目前之游览,抒笔底之清狂。而况诗咏沧浪,传苏梅之绝唱;书成笠泽,纪皮陆之联吟。此同社杨子秋心《虎丘唱和集》之所由辑也。夫其露珠垂手,运气荡胸,速藻逞其妍辞,杨梅称其善对,以谷阳之佳士,作吴下之寓公。每当选胜之余,爰有遣怀之作。岂不以虎丘山者,海涌留名,金昌作镇。剑池春冷,瞰舞壑之潜蛟;塔影秋高,睇摩空之健鹘。生公台曾听说法,真娘墓独好题诗。品憨师之泉,陆鸿渐能知水味;访清远之涧,沈恭子亦擅诗名。可中庭,明月一方;短簿祠,高峰千古。况复庄名拥翠,憩精舍于灵澜;阁号冷香,写寒梅之疏影。历标胜概,宜畅幽情。秋心则霞襟选丹,月抱盟素。几番陶写,吟成芳草之篇;四远征求,寄到梅花之驿。爰特搜罗众作,荟萃一编,亟付麻沙,属为喤引。然如仆者,胸无墨水,东观鲜窥;面有俗尘,北山徒诮。忝附石湖之集,谬成东野之文。饭颗山头,喜逢杜甫;桄榔庵里,近接东坡。得联苔社主盟,藉答灵岩樵唱。庶几袖中新本,付铅椠以流传;石上精魂,共雪泥而印证。是为序。"

杨跋于此集编行始末叙述甚详,略云:"己未之秋,余与刘君逸云、徐君愚农同上虎丘,远望狮岭,看群峰之胜景,吟一卷之新诗。余未付枣梨,而刘君先归泉壤。死者不能瞑目,生者更觉伤心。壬戌之秋,余与徐君慎侯再上虎丘,亲临鸳冢,吊一抔之香土,作七字之长歌。壬戌之春,余与张君蛰公三上虎丘,遍寻鹤涧,叹仙禽之长逝,使骚人以狂吟。甲子之春,余与张君蛰公、吴君凤池、顾君巍成四上虎丘,遥瞻鹤市,慨美人之去世,约良友以赋诗。期间,余又和费君仲琛、黄君颂尧、范君君博、吴君颂平、金君松岑、陆君雪滩《虎丘》诸诗,共有若干首。不料刘桢方死,吴质又亡。悲二子之难逢,幸五人以犹在。"

录黄钧、张荣培题词各一首。黄钧题词:"收拾繁花付一编,林峦点缀让群贤。荒池经雨剑花涩,古塔当风铃语圆。胜地风光随客领,骚人名字借山传。无端唤起十年梦,短簿祠前记泊船。"张荣培题词:"绿水桥边好放船,新诗尚待枣梨传。钟声每共斜阳落,塔影仍依古月圆。梅雪艳参空里色,松风凉醉浊中贤。他年更蹑灵岩屐,检点游踪付一编。"

兹录金天翮《上元后八日余设宴冷香阁观梅赋诗征咏》四首其一:"垂杨拂水酒生鳞,高阁梅开又一春。矜宠花神凭好事,招邀词客赛良辰。莺啼茂苑催芳序,马踏山塘播曲尘。追溯舒王前度迹,风流掌故百年陈。"

《四知堂诵芬录》,苏州利苏印书社代印。封面为"淡庵,鼎"题签。扉页为"古歙汪邦锺"题签。有歙县汪定执允中序、长洲张荣培蛰公序、昆山王德森序各一,余姚戚牧饭牛跋一。别有高邮杨蔚序一纸,铅印楷体,夹在卷首,审其质地,与原书有异,殆是原书既刊,兹序始获,无从增补,遂别为一纸夹附之,非原书脱落也。戚跋云:"尝闻'莫为之前,虽美勿彰;莫为之后,虽盛勿传',自古圣贤处事势绝续之会,不能无感喟于其间,而况一本之所系,关乎人心风俗之大端者哉!丹徒杨燮堂先生之孝,及包孺人之节,皆足以撑宇宙而光日月,千折百磨,历劫而不变。岂惟丹徒罕觏,即偻指海内,能有几人耶。贤孙鸿年社兄,阐扬先德,广征诗歌,俾览者有所感发,此岂私为一家之言哉。"各序及戚跋而外,卷首又有:《征丹徒杨燮堂先生诗文启》,署吴社同人;《杨燮堂先生家传》,署金山高燮吹万;《杨燮堂先生传书后》,署江宁吴鸣麒麟伯;《杨燮堂先生赞》,署南阳孙霁周公辅。

谨按:杨燮堂,名廷彦,燮堂其字,杨鸿年大父也,卒于咸丰八年。此一册诗,亦与《四知堂追庆集》相类,均出友辈捧场,多应酬之作。欲详考吴社同人名录,此不可废也。诗不录。但录歙县汪定执允中序一篇。

汪序云:"丹徒据金焦长江之胜,山川雄伟,俊秀挺生。有清以来,人才辈出,若张素存相国、王梦楼太守,尤负盛名。信乎地灵而人杰也。执旅苏前后垂三十年,结文字交者,丹徒得三人焉。最初为杨君秋心,继则袁君孝谷、倪君寿川。前年寿川以其尊人粹青先生《方直堂遗诗》属序,而孝谷亦以其先德《苏台先生诗抄》见贻。两先生皆怀才不遇,赍志而殁。又皆有贤子孙为刊遗诗。余方羡其无独有偶,不图今杨君秋心复以令祖燮堂先生家传见示,并汇诸名流题词,颜曰《诵芬录》。执拜而读之,知先生少负清才,每试辄冠其曹。一衿甫青,旋食廪饩。当读书历城时,有婢女挑之,不为动,或邀赴妓席,辄不往。人多以为迂,实则言方行表之古君子也。执尝题杨氏《竹柏双清图》,图为包赵两夫人作,包为先生续配,赵为先生弟妇,拙诗有'冰霜同洁玉同莹'之句,盖纪实也。执既叙之方正两夫人之贞节,又叹秋心之贤而且才,能禀四知之遗训,诵大父之清芬,为晚近所不可多得者也。《易》曰:'食旧德,从上吉也。'吾为杨氏望矣。

211

《诗》曰:'凡周之士,不显亦世.'又不仅为杨氏幸矣。丁卯初冬歙县汪定执允中序于吴门寒碧山庄。"

杨济震 《孤室诗文稿》,不分卷,线装二册,钞本。

杨济震,生卒年不详,字佩玉,号孤室,江苏吴江人。

《孤室诗文稿》,不分卷。竹纸,二册,钞本,半页 8 行,行 22 字。是书诗文皆为编年体。

第一册为文稿,首有自序一篇。录文上起乙卯,下至辛未,共 42 篇,依次为《与宋君进卿订交序》、《消夏录发刊词》、《徐钰斋先生寿序》、《悼陈阜东先生文》、《游天平山看枫叶记》、《宋君进卿新婚祝辞》、《九十天杂志序》、《读吴敏树说钓书后》、《方山子赞》、《无锡友声日刊祝辞》、《琴影杂志序》、《王伯衡先生三十述怀诗序》、《滑稽诗选序》、《拟孙会宗答杨恽书》、《中西格言序》、《香海杂志序》、《民哀说集序》、《小说霸王后序》、《邮声月报序》、《孤室记》、《北野杂志序》、《游岩山栖霞岭漫录》、《尘海义侠传序》、《苏州〈民苏日报〉祝辞》、《天声集序》、《孤室小说稿自序》、《游半淞园记》、《游龙华记》、《观剧记》、《说俭》、《黄梨洲原君书后》、《争名与逃名》、《论近年中国文学之变迁》、《记一农家》、《孤室读书图记》、《平争》、《欧阳修桑怿传书后》、《送友人留学欧洲序》、《四部源流述略》、《我于国文学所经历之甘苦》、《同学录序》、《追悼金彬台先生启》。其《苏州〈民苏日报〉祝辞》云:"卓哉日报,名震三吴。发聋振聩,大声疾呼。文章班马,直笔董狐。民愚斯智,民困斯苏。南针聿指,报界楷模。庶几竞进,吾道不孤。"其《观剧记》除论述戏剧之作用外,还描述梅兰芳在上海演出《霸王别姬》一剧之精彩场景云:"癸亥冬,余客沪上,梅伶适在共舞台献艺。某日,演其杰作《霸王别姬》,余亟驱车往观焉。则见周伶瑞安饰霸王,英气勃勃,无懈可击。饰虞姬者即梅伶,衣古美人装,长裙委地,姗姗来迟。吐字则圆珠走盘,炼音则精金跃冶。法曲乍闻,非同凡响。及至项王被围,夜饮帐中,虞姬持双剑且歌且舞,歌声清脆,舞影参差,翩若惊鸿,不足为喻。迨夫别离之际,声益凄楚,貌益惨淡,此景此情,不忍逼视。噫!技而至此,进乎道矣。"

第二册为诗稿,首有自序一篇。录诗上自丁巳,下至丙寅。共 161 题,诗 252 首。末附词稿一卷,录词 14 阕。

《酬陈屋厂洪涛见赠原韵》:"暖硪彤云雪影摇,送君大浦(八测有大浦桥故云)黯魂销。颁来诗札钟情甚,愁比江心起暮潮。"《海上捕探林立,而盗匪身怀利器,横行不法,其利器来源皆由某国浪人所输入》:"人间地狱黑沉沉,鸦片由来中毒深。更有疮痍留体上,满身都是吗啡针。"

《怀人诗》十五首,其怀柳亚子云:"诗词争说柳河东,尘世浮名未足雄。一自分湖归隐后,征文考献有殊功。"怀王钝根云:"名流自古出名门,家学青箱有钝根。沪渎识荆如故旧,殷勤笑语洽春温。"怀徐钰斋云:"满地江湖一老翁,吟怀不减少年雄。杜门简出诗盈箧,千古名山养望崇。"此外,另有怀徐州徐石禅、南通张樾侯、北京程云鹤、泰县陈亚昆、湘潭宋进卿、常熟郑北野、太仓唐忍庵、太仓王伯衡、宝山瞿爱棠、莘溪凌溪子、苏州李楚石、苏州宝文侠、珠溪陈范我等。

姚鹓雏 《苍雪词》,三卷,1965 年油印本。

姚鹓雏(1892—1954),原名锡钧,字雄伯,笔名龙公。松江县人,家住西门外祭江亭西。在京师大学堂学习,师事林纾(琴南),为文婉约风华。又善诗词,与同学林庚白齐名,曾刊有《太学二子集》。为南社"四才子"之一。曾与陈匪石组织"七襄社",编《七襄》刊物;与高吹万、姚石子等发起创建"国学商兑会”，参加编辑《国学丛选》。著有《榆眉室文存》(5卷)、《鹓雏杂著》、《止观室诗话》、《桐花萝月馆随笔》、《檐曝余闻录》、《大乘起信论参注》、《春奁艳影》、《燕蹴筝弦录》、《沈家园传奇》、《鸿雪影》、《龙套人语》(即《江左十年目睹记》)、《恬养簃诗》(5卷)、《苍雪词》(3卷)等。又与邑人朱鸳雏合著《二雏余墨》行世。

封面无题签。扉页无名氏双钩空墨题签：苍雪词。次永嘉夏承焘题词，《定风波·里词奉题鹓雏先生苍雪词卷》：“归梦春山笋蕨肥，华亭一鹤尚孤飞。攀槛排阊都草草，堪笑，湖船来琢暗香词。　　温李堪供驱使否？摇首。平生坡谷有深期，绿鬓红箫我无分，何恨，一枝霜竹伴君吹。”

正文，共三卷。各卷间见汪东、夏承焘等人和作。

卷一，41题56阕。有《青玉案·和尹默饮茅台酒》云：“一廛送老知何地，漫料理收身计，忍泪看天还岁岁。子真谷口，君平西蜀，商略沉冥意。　　花前且倚寻常醉，酒祓花消定谁会，入手郫筒思旧味。白沙清渚，粉红如练，春软游丝委。”

卷二，54题55阕。此卷有《近偶发兴，拟辑清道咸以来诗为九家诗选，兹于所选诸家各系小词，聊抒咏叹云尔》组词，然缺其一，计有《减兰·郑子尹》、《摊破浣溪沙·江弢叔》、《临江仙·李莼客》、《西江月·王壬秋》、《点绛唇·袁爽秋》、《琴调相思引·沈寐叟》、《浪淘沙·范肯堂》、《清商怨·陈散原》八阕。其于范肯堂云：“书势入诗论，瘦硬通神。借人设喻语能新。玉屑金泥俱作病，秋水无尘。　　三士最交亲，张肆朱醇。海门潮起月如银，凄绝残宵寒彻骨，倚杖看云。（伯子晚年病甚，作《中秋对月》诗，语特悲悴，未几谢世。）”

卷三，44题65阕。此卷中有《望江南·分咏近代词家十二首》，又有续咏六首及再续二首，合计二十人。分别为：朱彊村、沈逎翁、庞檗子、吴瞿安、乔大壮、冒鹤亭、马湛翁、沈尹默、汪旭初、陈倦鹤、夏瞿禅、陈彦通、沈寐叟、王静安、金钱孙、吴眉孙、王莼农、沈祖棻、赵尧生、章行严。其于沈尹默云："秋明老，点笔发春妍。侧帽红楼微醉后，拖笻芳草短篱前，花气淡于烟。"于汪旭初则云："男儿事，西北有神州。蜡泪蚕丝消费尽，不辞垂老近辛刘，无地住温柔。"

卷一首篇《望江南》前，有小序云："余不谙倚声，昔年朱彊村先生间语及之，而苦其律度。先生曰：'词之功，不徒事此也。'先生以严治声律宗主坛坫，顾其言如此。盖审乎初学畏难，将望而却步，用诱而进之，匪独善易者不言易而已。顷避寇兵，转徙辰沉，提携弱小，经涉冬春，蒲酒榴花，又过令节。瞻念乡园，贼烽犹炽，伤时感事，辄托小词。文随情生，音无繁缛，等之《竹枝》、《杨柳》，信口可歌，固非嚼徵含商、窈渺刻深之比也。"

书末有姚氏女儿明华、玉华跋语："先君早岁耽词，多《金荃》《兰畹》之作，后乃一意为诗，以绮语为不足存，漫不收拾。抗战期间，流移黔蜀，复稍稍为词，而境界格度异矣。此《苍雪词》三卷，先君手自写定，皆戊寅后作也。剞劂维艰，姑以油印数十本奉乡里故旧，亦以免于散亡。早年词刊于南社诸集及尔时杂志者，不下五六十阕，未为附益，遵先志也。汪旭初丈尝为撰序，录于别纸，遽尔亡失。汪丈故后，欲从其家乞稿，则云无有，遂不克登，疚恨实深。先君诗有《搬姜集》、《西南行卷》、《山雨集》、《梅边集》、《谏院集》、《老学集》，总曰《恬养簃诗》，都一千四百余首，亦有写本，藏于家，欲付缮印，力未逮也。一九六五年九月二十日。"

卷末，有《姚鹓雏先生传略》，谓有《恬养簃诗》五卷。

叶楚伧　《世徽堂诗稿》，一册，民国三十五年（1946）上海正中书局纸本排印本。

　　叶楚伧（1887—1946），原名宗源，字卓书，以笔名楚伧行世，别署小凤、叶叶、湘君、龙公等。江苏省昆山县周庄镇人。光绪三十年（1904）考入苏州高等学堂，民国成立后，担任上海《民国日报》主编，1905 年加入中华革命党。1923 年后投身于政界，历任国民党中央执行委员、西山会议派国民党中央常务委员、江苏省政府主席、立法院副院长、国民党中央宣传部部长及秘书长等职。1946 年 2 月 15 日病逝于上海。著有《世徽堂诗稿》、《楚伧文存》以及小说《古戍寒笳记》、《金闾之三月记》等作品。

　　《世徽堂诗稿》，吴敬恒题款，前有吴敬恒作序，后有叶溯中跋。

　　吴敬恒《世徽楼诗稿》序云："楚伧先生去年十月间，以所著《世徽楼诗稿》，嘱唐湛声先生整理。曾亲加指示，录成四卷。计古近体二十首，五绝四首，五律三十一首，七绝一百零八首，七律一百零三首。自民国初年，以迄最近，所著诗篇，多数均已录入，交正中书局印行。当稿杀青之时，正值叶先生奉命飞沪宣慰，曾允回渝后补撰自序，不幸赴沪后即卧病不起。现在诗稿排竣，正中方面嘱敬恒撰一简短序文，且作篆署端。叶先生诗文，此处彼处，出版者甚夥，皆传诵海内。此四卷者，集其三十年来最精卓之作，以饷吾人。若假其馀年，得臻上寿，必且有十百倍于此者，沾溉艺林矣。竟止于此，甚为黯然。然不必尽举其著作，共认为一代词宗，即此区区四卷，亦足以窥河岳之渊崇。吾不敢撰序，为篆卷端，又简述如此。"

　　录其雄健者，《梦吴江行》："君王不向鼎湖去，马革何处非疆场。朝以太庙负矢出，暮挟胡俘北门入。"《金陵杂咏》："万旌旗拥汉家营，莽荡中原未太平。终是六朝金粉地，南城箫鼓北城兵。"

《北伐出师》:"雾花如掌马如飞,不斩胡奴誓不归。万里征途从此始,百年往事悔全非。横腰秋水寒刁斗,痛饮黄龙解铁衣。我亦书生衣短后,诸君休与壮心违。"《满江红·金陵》:"百里芜城,汉旌旗临风而举。论地势凭依天堑,不如荆楚。西去干戈投皖鄂,北方藩蔽衔江浦。笑龙蟠虎踞拾人余,此孤注。　残照掩,钟山树。金碧劫,故宫路。吊翩翩帝子,词章误汝。六代繁华消粉黛,五陵王气今褴褛。剩两三瓦舍煮荒烟,开平府。"

易大厂　《大厂词稿》,一册,民国二十四年(1935)商务印书馆版。

易大厂(1874—1941),原名廷熹、改名儒,号季复、孺斋、大厂、韦斋、民主老头等。广东鹤山人。广雅书院从朱一新、廖廷相、张廷秋等研习朴学。后之沪,入震旦书院,继复留学日本师范,为陈兰甫嫡传弟子。历任暨南大学、国立音乐院等教授,印铸局技师等。大厂精研书画、篆刻、碑版音韵、文字源流、乐理等,生平自诩:词第一,印次之,音韵又次之。诗文下笔即成,从不起稿。著述宏丰。早岁印作无不严谨精细,出规入矩,功夫尚在李尹桑、邓尔雅之上,晚年则一改平和印风,"以汉将军印之刀法,造封泥瓦当之意象。"(朱京生语),著有《集宋词帖》、《双清池馆集》、《大厂词稿》、《大厂画集》、《韦斋曲谱》、《识字字典》等。

封面题签:大厂词稿,絜庐。扉页题签:乙亥夏五,大厂词稿。有序,一为九江吕传元序,次为自述,较长不录。

该书共收词集九部:《依柳词》、《欹眠词》、《双清词馆词》、《宜雅斋词》、《湖舠词》、《花邻词》、《绝影楼词》、《简宦词》、《湖梦词》,共78首。

《依柳词》题有"乙亥花朝雪斋自书",收词《安公子》、《卜算子慢》、《早梅芳》、《雪梅香》、《长寿乐》、《受恩深》等共8首。有《卜算子慢》上阕云:"风花又靡,烟柳正丝,努力腻蓝滋翠。晓角消沉,更料厉边兵气。妥归装,淡泊寒年里。戏剪采,欢迎在挹。朝娱暮玩继。"又如《玉楼春》上阕云:"灵台耿耿涵清曜,无欲虚明观厥窍,任他万物错纷纶,自秉容光应必照。"

《欱眠词》题有"乙亥四月雪耘写完",收《江南好》、《玉京谣》、《霜叶飞》等共5首。如《红林檎近·白门依片玉寄榆生》词上阕云:"山阙添新气,古江生嫩寒。雾里横归鸟,戏头听琅玕。谁管泥深路黑,传忆晚娩摧残。胜思碧牵翻。西湖皱愁澜。"

《双清词馆词》收《探芳新》、《遇涧歇近》、《双清》等共11首。前有自序,较长不录。如《荷华媚》上阕云:"弓弯雨为洗。风裳好,初见妆成西子。西泠桥外影,微波闲卧,又阑红盖翠。"

《宜雅斋词》题有:"乙亥四月传元写",收《丁香结》、《高山流水》、《西河》、《霜花腴》等共6首。是集前有识:"祖居西城十二甫,吴荷屋中丞为先祖香生公手书'宜雅斋',今幸存孺处。然已辗转数度,购求而归。惜半生尚无一椽以张之,负先德矣。故昔有一时所为词寄名于是,律舛辞谬者众,兹汰过半,姑写定焉。"词如《高山流水》上阕云:"绛云不识转商讴。宛闲怀,初负清秋。霜下耐寒枝,酸风更莫登楼。伊人正,喘弱弹柔。低徊在,芳句犹依败壁。浣日悠悠,有残英易碎,密密替烟愁。"

《湖舠词》作于己巳,录存《探芳新》、《玉楼春》、《杏花天》、《扫花游》等共8首。有《杏花天》云:"峭寒曾似冬前历。只多了,湖堤柳色。褪花小雨溟蒙飐,何况浓烟淡碧。　词笺在,香尘润积。记曾共围钲醉夕。此情莫恨成追忆,留住春愁未得。"又如《玉楼春》云:"明湖碧蘸酣春晓。吐与晶瑛龙袅袅。互联千叠粉双清,细结重台香并好。　绀云起缕舒难了,玉树

218

攒头三蕾抱。狮峰应笑得新芽,谁似摩尼圆慧照。"

《花邻词》,题有"乙亥夏五季湖书竟",收《杏花天影》、《忆旧游》、《扑蝴蝶》、《风入松》等共 7 首。如《少年游·十一月十六日题画山水赠蔼士》词云:"平生疏纵有心期,画笔石涛师。狂拟飞云,淡同止水,无计似军持。"又如《忆旧游·绝唱予以戊辰九月来杭,首作交芦秋雪二庵之游,亟和一首,律依清真》词云:"为凉摇警梦,净浣词缘,来剪溪花。嫩日知人意,放晴空漾出,露老苍葭。病边细说游债,酸苦得霜华。又振策收谣,推篷载语,两岸人家。 无涯,便转向,有故草深中,遥问前沙。渺渺维荒渡,拜苍凉祠庙,先听啼鸦。旧图况已惊见,题尾识裴遐。念远白江亭,匆匆画日都易斜。"

《绝影楼词》,题有"乙亥重午运彰写讫",收《声声慢》、《霜叶飞》、《拜星月慢》、《六幺令》等共 10 首。《六幺令·庚申重阳析津,携属登河北公园小山》词云:"嫩阴扶午,棉线添澄燠。清沽照云同绕,燕子低如沐。又见园亭俏道,转折行都,寒香犹逐。呼钱急买,深碧轻黄趁时菊。 残阳楼外渐没,瑟瑟难穷目。溪畔似鬓焚芦,怒出参差玉。闲恨霜皮老柳,任过总军曲。枯荣休卜。茱萸无恙,共取平安对花嘱。"

《简宧词》,题有:"乙亥浴佛传元书",收《菩萨蛮》、《思佳客》、《婆罗门引》、《探芳信》、《秋蕊香》等词共 17 首。集前有"壬子至丙辰五年间,来燕沪二市,浣尘不去,写韵多思,虽湖上偶居,白门寻旧,无所惬也"。词《探芳信》上阕云:"念伊病。要病和愁医,愁深人醒。自雨梅烟润,温麝瘁春暝。篁纹冰椀抛清昼,倦日如年永。误芳期,化絮光阴,咒花情性。"

《湖梦词》,题有"乙亥夏五孺自写",收《点绛唇》、《西平乐慢》、《鹊桥仙》、《浣溪沙》等共 6 首。如《鹊桥仙》云:"昏烟又是,酸风又是,添了一丝丝雨。萍花明丽也丛丛,总浮向,红阑多处。　　猖狂莫便,飘零莫便,省识倚阑心苦。待裁湖渌殿芳尊,尽付与,灵和歌舞。"

于右任　《右任诗存》,平装一册,民国十九年(**1930**)上海世界书局版;《右任诗存初集》,一册,六卷,民国三十七年(**1948**)上海大东书局版。

于右任(1879—1964),原名伯循,字右任,笔名骚心、大风、剥果、神州旧主、髯翁、晚年自号太平老人。陕西三原人,祖籍泾阳。中华民国开国元勋之一。光绪二十一年(1895)秀才。三十二年,赴日,入中国同盟会。民国后任监察院长达34年。著名书法家。著作《右任诗存》、《右任文存》、《右任墨存》、《标准草书》等。

《右任诗存》,前有柳亚子题词六首。内有不同时期摄像10幅,尾页有三原民治小学校同学跋:"于先生所为诗,未自留稿,兹仅就流传收拾之所得,次为此编。又徇诸青年读者意,以横式排印,版税所入,便以补助本校费用。于先生为本校创始者,当不见诧为稗版长物也。编校既竣,附记于此。三原民治小学校同学谨记。"

《右任诗存初集》,线装,红字印刷,书名页题"右任诗存";封面书签题"三原于右任诗集"。朱墨印刷二百部。

《右任诗存》,收1930年以前约三十年作品,柳亚子以"卅年家国兴亡恨,付与先生一卷诗"两句论定其时代内容和"诗史"价值。于氏诗歌创作,最有价值、最能体现其创新精神者,则主要在辛亥革命(1911)以前十来年,此后如《杂感》第一首和第三首:"柳下爱祖国,仲连耻帝秦。子房报国难,椎秦气无伦。报仇侠儿志,报国烈士身。寰宇独立史,读之泪盈巾。逝者如斯夫,哀此亡国民!""伟哉汤至武,革命协天人。夷齐两饿鬼,名理认不真。只怨干戈起,不思涂炭臻。心中有商纣,目中无商民。叩马复絮絮,非孝亦非仁。纵云暴易暴,厥暴实不伦。仗义讨民贼,何愤尔力伸!吁嗟莽男子,命尽歌无因。耗尽首阳草,顽山惨不春。"再如《从军乐》:"中华之魂死不死,中华之危竟至此!同胞同胞为奴何如为国殇,碧血斓斑照青史。从军乐兮从军乐,生不当兵非男子。男子堕地志四方,破坏何妨再整理。君不见白人经营中国策愈奇,前畏黄人为祸今俯视。侮国实系侮我民,伈伈俔俔胡为尔?吾人当自造前程,依赖朝廷时难俟,何况列强帝国主义相逼来,风潮汹恶廿世纪。大呼四万万六千万同胞,伐鼓挝金齐奋起!"则多慷慨之气,实开"南社"之先河。

1926年往返苏联时期诗编在一起,题为《变风集》,其意正在于突出其创新精神。如《舟人黄海作歌》:"黄流打枕终日吼,起向佗楼看星斗。一发中原乱如何,再造可能得八九?神京陷后余亦迁,奔驰不用卖文钱。革命军中一战士,苍髯如戟似少年。呜呼苍髯如戟一战士,何日完成革命史!大呼万岁定中华,全世界被压迫之人民同日起!"篇无定句,句无定字,形式比较自由。全篇多用于七字以上长句,大气盘旋,热情喷涌,以"大呼"结尾,尤足以发聋振聩。再如《东朝鲜湾歌》:"晨兴久读《资本论》,掩卷心神俱委顿。忽报舟入朝鲜湾,太白压海如衔恨。山难移分海难填,行人过此哀朝鲜。遗民莫话安重根,伊藤铜像更巍然。吾闻今岁前皇死,人民野哭数十里。又闻往岁独立军,徒手奋斗存血史,世界劳民十万万,阶级相联参义战。何日推翻金纺锤,一时俱脱铁锁链?噫吁嘻!太白之上云飞扬,太白之下人凄怆,太白以北弱小民族齐解放,太白以南以东以西被压迫者如怨如慕如泣如诉复如狂。山苍苍兮海茫茫,盟山誓海兮强复强。歌声海浪相酬答,天地为之久低昂。舟人惊怪胡为此,此髯歌声犹不止。万里转折赴疆场,我本国民革命军中一战士。"诗如大江暴涨,一往无前,浑瀯流转、气象万千。真有"大声吹地转,高浪蹴天浮"气概。

于氏擅长七律,沉雄悲壮,感慨苍凉,反映时局危殆、人民苦难和作者苦斗,具有"诗史"价值。技巧之精湛,风格之老健,炼字、锤句、谋篇之完美,令人倾倒。如《江舟有感》:"孤客西来风又起,大江东去月常明。曾经武汉伤心地,时听鱼龙弄水声。逝者如斯行载酒,埋愁何处妄谭兵。小姑嫁后归宁未,陌上花开忆旧盟。"《基隆道中》:"云兴沧海雨凄凄,港口阴晴更不齐。百世流传三尺剑,万家辛苦一张犁。鸡鸣故国天将小,春到穷檐路不迷。宿愿尤存寻好句,希夷大笑石桥西。"

余其锵 《寄心琐语》,一卷,民国初铅印本。

余其锵(1885—1960),字秋槎,号十眉,世居浙江嘉善西塘镇。1923年与柳亚子等成立新南社,任书记处书记。著有《寄心琐语》、《壬戌诗选》、《楚辞新论》、《神伤集》等。

封面题签:寄心琐语,刘三。钤印:刘三。扉页题签:寄心琐语,钝根署检。钤印:屯上艮。

次,柳弃疾序文一篇,云:"昔贤竞称五伦,自共和肇建,君臣之桎梏已摧陷而廓清之。虽有神奸巨慝盗窃名义,终不为当世所容,则伦且降而为四。彼父子兄弟关于天性者靡论矣,若朋友夫妇之间,盖有难言者。夫朋友以义合,义乖则交绝。夫妇以爱合,爱疏而耦怨。苟非至情至性,孰能恒久不易,而况乎死生契阔之后,梦感巨卿,神伤苟情哉?吾今乃得之魏塘余十眉。十眉与余论交数载,稔其笃于朋友之谊,顾犹未知其门内事也。去冬遭淑娟胡夫人之丧,十眉哭之恸,逾时而哀感弥甚。既集龚自珍句成《悼亡诗》二十绝,遍征海内人士为传志哀挽之作,冀垂诸不朽。复撰《寄心琐语》一卷，状其生平，索序于余。余读而悲之。按夫人与十眉少同里闬，及壮缔姻，未嫁而十眉适遭危疾，夫人忧之，至于僵卧不食者累日。盖已生死誓之矣。既归十眉，恂恂燕好，十余年无间言。性耽书史，能为诗歌，闺房之间，更唱迭和，文采斐然。尤嗜雅游，尝偕十眉泛舟南湖，登烟雨楼，朗吟竹垞棹歌，鬓影波光，逸情云上，见者惊为神仙中人，不数金瘦吟虎山故事也。每语十眉，他日结茅偕隐，当在西子湖滨鹿车鸿庑徜徉终老足矣。斯盖仲姬、卿子之流，澹志清才，旷世一遇，乃所愿未偿，盛年夭逝，岂不惜哉！夫以夫人之贤，固宜十眉之恋恋，然非十眉之呕心和泪成此一编，又孰能为夫人发潜德之幽光者？斯则十眉之笃于用爱，所由为不可及也。抑自世衰俗漓，夫妇道苦。《绿衣》黄裳之咏，《谷风》阴雨之意，文君致慨于白头，苏蕙腐心于锦字，滔滔者天下皆是，又安得使世之为人夫者，人人善葆其爱，以十眉为楷范哉？昔孙子荆悼亡有作，王武子谓读之使人增伉俪之重。吾于十眉此编亦云。中华民国五年秋八月，松陵柳弃疾叙。"

次，柳弃疾《胡女士传文》一篇。次，柳弃疾《胡女士别传》一篇。次，王德钟所撰墓碣一篇。次，胡淑娟像一幅。

胡淑娟乃余其锵之妻，二人新婚，伉俪恩爱，奈红颜薄命，早先溘去。余其锵感念追昔而成此帙。是为分条记录胡淑娟生前之事，盖效冒襄《影梅庵忆语》、沈复《浮生六记》也。共有条目29条。录二条以窥一豹："娟君处事具长才，内外家政均由其一人主持。十年来予别乡里，奔走四方，略无内顾忧，君之力也。予雅好词章，匆能持门户，常就君请治家之法。君必曰：'此妇责也。君子所志千秋自许，岂亦效求田问舍儿耶？'""余尝和嘉禾钱仲英《伤逝词》二十首，娟君诵一过，呜咽欲泣曰：'望庐思人之痛，在他人言之，犹堪肠断。矧鲽鹣之戚，寝息难忘，畴谓庄缶可击哉?'吁!娟君之言是也,而予今何如乎?"

末有王德钟跋语一则,云:"右《寄心琐语》一帙,魏塘余君追记其夫人胡淑娟生平。字里花愁,行间蝶叹,极哀艳之致已。自巢民为《影梅庵忆语》,后世悼亡有作,辄援其例,而工者至鲜。以予所见,陈小云《香畹楼忆语》、沈三白《闺房记乐》以外,等诸桧下而已。杂记之文易就而难工,言简意赅,词短韵长,夫庸可以信笔得者?矧闺阁间事,艳不伤浮,逸不病佻,不尤难乎?《香畹楼忆语》惊才绝艳,而微欠神韵;《闺房记乐》笔曲而达,能言人所不能言,而时累佻巧。是帙秾丽不待言,玉烟珠泪,能于疏宕中见情致者,虽才气略逊水绘,要亦艺苑之精品也。丙辰二月,过君探珠吟舍,以是帙见示,小坐落梅窗,重剔笺诗灯,杏雨宵寒,风檐译语。罗袜音尘,恍在想象指顾之间。掩卷谓君曰:'凄清此夕,庶许读《寄心琐语》也乎?'君逌尔而颔之。顷者属为一言,柳子已叙其指意,予遂据文辞为论,君意云何?戊午孟春,青浦王德钟。"

郁华　《静远堂诗画集》,不分卷。民国铅印本。

郁华(1884—1939),字曼陀,又字庆云,小名莲生,浙江富阳市富阳镇满洲弄(今达夫弄)人。1905年考取浙江省首批官费留学日本,先后毕业于早稻田大学师范科,法政大学法科,获法学士学位。1910年学成回国,在北京外交部工作,1912年考取法官,任京师高等审判厅推事,兼司法储才馆及朝阳大学刑法教授。1929年调任大理院东北分院推事,司法部科长,最高法院东北分院刑庭庭长。1932年至上海,任江苏省高等法院第二分院刑庭庭长,兼任东吴大学、法政大学教授。1939年11月23日上午,遭到预先埋伏在寓所附近日伪特务暗杀。著有《静远堂诗画集》、《郁曼陀陈碧岑诗钞》及法学著作《刑法总则》、《判例》等。

《静远堂诗画集》，白纸，线装一册，后附郁华山水画八幅及遗墨。民国铅印本。半页 10 行，行 21 字。封面为于右任题签。扉页分别为张燕昌、许世英题写书名。首有民国二十九年柳亚子序，次为郁华小像，蒋伯潜撰《郁曼陀先生传》，末为秋原跋《东京杂事诗》。

是书为编年体，上起乙巳，下至己卯，共 157 题，诗 248 首。

《将去日本，别同曹陈礼庭经、蔡谷清元康、谭问羹鼎》："举世皆偷敝，而君血性真。他乡一为别，不复见斯人。好恶无馀诺，恩仇集一身。白榆天上种，历历见星辰。"《宴集春江第一楼酬许重平》："轻帆如叶扑颓廊，老树悬根石压墙。散市春尘喧晚渡，借人山榭看斜阳。罢归莫乞祠官俸，恼乱还怜刺史肠。暂与遮留陪禊饮，那堪迁谪向他乡。"《送王乙之随使巴西》："挥手能为万里行，巴西草绿话邮程。抟风敢息南溟翼，释地初知北户名。岂不怀归因远道，最难排遣是离情。卜邻珍重严滩约，好结闲鸥世外盟。"《小丁香馆席上留别同学诸子》："芳江涉朱夏，花溆闻轻雷。撤盖倦征役，濡腕成深痗。晨息若木阴，暮登昭王台。驰驱畏简书，良朋亦孔怀。出祖在东室，明星烂犠杯。日夕难久淹，海山生碧埃。"

另有作者留学时，作有《东京杂事诗》七十三首，专记日本东京风土民俗，殿于诗集之末。秋原跋云："《东京杂事诗》七十三首，曼陀先生留学日本时所作，成于光绪三十一年乙巳、宣统二年庚戌之间。曾先后在《民吁报》及《南社丛刊》中刊布。清艳绮丽，一时称绝。惟《南社丛刊》仅载《东京杂事诗》四十七首，《民吁报》所发表者亦复不全，兹依先生手写本所录全帙，附刊于此。"

曾兰 **《定生慧室遗稿》,二卷,民国八年(1919)刻本。**

曾兰(1875—1917),字仲殊,号香祖、香翁,生于成都。清末民初女诗人、书法家、政论家与小说家,四川第一张妇女报纸《女界报》主笔。有短篇小说《孽缘》等。

《定生慧室遗稿》,竹纸,线装一册,上、下二卷。扉页有名"天宇"者题写书名。

卷上收文三篇,皆为提倡妇女权益者。其一《女界缘起》,曾载于上海出版《妇女杂志》第一卷第十一号;其二《书女权平议》,曾载上海出版《新青年杂志》第三卷第四号;其三《女权平议复唐氏》,曾载成都出版《戊午周报》第九号至第十二号。

下卷收《女子教育论》、《今语有益于教育论》、《附社会党人女权宣言书》三文;小说《孽缘》,见上海出版《小说月报》第六卷第十号,小说后附《小说月报》编辑主任恽树珏寄曾兰书信一封。

张昭汉 **《白华草堂诗》,六卷、《玉尺楼诗》,一卷,民国二十三年(1934)白下刻朱印本。**

张昭汉(1883—1965),字默君,号涵秋,西名沙菲亚,著名民国女诗人、书法家,湖南湘乡县人。1905年前后,先后肄业于上海务本女子学校及上海圣约翰女子书院文科。1906年加入同盟会。1912年,创办《神州女报》。1918年,赴美考察教育,1919年又环游欧洲诸国,著有《欧美教育考察录》。1920年,回国继任神州女学校长。1927年辞去校长之职,主持《神州日报》,并主编《上海日报》每周妇女专刊。1965年逝世。著有《中国政治与民主哲学》、《宪政评论》、《白华草堂诗集》、《正气呼天集》、《江树白云山馆词集》等。又兼擅书法,作狂草苍劲浑厚,颇具男子之风。

《白华草堂诗》扉页题签:白华草堂诗　曾熙题;钤印:曾熙之印。次,版记"甲戌仲冬刊于白下"。

次,陈三立序,云:"余养疴匡庐,故人张伯纯郎中女公子默君于去岁谊暑来游,出所为诗乞序,许之而未暇以为。其冬北来,道金陵,默君复以为请。及抵故都,又以书责逋诺,何其不弃衰钝,情志殷笃至是也!伯纯素负经世志,为文章倚几立就,诗亦如之。其夫人何及夫人兄璞元并工诗。伯纯诗才气纵横逸宕,若不可羁靮。璞元兄妹则规模六朝初唐,纷披古藻,雅丽铿锵,互为唱酬,各挟其体相高,侪辈称诗者颇莫能轩轾也。余始识伯纯长沙,年才弱冠耳。及同居金陵,两家子女又相续为交游。默君在室即相见,明慧可喜。其后长学校、御国政,咸为世推重,不意复踵起为诗人也。归于邵,夫婿亦长文学,能诗。而默君诗尤有名,风格类其母夫人与舅氏,而兼负其父驰骋之才。盖伯纯夫妇与璞元当日所挟以相高者,默君实奄有之,可谓奇女子矣。璞元馆余家,授衡儿读,历数年,所雅故不减伯纯。乃璞元前卒,伯纯继逝,衡儿亦早死,独留此乱离忧患癃老善病之身,保余喘,操笔序默君之诗,其幸耶? 其不幸耶? 甲戌中夏,八十二老人陈三立序。"

次,陈衍序。次,伍非百序。次,邵元冲序。次,白华草堂诗目录:五古 17 题,七古 11 题,五律 22 题,七律 35 题,五绝 12 题,七绝 55 题。

五古一卷,录诗 17 题 20 首。有诗如《登庐山用晋释慧远韵》、《辛丑金陵秋夜梦大姊却寄湘中》等诗。《丁卯春孟送冀如之武林》诗云:"送子淞水滨,春寒仍如剪。离忧深复深,渺矣碧波浅。海气腾风云,鱼龙任曼衍。我生逢百罹,奇抱郁难展。感物怆所怀,微吟万花泫。多难斯兴邦,匡济互黾勉。回天同苦心,大雅肃章典。记取临别言,味乃胜灵莽。此去凛水渊,顺时葆清善。"七古一卷,录诗 11 题 11 首。有《欧战后大西洋放歌次冀如均》、《江行偕鸿璧》、《辛未雪后寒甚次展堂均》等诗。《九日清凉山扫叶楼用龚半千诗分韵代拈得仙字》云:"秋光独到江南先,三山二水浮青天。商飙猎猎荒城边,黄华怒发重阳前。清波红树相新鲜,春魂奚似秋魂嫣。唤起秋魂石头颠,我欲携之游太玄。云松深处听鸣泉,冷冷天韵非管弦。乱峰霜叶飞苍烟,悠然梦遍山娟娟。中有幽人龚半千,诗情画意参枯禅。翠微亭外横长川,坐看日月相熬煎。徜徉扫叶寒暑迁,宁知首阳孤愤悬。逍遥一遍三百年,空携危涕哦陈编。咨我何由尘羁躏,劳生凛凛临水渊。甄才京洛纷周旋,嘉辰高会缘胡悭。万方多难思悄然,在莒之辱犹未湔。四民疾疢俦为痊,河山如此悲留连。题糕惭愧传吟笺,行吾淡泊聊自全。嚼然心月同孤圆,营魄抱一安用求神仙。"

五律一卷,录诗 22 题 28 首。有《己未秋纽约盼鸿璧书不至》、《秋夜次社英韵》等诗。《南社春孟集徐园》诗云:"雨后气清穆,花光正好时。晴云天外合,绿意满园滋。群彦飞豪兴,文情郁古悲。茫茫家国恨,拚作醉吟诗。"《辛未春莫,焦山枕江阁听雨,次楚伧波韵》云:"一叶剪江过,江花照梦多。烽烟怜莽荡,岁月任婆娑。豪思飞寥廓,幽情荡逝波。萱闱诗格健,好句压阴何。"

七律一卷,录诗 35 题 52 首。有《己未巴黎和会时于诸专使席间次均偶成》、《辛未都门冬雷春雪次大厂用广陵均》、《北湖含桃正熟次月庵均》《夏日登瑞士少艾峰》、《红海中秋后一夕望月》等诗。《次均寄屯艮辟乱山中》云:"浊世全真成小隐,环中一卧忽三年。生多智慧原非福,心得清闲便是仙。争艳怜才人似玉,谁知诛佞笔如椽。扶轮国学希同社,载道诗文几辈贤。"

《壬申国难后次均送纕蘅之匡庐访散原翁》诗云："水国春余窈窕哀，丹心寸裂未成灰。神如万壑泉流静，梦逐双枋雪影来。忍抚风云伤倦旅，偏教湖海霸诗才。知君此去寻幽隐，五老相逢一举杯。"

五绝一卷，录诗 12 题 25 首。有《韬光同冀如作》、《为子超翁题上官竹庄画》、《渡大西洋口号》等诗。《秋江晚眺怀父大人》诗云："雁阵横霜影，江天欲暮烟。孤帆破秋暝，疑是远归船。"

七绝一卷，录诗 55 题 155 首。有《丁巳春邓尉探梅》、《己未春美利坚冒雪视学至麻省蒙特荷约克及斯密司两女子大学》、《题公展一院梧桐生嫩凉画幅》、《次社英春日偶成均》等诗。《戊午春被命之欧美考察教育渡太平洋赴美同舟有严范孙范静生诸老计十八人次范老均》（二首）诗云："俯仰苍茫万感陈，天风紫浪寄吟身。浮槎二九神仙侣，半是卧薪尝胆人。""曼舞清歌任杂陈，吾曹自有道相亲。横流今已弥天下，忍作神州袖手人。"《题克强先生遗墨次组安韵》云："风云龙虎思当日，侠武儒文说此才。一卷长留在天壤，好教柱下作良材。"

《玉尺楼诗》前有题签：玉尺楼诗，衍署题。钤印：石遗。次，版记"鉴湖邵氏藏版"。次，玉尺楼诗目录：辛未京闱 12 题，癸酉汴闱 9 题，癸酉京闱 10 题，甲戌京闱 3 题。

次，陈三立题辞，云："默君世讲抵庐山，出示兹册，所为诗天才超逸，格浑而韵远，为闺媛之卓荦不群，效古能自树立者。顾乃于操玉尺校士衡文之余隙，名章屡就，而以濡朱大笔淋漓写之。异数美谈，跨越前古，固不徒试院唱酬之盛，可傲视欧、梅诸公矣。癸酉伏日，散原老人陈三立题记，时年八十有一。"

辛未京闱，录 1931 年在南京所作各体诗作 12 题 20 首。有《试院题冀如所贻天马赋后三叠枝均》、《午夜衡文四叠枝均即酬冀如》等诗。《题画海棠用半山韵》云:"绛蜡高烧娇未睡,半天狂艳倚明装。尺绡贮得红情满,散作人间春自长。"

癸酉京闱,录 1933 年所作各体诗作 9 题 10 首。有《二十二年秋京闱次均呈孝园》、《大梁校士次均酬缠衡》等诗。

癸酉汴闱,录 1933 年在南京所作各体诗作 10 题 12 首。有《二十二年秋重典试京闱登华林馆平台次均再呈孝园并简衡文诸子》、《鸳鸯菊次冀谋均》等诗。《为公武先德题乱山藏寺图画稿》云:"剪取罗浮数点烟,奇峰历乱落豪颠。石魂云气扶萧寺,疑有钟声破绿天。"

甲戌京闱,录 1934 年在南京所作各体诗作 3 题 4 首。

后有自跋,云:"冀如曩以史载唐赵光逢以文行称,时人重其方直温润,有玉尺之誉。既微其事,乃倩陈丈散原以玉尺楼题予之书阁。后以予数膺命典试京汴得士,复与李白诗'仙人持玉尺,量君多少才,'及李观诗'具寮颁玉尺,成器幸良工。岂止寻常用,将传度量同'之义相闇合,遂告予盍以历届锁掖、酬答、咏怀诸什别为一卷,名以《玉尺楼诗》,附《白华草堂诗》后。俾存衡才之故,实以诒来者。予以玉尺之名蕴义遥古,相勉之义甚深,乃然其说,用以自督,聊免橐之散佚,而工拙未暇计也。时流或习见上官昭容事,而以诠玉尺之义,则去吾人之意远矣。闱中诗固少,体亦未备,编排只依时地先后,不以体例为次,稍别于《白华草堂诗》云尔。中华民国二十三年甲戌大寒,默君自跋于白下玄圃玉尺楼。"

赵启霖 《蟹山老人挽词》,一册,民国十九年(1930)湘潭方氏铅印本。

赵启霖(1859—1935),清监察御史。字芷荪,号瀞园。长沙府湘潭人。光绪进士,选庶吉士,授翰林院编修。1906 年迁监察御史。1909年任湖南高等学堂监督,旋署理四川提学使。后任湖南船山学社社长多年,著述终生。著有《瀞园集》六卷。

扉页附蟹山老人遗像一帧,背面有赵启霖像赞二首。其一云:"绮岁文场扫万夫,当时海内尚清娱。问君濯足扶桑日,曾见蓬莱浅水无?"其二云:"横社纷纭遍八垠,凤毛麟角费殷勤。斫轮老手岿然在,须发如银较百分。"署:"鹤卿仁兄灿正 丁巳立春后五日启霖拜题。"挽词前有赵启霖撰《蟹山老人传》、湖南省政府委员曹典球撰《湘潭方君墓志铭》。末附受业族曾孙彰猷所撰诔文一篇。

赵启霖《蟹山老人传》云:"君湘潭方氏,讳宗辀,字鹤卿,世居邑西南乡,宅旁有蟹山,晚号蟹山老人。先代多长者,父春晖翁,尤好善。督君就学甚勤。君早慧,甫入校一年,毕四子书。及习制艺,塾师赵漱泉先生奇之,叹曰:'蟹山秀气,钟于子一人矣。'六岁丧母,事春晖翁,依依色养,无几微不适其意。年二十五,籍于庠,数应乡举,侥得而失,遂绝意进取,资课徒自给。遇贫而力学者不责脩脯,或饮助之。变法议起,人怀疑沮,君独探究译籍,一涤封蔀之见,课学子以策论,力辟八股,无裨实用。会朝廷罢科举,锐意兴学,吾湘风气犹窒塞,至君首创,办振铎高等小学于里中,陶冶后进,声誉蔚然。积年主持,久而不懈。诸生学成致用者,磊磊相望。时海内英少,争发愤赴异邦求学。君年已五十七。于光绪三十三年拂衣东渡,入日本麹町政法大学听讲,国人壮之。居数月,以席地久坐,患腰痛归。复主办昭潭学校,成就尤众。久之,任岳阳及湘潭各中学讲席,虽笃老不以为苦。综君一生,殚心力教育数十年,曾因过劳致疾,中夜呓语,皆编列课程事。人服其专勤不可及。岁乙丑,君次子荣杲供职哈尔滨,板舆迎养,时君七十六矣。以湘乱方亟,慨然就道,不惮万里之行。居岁余,日携诸孙悠游林园为乐。有句云:'儿孙随杖履,风月任逡巡。宇内兵戈满,桃源世外春。'君丰髯修干,仪观甚伟。俄人见之,道旁辄脱帽为礼。君亦视边陲如庭户焉。久之,仍还湘。又三年,就养长沙寓庐。以己巳除夕,无疾而终。弥留自为联云:'臭味色声,烦恼破除真解脱;去来生死,灵魂觉悟本虚空。'正衣冠,端坐而瞑。其胸次浩落如此。君性刚,见不善,呵责无所徇,即悛改,待之如初。不喜道人短。有人窃议者,君曰:'胡不面告之?退有后言奚为者?'生平当机立断,其适日本及戊午率家人赴衡州避乱,皆计及即首涂,不事濡缓,自奉尤觳素,一布袍十数年不易。晚年自诵《楞严》,曰:'吾以习静而已,非真耽禅悦也。'所著有《春秋经汇》、《三传义略》、《诗书易学》、《庸论语诸经集解》、《通鉴大事纪要》、《希腊罗马史志略》、《蟹山堂诗文稿》。配陈孺人,早卒。生二子:荣枚,荣杲。荣杲行尤卓著。予鬘年与君试有司,风檐接坐如昨日事。朝市迁贸,故旧零落,盖不胜山阳闻笛之感矣。庚午四月同里赵启霖撰。"

谨按:挽词,来自社会各界之师友。如受业张昌铎挽联云:"以愚蒙忝列门墙,眷爱殷勤,黄卷青灯如在昔;叹耆旧倏捐尘界,典型沦谢,饕风虐雪有余哀。"南社刘鹏年挽联云:"学综远译,品重群儒,瀛海曩乘槎,法治搜求徐福迹;家起通才,校收多士,晚年尤好道,文章尊仰望溪门。"并足宝重。

赵蕴安 《海沙诗钞》,不分卷,线装一册,1961年(另有1962年)油印本。

赵蕴安(1898—1965),原名赵赤羽,字蕴安、允安,别号红柳村人、海沙,上海崇明人,有《南征记》、《赤羽诗稿》等。

《海沙诗钞》,封面有郭沫若题签:海沙诗钞。扉页题签:海沙诗钞,钤印"文无",为钱崇威题写书名,字为双钩油印,署名下钤"钱崇威印"白文印。首有1961年钟泰序,次为朱学范、钟泰、朱大可题词。是书共96题,诗136首。1962年油印本有所增加,收录各体诗110题156首。

钟泰题词云:"南社风流邈莫追,几家绮丽几家奇。白头剩有闲闲老,人海茫茫独咏诗。"朱大可题词云:"余交允安三十年,知其能诗,但不多见,近始获读手稿,如《螳川听水歌》、《西湖遣兴》等作,皆奇肆有昌黎风格。近代诗人学宋者多,学唐者少;学杜者多,学韩者少,曩惟我友庄吕尘揭,文学子厚,诗宗韩之帜,然吕尘所作,亦不尽然。兹读是稿,不啻遇轩辕道士于石鼎旁也。莲垞读后敬识。"

钟泰序一篇,云:"十余年来,新人新事震荡耳目者多矣,而著之诗章,咏叹夤夜,备乎情文之美,足以媲风雅、垂久远,几百不逮一二。何哉?说者多谓今为前所未有之局,则宜有前所未见之诗以发之。若夫五七言体,无论古律,皆与今之语言不相称,尚辞则达实,核事则伤文,此作者之所以少也。余窃以为不然。唐宋以来,好以梵语禅语入诗,梵语禅语亦先所未有也,即安见其不相称哉?不宁唯是。汉时《失我焉支》之歌,匈奴人作也;北齐《敕勒川》之歌,敕勒部人斛律金作也。若论语言,岂独不相称而已?而一经点染,便化异而为同,至今读之,不觉其与当时之作有何不类也,然则亦患夫不善为裁剪变化耳。苟善于裁剪变化,以五七言句法写今日之人之事,何不能之有?杜工部《和严郑公军城早秋》诗云:'已收滴博云间戍,更夺蓬婆雪外城。'滴博、蓬婆皆非唐语,工部取作对偶,色泽既未始不调,声韵反倍为震响,此裁剪变化之功力也。夫于律绝尚尔,而况歌行之可以放恣而无所拘束者乎?余持此论以与友朋,往复和之者,固不乏人,而愧乎余能言之而未能允蹈之也。比得见赵君蕴安《海沙诗钞》,其近作意新而辞雅,语肆而格严,实不啻为余之持论张目。捧诵之余,欢喜踊跃。虽蕴安有风湿之疾,艰于握管,所作不多,然尝鼎一脔,亦足以令人餍饫矣。世自有知诗者,吾以卜是集之风行也。是为序。一九六一年十二月,岁次辛丑,钟山钟泰撰。"

有《赠李醒庵》、《都益处席次示十眉》、《岁暮寄次沈次约顾悼秋》、《追怀吴叔和》等诗。《柳亚子先生挽词》云:"顿觉风流尽,哀音一夕传。声华南社旧,文采北辰鲜。左翼回翔日,中原板荡年。平生毛主席,酬唱有新篇。""鱼米丰黎里,屯田有故乡。独能背阶级,曾不倦梯航。思想瞻腾踔,音容隔渺茫。年年屈原祭,凭吊共端阳。"《戊辰十月朔日,南社同人雅集于苏州虎丘之冷香阁,兼为南社成立二十周年纪念》:"怀抱今朝得好开,西风历块此徘徊。人言我社多奇士,自喜他乡有酒杯。阁外云烟通楚望,吟边花鸟伴苏台。潇潇暮雨山塘路,闲听吴娘唱曲回。"又《虎丘纪事》四首,其一:"简敬先生工领客,通百居士擅谈天。相逢旧雨兼今雨,相逐前船继后船(予与姚石子、黄宾虹、庄通百三先生同车赴苏。次日清晨,陆简敬先生已雇得二船,社友于细雨蒙蒙中沿山塘至虎丘,咸称便焉)。"其二:"四十人皆冒雨来,千人石上画图开。我顽如石知顽趣,笑对生公说法台(抵虎丘后,雨势加盛,社友皆挟雨具至千人石摄影)。"其三:"七年不见陈夫子,顿觉须眉与昔殊。我壮垂垂公欲老,前尘回首一嗟吁(十年前,予与陈去病佩纫先生往往在沪同校授课。今来,通百嘱为介绍,则先生素发胜玄,已大见老苍,而予亦非复年少)。"其四云:"廿载沧桑事可哀,百零六士卧蒿莱。应无海外东坡误,亲自元龙点笔来(南社社员今名列鬼箓者,据佩纫先生所知,已有一百零六人)。"

赵正平 《仁斋文选》,民国三十四年(1945)《仁斋文

选》筹备会发行本。

赵正平（1886—1945），上海宝山人，字厚生。早年赴日留学。辛亥革命后历任兵站总监部参谋长、北京社会局长、青岛教育局长等。1922年任上海暨南大学校长。曾主编《复兴月刊》。

扉页有著者近照一幅，次为自序云："予自幼慕范文正公以天下为己任，而不慕为文人，追涉猎书史，稍多深味'文以载道'、'辞以达意'之旨，益留意于经世实用之学，而忽略文词。嗣后游学东瀛，躬逢爱国新潮澎湃怒涨，血性所感，亦辄奋笔学草万言书，顾并不自以为文，更不省文之传世与否。洎夫饱经事变，静参人生于浩瀚之群籍中，发见'仁'为伦理之基本律、统一律，而且为最高律，益觉为人之道，只须于自立自助以外，兼有立人助人之实，即是立功立德，而无贵立言。顾天地不仁以万物为刍狗，圣人不仁以百姓为刍狗，不仁之环境随我年以俱进，渺渺之身，舍鼓笔摇唇放送些微'仁'外，竟无以自效，于是三十年来治事求仁，治学求仁，而关于仁之纵横两面的论述，亦遂不知不觉与日俱增。然每草一文，概不留稿，自读老子'善行无辙迹，善言无瑕谪，善计不用筹策，善闭无关楗而不可开，善结无绳约而不可解'一章，更觉天然大道，只有人群生生乐趣，果此乐实现，尤无贵乎空文，况我本言之无文者乎？不意门人陈有章、黄征夫、周松鹤等数十人，见予冉冉将老六，以其不斋有为予刊布文选之筹备，并以予生平主张'仁'的一元论而名之曰'仁斋'，更令予子侄辈负责收集文稿，并向各方友好集资预约，以期必成，其意至诚，其情足感，窃念吾道不外人情，不情之拒亦非仁举，只有益自惭奋，写此素心以为之序。兹者人类已将从晦盲否寒之绝境启示康乐光明之新机，我四万万同胞其能发扬仁心、仁术以护此多难之民国，而共迎世运之大同欤？则此集之行世，或有些微参考，斯尤馨香视之。中华民国三十四年一月二十日序于仁斋。"

次为凡例,次为目录:一、教育文哲类共计收文十二篇;二、政论类共计收文十八篇;三、序记类共计收文九篇;四、杂类共计收文九篇。无跋。

郑泽 《萝庵遗稿》,一册,三卷,民国间铅印本。

郑泽(1882—1920),字叔瀛,一字叔容,号萝庵,湖南长沙人。

封面题签:萝庵遗稿,屯艮。扉页题签:罗庵遗稿,退闇。钤印:退闇。次,郑叔容先生遗像。

次,录集中偶作一首:"心如顽石未能伸,底事人间有众因。自挟坚诚轻毁誉,闲从儿戏守元真。湖山偶著形骸我,贫贱教成淡雅身。感谓生来能怪特,何劳邑犬吠狺狺。"

次,遗墨四幅,每页录二幅。

次,傅熊湘序文一篇云:"乌乎!自吾友叔容之殁,吾惘然独处,恍若有忘,掩涕伤怀,无复昔时文会之乐矣。念与叔容相知厚,不可违,乃序之曰:叔容郑氏讳泽,原名兆醴,字叔瀛,号罗庵,世居长沙之尊阳乡,为长沙望族。祖业进、父家淦皆以文名于时。叔容十五丧父,家道中落,馆于族人某,随宦鄂中。始淬厉于学,文采焕发,为老辈所推重,旋入县学,教授乡里。余识叔容在辛亥之春,时方锐意为诗古文辞,见叔容则大欢,日就商榷。叔容辄能辨其当否,纠弹往复无所隐,自是有作必得叔容论定。元二之交,同主《长沙日报》,相资尤深。叔容遂于汉魏六朝人集,旁及唐宋小词,皆戛戛独造。又私淑王壬父之作,心摹手拟,口不绝吟,其五言古诗亦差足与抗。顾平居沉默,竟日卧病,罕与人接。戚戚忧生,而闇于世务,得钱或博负以尽。少近复博,而自奉加俭。尝一为湖南高等师范教授,屡为中学教授,任财厅秘书益阳厘局。然以病累其身，稍涉繁剧，非所好也。自余见彼十年来常劝以养生毋自苦，叔容亦以余作苦不辍为虑。今叔容溘逝，余亦濒废，重以忧伤。往者如此，来者又可保邪？爰综叔容南社诸作，益以旧箧所存，为诗文词各一卷。同县刘子约真及叔容宗人郑君望之为醵金，友朋校刻之，身后微名得所护惜。死者有知，其亦可以无憾矣。叔容以民国九年夏正十一月初五日病卒省寓，距生于光绪八年六月十五日年三十九。同人为赗其丧，返葬于尊阳乡郑江嘴祖山之阳。妻李氏，以贤孝称，先一年殁。子二，女一。中华民国十年六月醴陵傅熊湘序。"

卷一，录文33篇。有《庚戌湘变纪略》、《郑玉堵传》、《郑先声传》、《宋飓裘传》、《黄骥传》、《黄兰亭传》、《为秋瑾女士改葬麓山启》等篇。

卷二，录各体诗54题73首。《乙酉留别张稚野》、《夏日感兴次钝安韵即以奉寄》、《送纪宣开矿永州》、《春怀诗一首赠约真》、《前题代柳亚子》等诗。《前题代南社湘中同人》云："湘水何清涟，衡岳亦巍然。三秀无人采，杜若复谁搴。独有冥寂士，缔为文字缘。吴会扬其声，大楚逢其原。寱歌怀考盘，行吟赓下泉。孟实非好辩，孔意欲无言。为恐风雅微，乃为梼杌编。抒我湘累忧，如彼秦镜悬。诛伐既弥亟，焚坑无幸全。茫茫幻苍狗，寂寂同寒蝉。文会并衰歇，沉响逾三年。吾舌幸犹在，才俊重联翩。咸阳有时火，麟经不终燔。既欲名山藏，更为通邑传。大道相表里，宏诣互昭宣。会见沉澧间，清音渺以绵。"

卷三，录长短句57阕。有《长亭怨·赠朱益斋东归》等阕。《陂塘柳·辛丑夏别叔干重有所感》云："怅无端，画堂箫鼓，骊歌翻入新谱。千山一样浮岚影，荡作东西情绪。挥手处，况正值，参差吹断江南雨。莺期频误。想策骑归来，西窗午夜，剪烛共谁语。　　人间事，多少沧桑尘土。欢场还复愁予。藤床待话吴山梦,又把离尊斟与。君且伫,试极目,燕山风雨榆关雾。何堪自抚。约万里皇州,翠帆张起,鼓棹渡江去。"《水龙吟·题柳亚子分湖旧隐图》云:"生来名世江南词,襟净瀞分湖水。高华余韵,芬菲遗泽,留连往岁。疏鬓今吾,垂髫故我,芳椒旧址。记桧樆荃壁,白云深处,曾领取,莼鲈味。　　梦也真耶人世,莽平原,荆榛无际。旧情纡转,东风画里,绿波明媚。幸有菟裘,还滨东海,慰侬蕉萃。问苏堤杨柳,丝丝絮絮,尚留人未?"

周实　《无尽庵遗集》,二册,十卷,民国元年(1912)铅印本;《白门悲秋集》,民国间铅印本。

周实(1885—1911),字实丹,号无尽,又号吴劲、和劲,江苏淮安人。1902年,入县学为秀才。1906年,考取南京宁属师范学校,1907年不满学校管理横暴而退学。1908年就学于两江师范学校预科。1909年加入南社。1910年汇编《白门悲秋集》。1911年创办淮南社,同年回淮安与阮式策谋起义,被县令姚荣泽设计杀害。后人编有《无尽庵遗集》。

第一册。扉页题签:周烈士实丹著,无尽庵遗集,朴庵署耑。钤印:朴庵。次,周烈士实丹遗像。次,录诗一首"几见王侯剩姓名,误人毕竟是聪明。长游拼使金挥尽,大错非关铁铸成。安得神工修月阙,愿延人寿俟河清。伤心乱世头颅贱,黄祖能枭祢正平。烈士寒夜枯坐诗四首之一。"

依次有序十二篇:何竞南序;高旭序;邵天雷序;邵天雷后序;吴引湘序;丁宝铨序;曹凤笙序;仲民新序;夏建瓴序;胡韫玉序;高燮序;秦国铨序。

次,柳弃疾《周烈士实丹传》一篇,云:"周烈士实,字实丹,号无尽,别号和劲,原名桂生,字剑灵,淮南山阳人也。生而有大志,负俊才,尤耽文史,能诗善饮,故又自号山阳酒徒云。性不谐俗,时为乡里小儿所揶揄。既来江南,肄业两江师范学校,遂移家清溪桃叶间。遭时丧乱,感慨淋漓,一发之于诗,所诣益进。岁己酉冬十月朔,余与同邑陈去病、金山高旭创南社于吴中,四方贤杰闻声相思。烈士携女弟芷生、邑人周伟、夏焕云亦惠然肯来,称社中眉目。复创淮南社,为桴鼓之应焉。明年秋,同社高燮、高旭、何昭、姚光、蔡有守结伴游金陵,烈士倾盖欢然。登临凭吊,唱和盈帙,酒痕墨沈,狼藉邸旅,则有《白门悲秋集》之刊,烈士自叙。所谓凄馨哀艳之词,足以上继宋玉《九辨》者也。又明年八月,义师起武昌,南朔响应,独金陵犹为虏守。烈士不欲居危邦,全家归淮上,而身自迂道过余于申浦,一宿即别去。已而苏、常、扬、镇相继反正,烈士申大义于故乡,被举为巡逻部长,登坛誓众,辞气凛然。虏山阳令姚荣泽者阴贼,持两端,不利烈士所为,私率役掩捕之。被执,不屈遇害,时黄帝纪元四千六百九年秋九月二十七日,春秋二十有七。夫人王氏,女子子一,五龄,男子子一,生未及期。流离奔窜,惨酷靡状。老父叔轩先生七十老公,横遭桎梏,虏令谋锢之十年,俾杜后患。会淮人有责言者,虏令惧,逸去,始得出。家本耕读,迨遭蹂躏,无以为生。呜呼!惨矣!同殉者邑人阮式字梦桃,亦淮南社中人,剖腹而死,厥暴尤烈云。柳弃疾曰:闻烈士家淮上时,与同邑棠隐女士相友善也。棠隐怀才抱奇,而所适非偶,复中道夭折,遂发愤呕血死,烈士为立传表彰。复绘《秋棠图》以见其意,征寰中作者题咏殆遍。自撰《秋海棠》绝句,前后无虑数十叠。余观烈士生平,盖缠绵悱恻,多情人也。一朝见危授命,慷慨慕义,奋为鬼雄,贤者不可测,亦足为我南社光矣!方武昌建义,而烈士友菽卿女士居夏口,烈士心危之,赋诗示余,有'英雄已分沙场死,莫遣蛾眉系我思'句。其《冬夜感怀诗》又云:'伤心乱世头颅贱,黄祖能枭祢正平。'呜呼！此殆所谓诗谶者非耶？白龙鱼服，黄犊平陵，磨盾雄才，遽弱一个。他日义旗北指，当以一杯酒招烈士之魂而奠之。"

次，附《阮烈士梦桃传》一篇。次，周人菊所撰《周烈士就义始末》一篇。次，祭《周阮二烈士文》两篇。次，无妄题辞七言律诗四首；题词《忆旧游》两阕；胡石予五言律诗《题无尽庵遗著后》；题词七言绝句八首；松癯题词七言律诗两首。

次，文一卷。题签：周烈士实丹著文。钤印：息。次，版记"中华民国元年十月初出版上海国光印刷所代制"。共收文 15 篇，包括书信 2 篇，书后 2 篇，读书笔记 1 篇，祭文 1 篇，诗序 3 篇，小传 3 篇，游记 1 篇，文序 2 篇。有《与邵肃廷书》、《祭江君秉炎文》、《棠隐女士小传》等。最后一篇文为《札记序》，后有跋语云："《无尽庵札记》四卷，余曾逐次读遍，洵足警醒顽愚，而为吾人箴砭。惜留存南京，未能携归，遂为乱兵所毁。今只存其序耳。人菊志。"

诗四卷。前有题签：周烈士实丹著诗。钤印：白下子。次，版记"中华民国元年十月初出版上海国光印刷所代制"。

卷一，录各体诗作 83 题 160 首。《清明寄里中诸子》诗云："长向花丛醉不醒，春风到眼柳条青。无端心事江潮涌，一曲筵前不耐听。""桑弧蓬矢男儿事，漫说清明客忆家。且觅金钱买樽酒，琵琶阴里酹桃花。"《和左汉敉感事韵》诗云："殖民父议闹冰洋，六种齐登物竞场。西域民权光灼灼，东林士敝气堂堂。中原人物鹿为马，大陆风潮虎搏羊。及早商量优胜理，那堪龙战血玄黄。"

卷二，录各体诗作 76 题 154 首。有《李四虎岑贻我肖影并系以诗赋此奉答》等诗。《寄汪啸叔》诗云："屡计归期归又误，几时狂醉复狂吟。忧时甘替君生病，伏枥宁灰烈士心。文字误人悲党狱，丝弦供我写哀音。君知扬子江头客，国恨乡愁两不禁。"《送葛笑无归桃源》诗云："与君樽酒各天涯，泪洒青衫感岁华。亦有故园归未得，江南踏雪嗅梅花。"

卷三，录各体诗作75题141首。《和天梅除夕韵》诗云："萍蓬身世谁知己，铁石肝肠誓靡它。莫更优游新岁月，凭谁收拾旧河山。公孙宾客才安在，勾践君臣事若何。二十五年成一掷，新亭赢得泪痕多。"《和慧子见赠韵》诗云："九州谁与共袍裳，风雅沉沦亦可伤。安得渐离携筑至，衔杯剪烛共商量。"

卷四，录各体诗作41题128首。有《题番禺沈孝则同社冰雪庐图》、《偕同人吊明故宫》、《端午日偕同人游玄武湖》等诗。《送哲天归羊城》诗云："江上各凄其，明楼失旧基。兴亡千古恨，会合十年迟。末技惊流俗，深情况别时。春风红豆发，迟我寄相思。"

第二册。《诗话》两卷，扉页题签：周烈士实丹著诗话。钤印：广平。次，版记"中华民国元年十月初出版上海国光印刷所代制"。

次，自序，云："少陵曰'文章一小技，于道未为尊'，况诗云乎哉？虽然，此特为沉溺于风云月露者言耳。若本虞廷言志、尼山无邪之旨，则诗歌者亦士君子所藉以发抒性情，陈列道义，而不容一日或废于人间者也。盖物之不得其平也则鸣，人为万物之灵，其遇不平而愈不得不鸣也，有必然矣。故士君子之流连山川光景、风月花鸟，犹不能无动于衷。盛衰治乱，生死聚散，诸大端波诡云谲，兔起鹘落，相率而来前耶。世变有盛衰治乱、生死聚散之不同，而人心亦有喜怒哀乐、欢戚惨舒之不同。人人本其喜怒哀乐、欢戚惨舒之感，而一寓之于诗歌，则古今人之诗歌非特以见人心，且于以觇世变焉，而诗道尊矣。昔上元梅曾亮谓：文章之道贵因时立，吾言于此而不可移易。如为文于唐贞元元和时,使读者不知其为贞元、元和时人,不可也;如为文于宋嘉祐、元祐时,使读者不知其为嘉祐、元祐时人。不可也。实善其言,而续之曰:诗歌之道,所以宣文章之所不能宣,尽文章之所不能尽,而感喟低回,反复咏叹以出之者也。尤贵因时立吾言于此,而不可移易。如为诗于唐西狩时,使读者不知其为玄肃时人,不可也。如为诗于宋南渡时,使读者不知其为徽、钦时人,不可也。嗟夫!内讧外侮,纷起迭乘。当今之世,非复雍容揄扬承平雅颂时矣。士君子伤时念乱,亦遂不能不为变风变雅之音。实近辑《诗话》,盖将取古今人慷慨苍凉缠绵悲感之作,而讽咏之、播扬之,使天下仁人志士、英雄俊杰皆知夫人心惨怛、世变纷纭,岌岌焉不可以终日。或因以感发而奋兴,未始非国家之福也。至于深山邃谷之中,穷饿枯槁之士,其人已殁,而零篇断简磨灭不彰者,傥能搜采残缺,惠而示我,则发潜德之幽光,亦实所乐闻者也。若夫守宗派、讲格律、重声调,日役役于揣摩盗窃之中,乃文章诗歌之奴隶,而少陵所谓小技者也。实虽不敏,窃羞之矣。丙午仲夏之月,山阳周实识。"

卷一录诗话 48 则,所撰条目与诗歌作法无关,乃录当时结交诸友之事迹,乃南社文人所作诗篇本事杂录也。所录本事,多慷慨激昂,忧国痛时之作,可见南社创立之初社人之状况。卷二录诗话 26 则,是卷体例依传统样式,评论唐宋元明诸贤诗篇及诗论,并结合己之创作体现自家诗学观念。卷中多称颂郑所南之诗,盖民族之慨,心有交会焉。

《尊情录》一卷。前有题签:周烈士实丹著尊情录。钤印:孝兰郎。次,版记"中华民国元年十月初出版上海国光印刷所代制"。次,自序。是卷共收录短文 6 篇,分别是:《与人菊书》、《再与人菊书》、《戊申清明》、《忻戚》、《爱》和《好色》。

词曲一卷。前有题签:周烈士实丹著词曲。钤印:李。次,版记"中华民国元年十月初出版上海国光印刷所代制"。共收录词44阕。小令风流婉转，可见多情之思。如《一剪梅》云："百年岁月去如流。劝不遨游。索性遨游。谁家并辔骋骅骝。侬怕登楼。郎可登楼。　鹧鸪声里柳花稠。盼煞归舟。故缓归舟。双双燕子解温柔。争说无愁。若个无愁。"长调则慷慨悲壮，近类其诗之格调，如《满江红·寄宗兄人菊》云："郁郁肝肠，难禁得、怀人惜别。君记否、互相标榜，周郎俊发。酣醉狂歌名士气，挽强压驳英雄骨。到如今、憔悴在江潭，歌薇蕨。　古今事，云变灭。家国恨，鹃鸣咽。好光阴付与、马蹄车辙。汉室畴能存伏腊，晋人自解谈风月。叹吾侪、磨剑十年心，凭谁说。"卷末又收北曲《清明梦》一套。

末附：挽诗20题36首。挽联70联。

又附：姚光跋一篇；薛钟斗跋一篇；姚锡钧一篇；宗人菊跋一篇。

《白门悲秋集》，民国间铅印本。

扉页题签：南社丛刻集外增刊之一，白门悲秋集，守题。钤印：蔡守、戤夫。

次，蔡有守启一则，云："是集为啸叔、汉鏦、一麏、书城、哲夫、时若、天梅、君平、凤石、人菊、实丹酿资所刊。自哲夫以次七人，皆南社社友也，故定议为《南社丛刻》集外增刊之一，并由七人所应得者分赠社友各一卷。嗣后社友倘有著述付梓，统希援引此例，广贻同人。仆等虽不免操豚蹄以祝篝车，然本《大易》丽泽，《小雅》他山之义，或亦金玉君子所亟宜心许而首肯者耶。蔡有守等启。"

次，题辞，周实序文1篇，云："昔宋玉赋《九辨》以悲秋，实展而诵之，如坐寒山风雨中，听哀鸟啼猿相倡答。呜呼！何其言之沈且痛也。而不谓天下后世伤心人周览山川，流连风景，其感喟犹有什伯倍于玉者,岂非由人世之多艰,我生之靡乐,而情遂有不能自已者耶？庚戌秋,顺德蔡子哲夫、合肥汪子啸叔、金山高子吹万、天梅、平庵、姚子凤石、丹徒唐子轶林,暨吾郡左子汉鏦、吾宗人菊辈,勾留金陵,相与凭吊古今,百端交集,各以其胸中悲凉拂郁之气,发为诗歌,实汇而录之,得如干首,取名《悲秋集》,以其为《九辨》之遗音也。蔡子哲夫又上继顾宁人先生之志,偕其配张女史倾城补绘《孝陵图》,列于卷首,其用心尤苦矣。嗟夫！天不可知,世方多难,国亡族灭之祸岌岌焉悬于眉睫间。一二在上位者,犹复揽权怙势,恬然于危堂沸釜之中。而晚近少年,又从事于锦衣玉食,金鞍白马,酣歌恒舞而不知休。其于社稷之颠危,如秦人视越人之肥瘠,曾懵然不少恤焉。则吾侪本古诗人伤时念乱之义,以此为周颛新亭之泪,阮籍空山之哭,不犹贤乎？呜呼！其亦可谓言者无罪也已。淮阴周实。"

又有柳弃疾诗1首、汪承继诗1首、周实丹诗4首、夏焕云诗2首、曹堂诗4首、高秋士诗4首、张独立诗2首、胡蕴玉诗1首、高旭诗1首、王灿诗1首。陈鸿璧诗2首、张英诗2首、沈珠香诗2首、尤同诗4首。次,蔡守《孝陵图》。次,瓦当二:一为明孝陵瓦研,上书"鸿腴篯龄";一为蔡守所制瓦当,上书"日末高月初,吐升室寂寥,沉吟吟正苦。磨洗认前朝,濡染一怀古。……韩隐制铭,庚戌九日成城子书并刊。"

是集录各体诗94题171首:高燮5首、汪承继36首、唐尧臣2首、高钝剑24首、何昭5首、潘飞声10首、姚光9首、高均1首、左仍豪4首、曹堂6首、周伟仁6首、蔡有守18首、吕湘1首、张独立1首、柳弃疾1首、何铸2首、周实40首。

白门,即指金陵也。是集所录皆为金陵感怀诗作。如何铸《和哲夫金陵怀古诗》云:"昔贤行国赋桃园,我亦情怀逐浪掀。迟暮美人知有恨,苍茫净土托何言。群生哀乐吾侪事,六代兴亡旧梦痕。车马殆烦收底益,采风容俟细评论。"又周实《偕吹万天梅平庵凤石人菊书城过酒家饮夜半醉归口占二绝》:"高楼明月赌新醅,难得天生怨悱才。莫倚危栏开醉眼,青山曾阅六朝来。""等是青衫沦落者,筵前情少小鬟筝。今宵酒醒人何处,莽莽西风满石城。"又录有长短句 7 阕。蔡有守 1 阕、何侠 1 阕、高旭 1 阕、周实 3 阕、高燮 1 阕。蔡有守《金缕曲·九日同南社诸子谒孝陵》云:"破碎山河旧。看双峰、天然凤阙,尚余牛首。错楚纵横迷御道,共拔荆榛趋走。摩挲遍,石人石兽。六兽八人双石柱,与亭林、记载无差否?明楼改,非前有。　穹碑没字知谁咎?独青青、宝城无恙,岿然不朽。未荐樱桃梅已死,叹寝园荒废久。何烦尔,内监颁守?展拜神坰无限泪,空山同、哭声摇星斗。奠几盏,茱萸酒。"

附录姚石子《庚戌重九金陵游记》一则。又补录周鸿鼒诗 2 首、黄景堂诗 8 首、沈珠香诗 3 首。

金陵怀古,白门悲秋,乃是中国文学史上一大重要文学现象。是集承继传统而来,又融汇民国初年之特定时代风云际会,使得白门悲秋增添新含义。

朱玺　《朱鸳雏遗著》,民国二十六年(1937)上海大通图书公司印本。

朱玺(1894—1921),字孽儿,号鸳雏,别号尔玉、银萧旧主。祖籍江苏苏州,流寓松江(今属上海)。与姚鹓雏、闻野鹤齐名,号"云中三杰"。著有诗词《朱鸳雏遗著》、《凤子词》、《银箫集》、《情诗集》、《银箫遗韵》等,小说《恬屏泖镜录》、《玉楼珠网》、《帘外桃花记》等,杂著《红蚕茧集》、《二雏余墨》(与姚鹓雏合刊)。

《朱鸳雏遗著》,上海大通图书公司印行,编者时希圣,三十二开本,共148页,收小品十三篇、手札十九通、诗歌十九首,纪念文章十七则。书版权页没有出版时间,对照书前叙言所载"鸳雏卒于民国十年夏间,迄今已届十六周年纪念",此书出版应在1937年。书前有朱鸳雏遗像一幅、手迹一幅。有姚鹓雏、杨少碧、沈浸之题词。

目录:小品文、巨灵记、诛情记、绝粮记、诗集自跋、非嫁记、艳魅记、过茔记、惨讹记、离京记、圣诞记、兄弟记、惊梦记、待时记、污莲记、手札、与妇笺(节录十九通)。

时《序》:"松郡文物,甲于东南,有清末造及民国初年,才隽辈出,炳炳称盛。以予所知,如杨了公、俞白壶、闻野鹤、费龙丁、姚鹓雏、朱鸳雏其尤著也。鸳雏,海上神交也。尝读其所为诗文,运笔如西洋狄根司,仿佛小儿女插双鬓黄花,恬淡中有飘然之风致,洵妙构也。予性好搜辑残编断简,凡破书旧画之可供观赏者,必搜集汇订成帙。今笈笥中已得十大册,此乃十年中之心力,虽不敢与英王爱德华八世剪贴报纸癖相比,然亦足以自慰而供早起睡前之消遣也。一年前又尝就汇订本中抽编成《朱鸳雏遗著》一种,计分四辑。第一辑小品文,第二辑手札,第三辑诗歌,第四辑纪念文。本已得上海某某书局允许出版,无奈该局忽告停顿,因未果行。予颇惜鸳雏之文不能流传于世为憾事,特嘱中西书局付诸剞劂,以广流传。乃者故友李子韩、吴遇春、姚鹓雏诸子鉴于鸳雏遗骸久厝谷水道院,未安窀穸,特发起醵资为鸳雏营葬事。侠骨热肠,古道可风。今之人欤? 此古之人也。鸳雏卒于民国十年夏间,迄今已届十六周年纪念日矣。为鸳雏营葬消息闻之屡矣,前有顾佛影、朱大可等,但均未成为事实,今则由桑梓热心人士发起,定必有圆满之功德实现也。丙子仲春虞南时希圣识于西林塔畔寓所。"

录其隽永清新诸诗如次,《杂兴》:"可堪诗境画成图,如此风光二月初。杏弹梅颦春欲醉,风柔波暖鸭相呼。闲烹螺碧香成韵,戏拓蚨青字不如。问讯旧游何处是,词笺叠韵代传书。"《雨过》:"秋雨忽飞溅,城郭失相望。太息骯吟人,短世接残梦。秋风何自来,吹聚好眉妩。寥寥百年中,佳人无足数。微生安念命,天遣云鬟误。可惜夕阳山,相对愁人坐。秋云不可攀,照影一函泪。知有此时心,入世得幽会。城西花树垂,乞取收魂地。嗟余空自奇,骯脏百谇底。"

诸宗元 《大至阁诗》,一册,不分卷,民国二十三年(1934)梁鸿志铅印本;《病起楼诗》,一卷,民国十九年(1930)铅印本。

诸宗元(1874—1932),字贞壮,一字真长,别署迦持,晚号大至,浙江绍兴人。诗与李宣龚、夏敬观齐名。能书,商务印书馆出版涵芬楼珍本,题署出其手笔。著有《病起楼诗》、《大至阁诗》、《中国画学浅说》、《书法征》等。

《大至阁诗》封面题签:大至阁诗,宣龚。钤印:墨巢居士。扉页题签:诸贞壮先生遗诗,陈三立。钤印:散原。次,诸贞壮先生小像。

次,梁鸿志序一篇云:"余识贞长逾二十年,癸丑甲寅间,贞长官京师,见辄谈艺,又时时相聚饮博。越十年癸亥,余居上海,贞长参浙江军幕。其主将每招余至杭州,暇则与贞长游湖上饮酒楼,各出诗相视,以为笑乐。又二年,乙丑,余在枢府,邀贞长北来治官书。晨夕相见,顾簿书填委,而文酒之乐邈不可得。居数月余,谢病去。贞长仓黄南归,以贫故,复为人掌书记,体力渐渐衰退矣。越六年辛未,以《病起楼诗》寄余大连,尽一册皆绝句。读其诗,私心慨叹,忧其不久于世。是年,余来上海,复与相见，辄和余妙高台二诗。未几又病，余走视诸寝，因怀参饵贻之。贞长目余曰，环堵萧然，语次长喟，余亟乱以他语。壬申三月，游华山归，贞长已前死三日。夫以贞长文学粹美，交友遍天下，佣书老死而不获一日之逸，士之忧生失职，至于此极。然则诗人多穷之说，其信然耶？贞长治诗，垂四十年，不名一家，而所诣与范肯堂为近，陈伯严、郑太夷、俞恪士、黄晦闻、夏剑丞、李拔可交口称之。余最喜其《静安寺追怀恕斋》一诗，以为浏亮沉痛，而家国身世、朋友之感胥寄于是。盖贞长尝居湖广总督幕府，恕斋则总督瑞澄字也。贞长才气横溢，赋诗喜和韵，《和落叶诗》叠韵至四五十不肯休，朋辈无抗手者，顾其过人处则在独谣孤咏，情与景融，悠然意远，而不系于更唱迭和之所为也。贞长既死，其友朱钵文为之董理遗稿，凡七巨册，余钞得三百十二篇，刊布于世，稿本则归诸钵文，度必有好事过余而举授之梓者。然即此以概其全，亦足以尽吾贞长矣。甲戌秋日，长乐梁鸿志。"

　　次，叶恭绰序一篇云："余年十二，随先君至赣，先君为妙选师友，故一时贤俊，多得从之游。厥后聚散不常，遭遇复各异。曩者晨夕谈艺之乐，一逝不可复得。日月易迈，往昔盛年各随尘浪以俱去。三十年中，哭桂伯华、刘玉珩、沈筱宜矣。继又哭陈师曾、梅棐漪，最近复哭诸贞长与刘未林、文公达。余幸稍识生死无常之理，不至以此伤性，然情怀则可知也。又念诸君以特异之姿，阅世数十寒暑，所得者惟忧苦疾患，此固人类所同。然第求稍获世间名利恭敬，以窃自慰，其非虚生浪死，其事亦至复不易。呜呼！人生之多艰，文人之无命，殆不信耶？贞长长于余数岁，少好为诗，屡相唱和，惊其骨骼腾健，望之莫及。中岁偶读所作，则益转为苍浑，骎骎与散原、映庵诸公并驰。没后，觅所为诗，固衰然成集，梁子众异因独任剞劂之役，刊成此帙焉。贞长平生知友甚夥，今独得此于众异，于死友可云不负。抑贞长异时屡助节使幕府,巍然将有以自见,固非欲以诗人终者。顷岁胥疏无俚,买地西湖红柏山庄,葺屋数椽,期将隐居以老。复遇焚如,毁藏书,万数千卷都尽,意气乃顿衰。谋食,来海上,所为诗始率易。及病以死,几无资为殓。综其身世,颇类子美、樊川与玉溪、剑南。然敛华就实,能用于世,复似过之。至于诗之与古人絜长较短,则未易以一二言尽也。余往者曾属友人吴眉孙刊师曾遗诗;伯华以学佛,弃其文字;玉珩早死,无遗稿;筱宜、裴漪所作散佚。余比搜辑公达之作,尚未成编;未林遗稿,则贫不能刊。呜呼!当今之世,贞长之犹得流传此帙,得不谓之厚幸欤?抑文字与世谛牵缠至固?贞长曾从伯华学佛,今兹摆脱尘鞿,将舍其所执而企其所未至,区区一诗集之刊布,其未必为贞长之意乎?第朋辈之所得而助于贞长者,则固止如是也。噫!民国二十二年十二月,番禺叶恭绰。"

次,夏敬观序一篇云:"诸君贞长既殁年馀,其故旧取手书诗若干篇,复辑录朋游传写投赠之什,汇为若干卷。长乐梁众异遂择其尤醇者,推次年月,编而刊行,使余序之。盖君所为诗夥矣,然不自爱惜,投积败箧中,草或不完。己巳前存杭州宅者,不戒于火。君尝谓我当忆存之,今求其家,不果有也。君少才力横肆,好魏源、龚自珍之学,颜所居曰'默定书堂',中岁始更名'大至阁'。所赋诗多随兴所至,振笔书之,未尝刻意锻炼,求胜于人。诗成,辄自喜,方一笺置前,未必尽惬吾意。及汇百十篇,诵之,则才逸言雅,固不在近顷诸能诗者后。余交君逾三十年,览省其间酬唱之作,若历梦境。悲忧患难,尝与共之,有徘徊肝膈而不能去者,况与君生同岁,顾后死以序君之诗耶?君善记书,久客疆吏幕。辛亥武昌兵变,君遂去。后过恕斋有诗,最为朋曹所传诵,生平事亦略具于是。又尝记相者言当获身后名,纪之以诗。繄古以来,以诗名而命蹇似君者,代有其人,亦惟使吾辈执卷吟讽叹赏而已，夫身后名果于君何济哉？新建夏敬观序。"

是集录各体诗230题302首。有《夜游约同去病》、《夜坐示拔可、度公》、《重九赋寄寐叟、缶翁》、《哀师会》、《和伯严》等诗。《送栗长入蜀》云："颇闻滟濒已无滩，君去休歌蜀道难。岂似陆游耽晚宦，莫教严武笑儒冠。中原多难忧戈甲，十日能留戒雨寒。玉垒浮云有今古，驿书题寄远人看。"

《病起楼诗》，一卷，1930年铅印本。

扉页题签：病起楼诗，大至自署。次，版记"中华民国十九年四月廿五日刊于上海"。次，手书"是真语者，实语者，如语者，不妄语者。般若波罗蜜多心经语，大至录志"。

次，诸宗元自记一则，云："《病起楼诗》一卷，总七言绝句七十二首，为居士今岁病两月馀时所制。中间人事之乖迕，病状之嬗易，皆著于篇什。今幸而不死，自视辄为哑然。但以诗而论，则钱牧斋所谓许秀才体矣。儿子章世、祥世既为写录，将以寄海内故人。吾友朱翁炎午、陆君丹林乃举以付印。海内之知居士者，见此短册，当信居士犹在天壤间也。中华民国十九年四月二十五日大至居士记。居士病之得生，朱翁与张十一弟森玉皆有厚于居士，用并记之。"

次，目录。是集共录七言绝句72首，皆归于"病中杂书"题下。有诗如："游旧先期待我来，迟教宵半我方回。朱王隔巷康邻宅，为道生还亦壮哉。"自注"朱炎午、王饶生、康特璋"。又"二汪得遇失王黄，远涉疲教眩目光。园径经行问淮水，故人重见两欧阳。"自注云"汪辟疆、汪旭初、王小湘、黄季刚、欧阳竞无、欧阳法孝"。集中诸诗多陶冶性情之日常生活之作，亦有少量关心家国事者，如："邻巷争传饮弹人，故教魂泪感前尘。旁观任说陈其美，我意尤哀宋教仁。"书末附有五言古诗《客言》一首,叙目睹列强侵占中国而生之悲愤。

邹鲁 《澄庐诗集》,十二集,一册,十二卷,民国二十八年(1939)本;《澄庐运甓诗集》,一册,民国油印本。

邹鲁(1885—1954),幼名澄生,以"天资鲁钝",自改名为鲁,别号海滨,广东大埔县茶阳镇长治仁厚村人。1914年,创办《民国杂志》,1926年,任首任国立广东大学校长。1954年,病逝于台北。著《中国国民党党史》、《回顾录》、《教育与和平》、《邹鲁文集》、《邹鲁文存》。

《澄庐诗集》十二集,每集一卷。封面题签:澄庐主人自署。卷首有民国二十三年自序,卷尾有民国二十八年张掖跋。十二集依次为《烬余集》、《环游集》、《扶桑集》、《朝鲜集》、《东西南北集》、《突黔集》、《国立中山大学新校杂诗》、《两都集》、《南泉集》、《归来集》、《渝蓉游草》、《题画集》。各集体下皆有自注,略叙各集起迄时间及行迹。存诗起于民国十年,第一首《登越王台感赋》,自注:"民国纪元前六年。"盖是少作。迄于民国二十七年。澄庐诗,殊有佳作。卷一《四十三岁初度感怀》、卷八《三峡》杂言古风一首,随心所欲,想出天外,砳砳不穷,何必低首《琴志楼诗》同类题材之作。卷二《环游集》虽篇什无多,而歌咏印度洋及欧陆诸胜迹,亦可玩味。卷六《南京忆辛亥》绝句四首、《谜言》五古一首,卷七《国立中山大学新校杂诗》,卷十《闻台儿庄捷报》、《纪二十七年四月廿九日空军空前胜利》,则皆可以参证史乘。卷六《公愚教授以读莲香集诗简余,适枯桐主任在百花冢左右辟路植树,因赋五言二十八韵以纪之》亦颇有情致,多议论,而不可厌,尤属难得。兹录其卷五《沧桑》一首,诗云:"阅尽沧桑百感平,由来世态反人情。养蚕尚不衣罗绮,饱饭何曾事种耕。季达孔穷原有例,颜殇跖寿莫相惊。君将历史从头看,消长机枢总可明。"

张掖跋云:"民国二十三年春,余编先生所著《澄庐诗集》,先生曾自为序。其后陆续加增,迄至廿七年底止,共得诗若干首,均由先生按其时期,自行订定,分为十二集。先生非纪游记事不作诗,入川之后诗较多者,以其游地多也。将来先生之诗,再有增益,当续为编订焉。中华民国二十八年张掖跋于澄江国立中山大学。"

《澄庐运甓诗集》为手写油印本,署"邹鲁近著"。收《两都集》、《南泉集》、《南回集》、《渝蓉游草》、《题画集》。与民国二十八年刊行之铅印本《澄庐诗集》末五卷同。惟《澄庐诗集》卷十《归来集》,此作《南回集》。其余篇什次第,皆同。考《澄庐诗集》有邹鲁民国二十三年所作自序,而《澄庐诗集》之刊行则在民国二十八年,所收诗亦止于民国二十七年。由是可知,自民国二十三年以迄二十七年,四五年间之新作,初不在《澄庐诗集》刊刻计划之内,而别写为《澄庐运甓诗集》,即油印本五集是也。迨二十八年刊刻《澄庐诗集》,遂一并刊入。《澄庐运甓诗集》既止于《渝蓉游草》、《题画集》两集,则油印时间在民国二十七年无可疑也。

邹铨 《流霞书屋遗集》,四卷,卷首一卷,民国二年(1913)铅印本。

邹铨(1887—1913),字亚云,一作亚雄,号天一子,又署民铎,江苏吴江章练塘(今上海青浦练塘)籍,浙江嘉善人。吴江黎里自治学社读书时,与柳亚子同学。就读杭州浙江高等学堂,受陈巢南器重,为入室弟子。主上海《天铎报》,兼华童公学教授。劳瘁毕至,卒年仅二十六。柳亚子搜罗刊布《流霞书屋遗集》。曾纂修《练塘小志》,未结稿,其师万以增续成,柳亚子写序。陈巢南曾撰写《邹生传》，高天梅有《哭邹亚云文》，庞树松有《亚云忆语》，备致哀悼。无锡蒋万里有挽诗："珠玉宁无价，文章自有神。斯人不可作，千古此离群。心血呕如许，风徽渺若尘。锦囊佳句在，读罢泪沾巾。"

封面题签：流霞书屋遗集，疢侬。扉页大字题签"流霞书屋遗集"，下款"安吴胡朴庵署端"。次版权页："中华民国二年九月上海国光书局代印"。次，目录。

卷首：柳亚子《邹亚云传》，其中有云"复草《杨白花传奇》，谱庽廷秘事，论者比之张苍水《满洲宫词》云。"又云："君性诚挚缜密，为人谋无不忠，诗文清丽如其人。"是皆涉及文事者。慈溪陈训恩布雷《报沈剑侬书》、《与柳亚子书》。

赠诗部分：有傅钝根、胡怀琛、高旭、俞锷（剑华）、叶叶（楚伧）五人。挽诗部分：有吴沛霖、胡怀琛、沈家璠、周伟（人菊）、高旭、高增（佛子）、姚光、何痕、庞树柏、余寿颐、柳弃疾十一人。忆语部分：有叶叶、庞树松、庞树柏三人。

庞树松忆语有云：其一，"亚云主持《天铎报》最久，其平生文字，都见于《天铎报》中。其所为诗，哀艳顽感，不让温李。"其二，"亚云为南社中一健将，擅诗词，与当世名流多唱和，惜其稿散佚不全，即南社集中，亦不过一鳞片爪。"其三，"钝剑又云：亚云著述不多，而其所撰《杨白花传奇》，哀艳风流，定可不朽。"

遗集正文：卷一为文，计有《钱塘观潮小志》、《病夫论琐述》、《均禄篇》、《振兴女学议》、《书桃花源记后》等34篇，其中《文章与世运递降说》、《书包世臣与杨季子论文书后》等文，颇涉文法文思，其欣赏世臣文章能"务求翔实，不约于道，亦不制于法，不摘前人之小疵而评其得失，不落他人窠臼而阿其理论"。

卷二为诗。计有51题124首。有《寄剑侬山阴》、《寄钝剑》、《偕钝剑小剑巢南游西湖口占》等,《口占写赠亚子》二首,其一云:"九十韶华六十过,忍教芳事付蹉跎。孤山剩得梅花瘦,留与吴侬谱棹歌。"其二云:"罗浮残月渐无痕,细雨落梅欲断魂。一夜小楼萦旧梦,酒螺香醉杏花村。"《即席步韵赠楚伧》云:"都是雄心未死人,背随梅柳渡江春。临淮唱罢刀环曲,犹记旌旗卷战尘。"

另有《今日之交际》、《今日之仕途》、《今日之时局》、《今日之民生》四首,颇有现实意义,其咏民生云:"沧海横流谁砥柱,我来拔刀问钧天。灾蝗不下蠲租诏,雨雪谁偿儆舍钱。棘木任形悬象丑,劫灰未尽又烽烟。米珠薪桂艰难甚,满壑饥民自可怜。"

卷三为诗余。计有 26 首。有《烛影摇红·和陈君布雷与杨女士隽人结褵》、《湘月·酒楼写赠亚子》、《临江仙·巢南不良于行欲偕余游西子湖舆夫不至闷坐无聊爰口占以示之》,其《大江东去·题楚伧温生才传奇》云:"河山残破,叹斜阳衰柳,神皋欲暮。何处种魂留一缕,飞向南洲珠浦。洗剑秋河,磨刀鲛背,侠风回风舞。男儿跳脱,英雄气概千古。 纵教壮志飞灰,血花凝碧,此志何尝负。到底头颅原有价,赢得豪名满宇。屠狗生涯,王侯事业,一样埋黄土。竹如意断,添侬无限心绪。"

卷四为《杨白花传奇》六出。卷首傅钝根《赠邹亚云》曾专门提及此剧云:"邹子翩翩绝世佳,闲商馀事到铜琶。拼将南史雌黄笔,谱出东胡杨白花。劫后文章仍痛哭,酒边肝肺郁槎枒。灵山久旷宗风寂,护法劳君费齿牙。"高旭《寄亚云海上》二首其二亦云:"一曲新声杨白花,风流亡国也堪夸。才人落笔差多事,检点闲愁到鬓华。"

张素 《瘦眉词卷》,民国年间抄本。

张素(1877—1945),字挥孙,又字穆如,号婴公,江苏丹阳人。清末举人。主哈尔滨《远东报》。著有《婴公文存》、《闷寻鹦馆诗钞》等。

《瘦眉词卷》共六册，依年编排收录自庚戌迄癸酉词作。前有邵瑞彭序文一篇，云："夫王风委靡，则下泉之声作；贤者失时，故怀陵之操兴。鲁酒薄而邯郸围，蚕珥丝而商弦绝。枢机所发，世变系之，物色相召影响焉。填词之业，肇端乐府。言欢难巧，遣愁易工。拟诸《诗》雅，迨有过之。然其驰骋风烟，彷徨山泽，芳草表其馨逸，窈窕致其神思，摛纱在手，和声成文。灵珠潜于重渊，吴铎应于千里，盖心同者其感速，情至者其用神也。余以离忧，偶效艳歌。同时词流，雅与扬榷。戊己之际，乃逅张子。时复招邀，劳声相和。名篇飚发，心赏弥永。詹詹小言，瞠乎后矣。继而思之，词之为道，穷其情变，则通乎一世，撷其精气，则存乎其人。花间肠断，但有子奇。南宋赋物，别爨唐珏。匪为独造之难艰，抑亦明志之难也。张子今方涉秽貊之故墟，过女真之旧土。胡马夜嘶，鸣笳四起，感念畴昔，能不咏言？余既为撮宿稿，叙述指归如此。至于赓北音于有娀，见青草而相忆，发皇耳目，延伫匪遥。凡今所陈，足征轨辙云尔已。己未十二月，淳安邵瑞彭。"

词篇众多，不一而足，然交游词不占多数，其中以张氏称为"小柳"、"明星"二者为最多。南昌陶牧，字伯荪，号小柳。明星，未详何人。如《摸鱼儿·寄小柳苏州》、《百字令·用前韵答明星》、《摸鱼儿·雨窗话旧和小柳韵》、《满江红·和明星韵》、《浣溪沙·和小柳》、《戚氏·九日寄明星小柳》、《万年欢·寿明星》、《永遇乐·寄怀小柳》等等。其词意象清远，出入雅俗。如《八声甘州·秋夜寄怀小柳》词云："拥萧萧黄叶满林皋，闭门听秋声。有疏星几点，孤鸿万里，相伴寒更。回首江南何处，词赋老兰成。乡国浑如梦，一夕愁生。　　苦恨年年羁旅，到秋来心绪,一味懵腾。掬忧时涕泪,挥洒与何人。赢得茱萸插帽,恐年时,短发已髭髻。登高节,又匆匆过,风雨边城。"《虞美人·水榭闻歌同小柳》云:"得闲且自寻陶写。水榭听歌罢。伤心最是古秦淮。空剩六朝金粉使人哀。　　浮云西北人何在。只恐朱楼改。酒清愁渴不须归。满地落红如雨乱莺飞。"《清平乐·与贞壮别且十五年昨晤于秦淮酒楼即席赋赠》词云:"旧京游事,小劫沧桑记。怪道相逢如梦里,吟鬓两俱皤白。　　卅年书剑飘零,白门弦管重听。一阵藕花香过,晚风宿酒唤醒。"

　　另有附编所录与文学著述关联不大,为南社社友以文言写作其他社科著述。

曹祖彬　《金陵女子大学图书馆图书目录》,一册,民国十六年(1927)南京金陵女子大学图书馆油印本。

　　曹祖彬,字亦华,号吟村,江苏高邮人。南社中父子同为社员者仅曹凤仪、曹祖彬两人。曾为金陵大学中文书编目兼中学图书部负责人。1940 年,金陵大学迁成都后,担任文学院图书馆专修科主任,四川省立图书馆馆长。编有《丛书子目备检著者之部》。

　　《金陵女子大学图书馆图书目录》,一册,民国十六年南京金陵女子大学图书馆油印本,标题下有《初编》二字。有民国十六年十二月曹祖彬所撰《凡例》。此系金陵女子大学图书馆藏书目,不从四部分类法,而以新式分类法编目。分九大部类,曰《总部》、《哲学部》、《宗教部》、《自然科学部》、《应用科学部》、《社会科学部》、《史地部》、《语文部》、《美术部》。各部又分若干小类。著录书目近两千种。

　　一、《总部》:《目录学》、《图书馆学》、《国学》、《普通类书》、《普通杂志》、《普通会社出版物》、《普通论丛》、《普通丛书》、

《群经》。

二、《哲学部》:《思想史》、《中国哲学》、《东方其余各国哲学》、《西方哲学》、《论理学》、《形而上学》、《心理学》、《美学》、《伦理学》。

三、《宗教部》:《比较宗教学》、《佛教》、《道教》、《基督教》、《回教》、《其它各教》、《神话》、《术数》。

四、《自然科学部》:《数学》、《天文学》、《物理学》、《化学》、《地质学》、《古生物学》、《生物学博物》、《植物学》、《动物学》、《人类学·解剖学·生理学》。

五、《应用科学部》:《医药》、《家事》、《农业》、《工程》、《化学工艺》、《制造》、《商业》。

六、《社会科学部》:《统计》、《教育》、《礼仪》、《社会》、《经济》、《财政》、《政治》、《法律》、《军事》。

七、《史地部》:《中国》、《世界》、《传记》。

八、《语文部》:《语言学》、《文学》、《中国文学总论》、《东方各国文学》、《西方文学》、《新闻学》。

九、《美术部》:《音乐》、《建筑》、《雕刻》、《书画》、《游艺》。

黄佛颐编,黄映奎辑　《先三乡贤年谱》三种(《粤洲公年谱》《双槐公年谱》《文裕公年谱》),一册,不分卷,光绪二十九年(1903)香山黄氏纯渊堂刻本(谨按:实系清钞本)。

黄佛颐(1886—1946),民国藏书家、文献学家。字慈博,号慈溪。香山(今属广东省中山市)人,南社社员、清末拔贡生。撰有《广东宋元明刊本纪略》、《广州城坊志》、《英德县续志》、《黄氏家乘续编》不分卷、《珠玑巷民南迁记》等。

黄映奎(1855—1929),字日坡,香山(今属广东省中山市)人,学海堂专课肄业生,1903年岁贡,1909年至京考职,就县丞。民国改元后,任广东通志局分纂,后创办中国文专科学校。

《先三乡贤年谱》三种,有南海杨裕芬序、黄映奎跋。

谨按:此系黄氏三祖年谱合钞本,裔孙黄映奎并其子佛颐辑钞。含《双槐公年谱》、《粤洲公年谱》、《文裕公年谱》三种。双槐,名瑜,字廷美,号友琴,晚更号双槐老人,学者称双槐先生,生于明宣宗宣德元年丙午(1426),卒于明孝宗弘治十年丁巳(1497),年七十二。粤洲公,名畿,字宗大,初号清虚子,晚更号粤洲,学者称粤洲先生,生于明宪宗成化元年乙酉(1465),卒于明武宗正德八年癸酉(1513),年四十九。文裕公,名佐,字才伯,号希斋,又号太霞子,晚更号泰泉居士,学者称泰泉先生。三人均理学家。

杨裕芬序有云:"《史》、《汉》有《儒林传》,无《道学传》。自《宋史》始分儒林、道学为二,而理学则宋儒极盛,循吏则汉儒称最焉。裕芬末学肤陋,钻研汉宋,未窥涯涘。窃慕明儒双槐、粤洲、泰泉三先生之治绩、行谊、学术,远追刘汉,近沿赵宋,而双槐治绩俪汉之循吏;粤洲行谊、泰泉学术,跻宋之道学。三先生实皆根柢儒林,故世德家风,于兹弗坠。晚近政学奇变,蜩螗沸羹,罕有溯儒宗而崇理学者。鄙人杜门谢绝久矣。丙午冬日,良友日坡明经以其喆嗣慈溪茂才所辑《黄氏家乘续编》见示。备览三先生出处大节,仰其授受渊源,纯正博大,足以轶汉宋而拯末流。尤敬日坡乔梓食旧德之名氏,足以承先哲而启后昆。特是乌可以不志。后学南海杨裕芬谨序。"

黄映奎跋云:"先祖双槐、粤洲、泰泉三先生以理学俎豆宫墙,为百粤儒宗。映奎学行谫薄,恒以弗克缵承为憾。曩从兄石孙曾有泰泉公年谱之辑稿存家,十数年前为人攫去不返,映奎常耿耿于中。今岁以校刊家乘续编竣,遂出先集家谱及诸载籍,命男佛颐重辑之,并命增辑双槐公粤洲公年谱合一卷,俾三先生家学渊源,与夫出入大节,均得考见,因附刊家乘之后。吾宗子弟,傥能瞻仰先德,奋然兴起,则于数典不忘之意,尤足慰耳。光绪癸卯腊月裔孙映奎谨识。"

黄希宪 《边政商兑》,二卷,民国间合兴印刷馆排印本。

黄希宪,字履平,江苏吴县人。著有《孤松轩文集》、《孤松轩骈文钞》、《饮酒读骚馆诗集》、《哲学渊》、《经义别解》、《〈史通〉通》、《度陇吟草》。因前司法总长梁启超之荐,任甘肃高等法院书记课事务一年,院中重要文件皆出其手。

分上、下两卷,无句读。卷上分《教育》、《财政》、《兵制》三篇,卷下分《吏治》、《实业》、《警察》、《司法》、《边防》五篇。

谨按:国图所藏,止一册,收上卷三篇。然则本书自当为两册,上下卷各一册。

卷首有民国三年虞锡晋序,及作者自序云:"万方多难,一剑独行。啮雪度陇,倏逾周晬。忧患洊逼,琴德孔悁。仆瘁马瘏,遑知所届。暇辄斗酒自劳,藉慰魂魄。经世之志久息,名山之书可焚。瘴雨蛮烟,砥砺徒切;天经地纬,憔悴何补?忽焉灵修有托,清梦来徐;陶潜诏予,斯民未活。涔涔血泪,镌入文字。一孔之见,无足观焉。履平识于甘肃高等法院。"

《教育》篇之《论番民教育》云:"自来治番,无善道教。番无良法,无智识,无教化,既不可以法律绳,又不可以道德感。任其自动自息、自生自灭,而无转移习俗之可言,非天地间之一憾事耶!吾闻前清顺康以来,所谓逆番者,时见于疆臣之奏牍及君主之谕旨……"又如《兵制》篇之《甘军之今昔观》:"甘兵创于左文襄,厉于董福祥。今则暮气袭心,无纪律,无系统,甚哉其弱矣。故自白匪之来也,纵横驰骤,如入无人之境,敢击之者仅一马国仁。国仁帅数百骑无纪律之骄兵与五千有快枪之悍匪战,可谓之壮,不可谓之知兵也。……"溯往思来,皆出履践目验,非漫为之也。

虞锡晋序云:"从政于古有道乎?曰有入境问俗是已。从政于今有道乎?曰有具备政治常识是已。古之从政者曰:一物不知,儒者之耻。又曰:学而优则仕。是仕之不可不学也明已。以今例古,世变日繁,而内政外交以及学术思想之变迁,尤日出而靡穷。非有天姿英迈好学深思之士,则断不能明治术原理,冀臻学优之一境。吾执此例以求之甘肃士夫间,则黄君履平殆其人焉。履平本江南名士,以前司法总长梁任公重要文件,皆出其手,而若行所无事焉。暇尝手一编,于学无所不窥,窥必殚精竭虑以求真理之所在。书不载,则之陇民而叩之。虽遇村农野老,亦必询以水利种植诸经验,其虚怀究心类如此。故自一年以来,凡关于甘省政治上之规划,类皆贯彻于胸中。成书二卷,语多握要,文笔浩瀚,时露奇气。所谓经世之文者非耶!同人等劝之梓,则曰:'是区区者识吾所知而已,恶足观焉。'同人等再三请,则始以稿相借,盖其所志者宏而不甘侥然自足也。其所著有《孤松轩文集》、《孤松轩骈文钞》、《饮酒读骚馆诗集》、《哲学渊》、《经义别解》、《〈史通〉通》、《度陇吟草》诸书,均待刊。是编特东云一鳞,留心政治之外史,岂足以尽黄君哉。是为序。民国三年十二月三日慈溪虞锡晋序。"

刘铁冷 《铁冷丛谈》,一册,民国三年(1914)民权出版社油印本。

刘铁冷(1881—1961),原名绮,字文樾,宝应人。别署鸥梦轩主。曾为上海《民权报》主笔,与蒋著超创办《民权素》月刊,与徐枕亚等创办《小说丛报》月刊。著有《铁冷杂记》、《桃李因缘》、《官眷风流史》、《斗艳记》、《求婚小史》、《野草花》、《惧内秘记》、《铁冷丛谈》、《铁冷碎墨》等。

封面题签:铁冷丛谭,周皓题。有序七:序一胡常惠(德)撰,序二王无闷撰,序三沈章撰,序四孙家树撰,序五秋梦撰,序六杨行民撰,序七徐振英撰,另有自叙一篇。均较长不录。书前有题词8篇。依次为卷庵两篇,虞懒僧两篇,秋梦、天羽陈白、沈灏、赵学诗、徐镜澄各撰一篇,潘钟酿两篇,花奴、豁庵、庞树柏、卢文虎、澹庵、天籁、冷庐客各撰一篇。

该书共六卷,共6篇。卷一为《燕尾儿》、《义主仆》、《秘密室》、《曾省三》、《诗逋》等共12篇。卷二为《落臼关》、《恶讼师》、《驴骗》、《侠女》、《吴鸿》等共12篇。卷三为《壁虎》、《人妖》、《诗颠》、《月波》、《瞿生》等共13篇。卷四为《猿劫妇》、《林望仙》、《屠隐》、《村童》、《可儿》等共13篇。卷五为《骗骗》、《黑市》、《汝南生》、《季榜眼》、《乘鹰客》等共13篇。卷六为《潘素娥》、《李明章》、《东洋村》、《樵家妇》、《江夏令》等共13篇。

其中内容多为记人,如《许青衣》、《王会敖》、《蒋定成》、《舟中人》、《琴仙》、《猎妇》、《盗官》、《云娘》、《桂珠》、《丐医》、《痴匠》、《纪长春》等。卷一《义主仆》云:"和州葛曼卿,富翁也。行年八十,而精神矍铄,如四十许人。生平好施与。每岁除夕,遣人四出,各以米一斗、钱一贯,潜至柴蓬而纳之。不使龙惊,恐人争夺也。法于前数日,派司账散步荒郊,密探人口多寡,职业有无,定施与之标准。有人多极贫者,则倍给之,或三倍、四倍不等。迨东方既白,爆竹声阗,嗷嗷哀鸿,启门而望,则斗米千钱,累累盈庭。咸大喜过望,如获异珍而颂施主恩焉。"又如《屠隐》云:"屠人某,逸其名,明季襄阳人。身体魁梧,修八尺有余。方瞳微髭,貌甚奇伟。豪气盎于面,望而知为异人也。贫而好读,工书法。用笔挺拔遒劲,酷似其人。尤喜作对偶,其家内外楹联,多自选自书。举止温雅,性情憨直,不类鲁莽灭裂者。每道及魏党排挤东林,窃怒目裂眦,恨不手刃之,以除其奸。尝仰天长叹,作狮吼声,盖所谓不平之鸣也。"

书中多记杂事,如《葵枪》、《奇贼》、《拳农》、《奇骗》、《兰英仙史》、《遗民》等。如《腹婚》云:"湖州李生,满清乾嘉时人。家贫、业商、性忠、貌不扬,痘疤满面,色如染漆。俗以黑面郎呼之。盖诮其似圈豚也。生未生,父母即为之定婚。邻右有胡姓妇,与生母同时而孕,两姓素相得。因指腹为婚。议所生各异,必联为朱陈之好。无论贫富及妍媸,不得渝此约。"又如《人妖》云:"金陵升平桥,有巨宅焉。占地可数十亩,短垣环绕,砌以方砖,牡蛎蛏痕,剥落殆尽,左右邻皆指为大明遗制。鼎革后,赁者绝少,兽环久锁,荆棘丛生,排闼数十间。野狐猬集,吟啸成群。每于月下更深,骇人观听。又相传为仙人所居,故广厦多间悉成空谷,后世无问津者。壬戌秋,秦淮泛涨,又值大比年,假室于人者,例当让考,因此秦淮以南之居民纷纷北徙,是宅遂大启。"

陆明桓编 《松陵陆氏丛著》,九册,民国十六年(1927)刻本。

陆明桓(1902—1929),字简敬,号苏斋,江苏吴江人。柳亚子从妹柳蒨雯之婿。有《和金阊纪事》、《苏斋遗稿》三卷等。

一函九册,有金祖泽、金天羽、薛凤昌、沈昌眉、沈昌直序。子目十四种,曰《辛夷花馆诗剩》、《西村词草》、《梦逋草堂劫余稿》、《梦逋草堂劫余稿补遗》、《梦逋草堂文剩》、《诵芬馆诗抄》、《少蒙诗存》、《思嗜斋诗剩》、《思嗜斋文剩》、《溉釜家书》、

《陆氏诗剩汇编》、《陆氏文剩汇编》、《古柏重青图题识》、《寿萱集》。陆氏先人遗稿,例藏于家,虽多残缺,尤足传世,民国间族裔明桓收掇为一编,用付剞劂,名曰《陆氏丛著》。第七册《陆氏文剩汇编》、《陆氏诗剩汇编》各一卷,为陆明桓先人遗稿,作者与南社渺不相接,编者为南社中人,此为南社整理乡邦文化文献个案,故录此。

秦恩述编、秦振夫补编 《桂林秦仲勤先生年谱》,一卷,民国间石印本。

秦恩述,字仲勤,广西桂林人,生于清同治三年(1864),卒于民国十七年,春秋六十有五。光绪二十年甲午(1895),主讲济宁渔山书院,二十三年丙申起任博白教谕,三十二年丙午为苍梧令庄秉瀚佐理刑钱。民国立,二年调任云南省行政公署秘书。民国十年,粤军入桂,肆扰乡间,马君武长桂曾以书勖之,倡桂人自治。民国十七年病殁。秦振夫为其子,编有《邵武县志》等多部方志。

一册,有秦振夫案语及盐兴朱培德后叙。此系秦恩述自撰年谱,其子振夫编述而刊之。

秦振夫案语云:"先君年谱,始于民国十三年夏,侨寓济南,徇先兄诚孚与不孝之请,自撰集以示子孙。自十三年迄十七年,五年之间,家运迍遭,先君多病,自是中辍,然未可遽付阙如,不孝执笔于旁,谨为补志。"

朱培德后叙,补记一二轶事,亦足参稽。可与《年谱》相发明。

朱培德后叙云:"右桂林秦仲勤先生自撰年谱一卷。谱者,史之支流。太史公为《三代世表》,稽其历谱谍,为《十二诸侯年表》。读春秋历谱谍,盖谱之起远矣。其后郑君笺诗,亦为十五国风作谱。而一家一人之事,则有族谱、年谱。晋宋以来,迄于隋唐,天下重门第,辨氏族,其时官私谱牒尤盛。近代治社会学,于种性遗传之际,亦有资于谱牒,盖欲观社会之至赜,而求其迁变递嬗之迹。私乘野记之与官书国史,为用一也。先生年始弱冠,对策大庭,意气甚盛,而天独老其才于术序之间。时盗贼蠭发,所至残破,先生以一校官为博白城守,禽斩过当,贤者之为效如此。其后改官云南,出治剧邑,入佐幕府,声施烂然,而非其好。当清之季,独留意于革命之说,危言危行,无所畏忌。首义之初,锐意当世,欲有所施设。洪宪僭号,遂以潮阳一隅首举义旗,为岭海倡导,尤为世所震伏。戊己之交,与先生同在军中,从容杯酒,貌癯而神王,高探抵几,未尝有衰惫之色。及归卧历下,遂不相闻,独时时从哲嗣振夫问起居而已。今年收复北平,振夫亦自洪州来觐先生,则闻先生病甚,两股大瘇,浸淫及腹。余甚忧之。归抵洪州,遂以先生之丧告,且出此卷欲刊之,以赴于知先生者。余观古之人多自述其生平。司马相如、杨雄之传,本其自叙。迁、固作史,终以叙传。皆其例也。兹谱虽略,未足概先生生平行义,然世变之迹,出处之节,亦于此具其大略,可以谂世之欲知先生者矣。故为之叙以归振夫,亦以慰其罔极之痛焉。民国十七年国庆日,盐兴朱培德叙。"

孙景贤 《轰天雷》,十四回,清末铅印本。

孙景贤(1880—1919),字希孟,号龙尾,笔名阿员,化名藤谷古香,常熟市虞山东麓读书里人。光绪二十八年(1902)创作完成小说《轰天雷》。民国后就职于外交部。

《轰天雷》一册,凡十四回。署"藤谷古香"。无序跋,无题识。第一回开头云:"话说江苏苏州府距齐门九十里有个县城叫做常熟县,西北跨虞山之巅,南望尚父昆城两湖,真是清高灵秀之地。虽僻处海隅,而城市繁华,衣冠荟萃,也是苏州府内一个名胜之区。地灵自应人杰,近五十年来却出了三大人物,一个是位极人臣尊为师傅的老中堂,一个是倾国倾城第一无双的都老爷,一个是忠肝义胆不顾生死的太史公……梅里镇,镇上有个姓荀的寒士,号北山,单名一个鹏字。五岁时,父母俱亡,哥嫂抚养大了。……"故事即由此展开。主人翁荀北山不久及进士第,一时风光无限,后来愤于时事,骨鲠非常,又尚新学,以此忤世,卒革职下牢,末一回《论维新初翻点将录 读序文归结轰天雷》殆尽之矣。十四回目录如下:

魏熙元填词、汪绳武正谱、倪星垣评文　《儒酸福传奇》二卷十四出,清光绪十年(1884)玉玲珑馆刻本。

倪星垣(1867—?),字为章,号半农居士。河北献县城东周官屯人。光绪举人，尝设馆都门。后游幕四方，任教陆军学堂，工文章，擅草书，尤喜为人书联。著有《楹联粹编》。

一册，《传奇》分上、下两卷，正文十四出，合《大旨》、《余味》，共十六出。钱塘汪绳武薇伯正谱、杭州魏熙元玉岩填词、萧山倪星垣莲舟评文。主人翁风流自赏，冷落一生，审其遭遇，正奇杂出，良亦可悲。卷首有光绪辛巳倪星垣序，卷末有玉玲珑馆主人（疑即魏熙元）跋。

倪序略云："世味两端，非甘则苦。至介于甘苦之间，而出于甘苦之外者，吾曹之所谓酸也。儒者读书赍志，不克奋迹云霄，至折腰于五斗，抑塞磊落之气，已无可泄，而又知己人少，违心事多，履荆棘于坦途，慨炎凉之反复，侏儒何饱，臣朔何饥，天耶命耶？抑其所自取之耶？顾或者谓老死牖下，昔人所悲，为贫而仕，贤者不免。既荣之以轩冕，又尊之以师儒，有文字之姻缘，无风尘之鞅掌。出则朋侪宴游，入则骨肉团聚。食诗书之报，是亦足矣。必欲吐其抑塞磊落之气，惟此三寸不律，抒写胸臆，以自快其生平，此吾友玉岩魏君所以有传奇之作也。君于古今诗文无不精妙，尤善词曲。同人咸集之际，设想倾谈，无奇不有，而君悉以傀儡当之，演为十六出，命之曰《儒福酸》。噫！福云乎哉，抑长歌当哭之意？吾不敢知，徒知其结撰之妙，众美必臻。"则传奇大旨可见。

玉玲珑馆主人跋云："曩余撰传奇四种，曰《犁乐轩》，曰《玉堂春》，曰《西楼梦》，曰《宝石庄》。付梓初竣，顿遭劫灰。嗣后南北奔驰，不弹此调者二十余年。前稿忘如隔世，亦遂置不复忆。庚辰春，禾城岁试，欢联寅好，寒酸逼人，非可描绘。莲舟倪子属为此中人写一小传，不揣荒陋，选韵循腔，阅五月而脱稿。好友汪薇伯见而爱之，心摹神追，须眉浴活。薇伯归道山矣，晴榻雨窗，酒醒灯烬，只与莲舟谈笑而歌之，唏嘘而读之。噫！世不乏知音之士,窃恐许我者搔不着痒处,如使我入生地狱,情何以堪。急为之刊印千百本,结文字缘。路讨千里而遥,人待百年以后。光绪七年,岁在辛巳十月之望,玉玲珑馆主人志。"

又,别有手写一跋系传奇后,评骘殊精要,不识出何人。印章曰:北盦读一过。书此待考。

斯著虽成于南社成立之前,然与南社后来戏曲戏剧创作关联密切,故录之。

吴惜(绮缘) 《莫教儿女误英雄》,民国五年(1916)上海文明书局石印本。

吴惜(1871—1949),笔名绮缘,晚年改署起原。室名碧萝书屋、忆红梦。江苏武进人。鸳鸯蝴蝶派作家,写有《冷红日记》、《小桃红》、《反聊斋》、《奇人奇事录》等。

《莫教儿女误英雄》不分回,短篇文言小说,署绮缘。本篇收在《小说名画大观》第六册,隶属于"爱国类"。主人翁洛克为德国世家子,其叔经商于法,洛克亦肄业于法某大学,文学风采,倾动一时,璇闺名媛,咸乐与之游。后法德交战,洛克入伍,遂与居停女郎曼丽相别,故事亦由此展开。

谨按:《小说名画大观》,凡两函,廿四册,小说分若干类,一类之中,各以小说如干种系之。

薛正清 《心理建设之津梁》,不分卷,民国三十年(1941)石印本。

薛正清(1885—1952),名慎,号证庐。别号炎公,陕西韩城人。辛亥革命时,投笔从戎。北伐战争时,任冯玉祥军总部参谋。亦为著名医生。著有《儒家伦理思想》、《证庐诗集》等书。

曾赴瑞士,留心考察西欧诸国政经状况。

《心理建设之津梁》,原名《儒家心法明门论》,七卷,民国三十年石印本一册,不分卷,凡七篇,曰《序分第一》、《心俱舍法分第二》、《心正应法分第三》、《心偏应法分第四》、《心反应法分第五》、《心不定应法分第六》、《心定应法分第七》,附图四、书后一篇。于右任题签。有自序及韩城杨丙堃跋。薛氏以学废道湮,滔滔难返,乃慨然以道统为己任,欲显示孔氏一贯、孟氏性善之旨,明其条贯,纠其始终,故勒成此书。其所自期者大矣至矣。按其实,虽间以新术语,如"归纳"、"演绎"之类,仍不出宋明理学之范畴。

自序有云:"横渠张子尝谓学者应'为天地立心,为生民立道,为去圣继绝学,为万世开太平',小子何人斯,而敢与于此耶!虽然,生横渠之乡,闻父师之训数十年,所私窃困勉者,实在于是,何可自诬而诬人?况际兹复兴大业托始之时,凡百学术,均应粹砺孟晋,以应空前大时代之需,固不容托于不知不愠以自鸣高,尤不许愤世嫉俗而有待于后世之圣人君子也。道之在天下者,犹恒星之丽天,恒常不变,昭然可睹。惟巧历者乃能推验而知不爽锱铢。孔子之不惑,颜渊之卓尔,子思之尽兴,孟子之知言,程伯子体认天理,朱晦庵豁然贯通,要皆于斯道之全体大用,了然于心目,如示诸掌。世未有至道不明而可推之人己,措之家邦,开太平之基于无穷者也。子思有言:'自诚明谓之性,自明诚谓之教。诚则明矣,明则诚矣。'说者以为自诚而明生,知之质然,以孔子之圣,犹必发愤忘食,由志学以达不惑,他可知矣。盖必精研事理而后默契于一,运用夫一,以渐推于事,前者为归纳,后者为演绎。知行并进,反复参验,积之以久,乃见圆融。《传》曰:夫妇之愚可以与知。及其至也,虽圣人亦有所不知焉。道之平凡如此,道之无穷又如此。学者未可少分有得而自足,尤未可望洋兴叹而自画。方今举世干戈,率由至道不明。愚者望其玄远而莫之探索,劣者惮其严正而故为规避。于是倡为吃语,敢为瞽说,有谓世界无真是非者矣,有谓探理之学为迂腐而公然诋毁者矣。无怪屠戮相加,乱亡相继,而人道或几乎熄也。余质极钝,数十年苦思苦验,所得甚微。愿世之高才达识者,无偏溺于记诵之陋,无空骛于证悟之高,恪守前哲成法,勇猛迈进,则斯道之发挥广大,宁可纪极! 若然者,去圣之绝学不坠而万世之太平可几矣。"

杨丙堃跋亦曰:"邑先进薛正清先生,致力革命有年,尤复潜心哲理,精研覃思,数十年如一日。其至境之高深,殆非吾人所能测量。顷因事至渝,见先生所著《心理建设之津梁》一书……巨细不遗,体系粲然,诚昏夜之智灯,颓波之宝筏。因启请携归,校印成帙。吾国国运方苏,曙光已揭,斯论应时而出,发数千年湮郁不彰之义,唤醒四万万五千万人之灵魂,其含义之伟大、效力之宏远,诚有不可思议者。先生远离名心,不肯倩人作序,甚至不愿以作者姓名署之封面,《大易》所谓'不易乎世,不成乎名',其先生之谓乎? 校印既竣,僭识如左。"

庄山 《济刚节公表忠录》,一册,光绪刻本。

庄山,字秋水,江苏武进人。

谨按:周济昌,字普霖,号云舫,一号晓帆,谥刚节。正白旗,汉军内务府举人,广西临桂县知县。咸丰五年(1855)署富川知县时殉节,庄山之父。咸丰间,太平军大兴,广西一省被难尤重,济昌即于交战之际,城破被俘,不屈而亡。

本书收劳崇光、惠庆《请恤奏疏》,李鸿章、曹槐森《请列祀典并付史馆立传奏疏》,黄槐森、陶模《请谥奏疏》,《富川县志》小传附诗,《敕建济公祠堂碑记》、庄山《府君刚节公易名碑记》,

以及各类题词,分《传赞》《诗》两类。卷首则摘录《咸丰五年四月初七日谕旨》,卷尾附庄山撰《府君刚节公行状》。

　　《表忠录》之缘起,观卷首谕旨可知,略云:"上谕:劳崇光、惠庆奏游匪戕官踞城经兵练会同楚省兵勇击退一折:广西恭城县匪徒于正月十七日窜扑富川县城,署知县济昌登陴守御,因贼匪人众,致被阑入,济昌骂贼不屈,被匪戕害。旋经各路官兵团练合力围剿,并湖南候补同知王鑫等带兵会剿,至二月二十九日,该匪潜行溃出,经兵勇截杀多名,堵回恭城,复被团练歼毙五百余名。余匪向灌阳逃窜,广西署富川县事、知州衔临桂县知县济昌平日能得民心,因兵单力竭遇害,殊堪悯恻,着交部从优议恤。……九月初八日奉朱批:济昌着准其予谥,钦此。嗣由内阁开单奏请,奉旨圈出'刚节'二字,钦此。"

附录:南社旧体文学著述简目

1. 丁三在　《丁子居剩草》
2. 万以增　《练塘小志》
3. 于右任　《右任诗存》《半哭半笑楼诗》《变风集》《独树斋见闻随笔》
4. 马小进　《知神随笔》《汉黄肠木考》《岭海珍闻录》《鸦声集》
5. 马君武　《马君武诗稿》
6. 马叙伦　《论书绝句》《天马山房文存》《石屋余潘》《石屋续潘》
7. 易大厂　《大厂词稿》
8. 易宗夔　《世说续语》
9. 邓尔雅　《绿绮园诗集》《漪竹园诗》《邓斋诗集》《邓斋笔记》
10. 方瘦坡　《香痕奁影录》《习静斋诗话》《习静斋词话》《论诗绝句百首》
11. 公孙长子　《粉红城诗集》《冬冬词》《马蹄笺》
12. 尤玄甫　《捧苏楼诗稿》《捧苏楼墨屑》
13. 王大觉　《咒红忆语》《风雨闭门斋遗稿》《海天新乐府》《留都游草》
14. 王均卿　《唐诗易读》《蠖屈馆笔记》

15. 王钝根　《聂慧娘弹词》

16. 王海帆　《舟枕山人自述诗》

17. 王葆祯　《全清诗事》

18. 王道民　《卧云室遗诗》

19. 王漱芳　《梦仙遗稿》

20. 王粲君、姚石子　《浮梅草》

21. 王蕴章　《人间可哀集》《梅魂菊影室词话》《梁溪词话》《词学》《南洋竹枝词》《尊庐杂缀》

22. 古直　《层冰文略》《东林游草》《隅楼杂记》

23. 丘复　《刘鳌石先生年谱》

24. 田星六　《晚秋堂诗》《蔗香馆词》

25. 叶中泠　《中泠词卷》《中泠曲》《中泠诗钞》《春冰词》《春冰词存》《水蒸花馆诗文词集》《桃渡词》《樱海词》《啸叶盦词集》《戊午春词》《袖海集》

26. 叶楚伧　《楚伧文存》《世徽楼诗》《世徽楼笔记》《箫引楼稗钞》《落花梦传奇》

27. 宁调元　《风遗小草》《朗吟诗草》《太一诗存》《太一笺启》《太一文存》《太一丛话》《闲情集》《叹逝集》《辟支庐诗词集》《碎锦集》《南幽百绝句》《南幽杂俎》《南幽笔记》《幽室范言》《碧血痕》

28. 江山渊　《山渊阁诗草》《仿庵文谈》《绿野亭边一草庐诗话》《诗学史》

29. 江绍铨　《无我庐文存》《无我庐诗存》《江亢虎文存初编》

30. 阮梦桃　《阮烈士梦桃遗集》

31. 许盥孚　《静观轩诗钞》《两京纪游诗》《话雨篷丛缀》

32. 刘去非　《三十初度唱和集》

33. 刘伯端　《沧海楼词》

34. 刘成禺　《世载堂诗》《世载堂笔记》《世载堂杂忆》

35. 刘约真　《戊午集》《醴陵新志》

36. 刘季平　《黄叶楼遗稿》《拨灰集》《焚椒录》《华泾风物志》

37. 刘铁冷　《铁冷丛谈》《铁冷杂记》《铁冷碎墨及续编》《镂冰室碎墨》《鸥梦轩诗牍》《四六丛话》

38. 刘哲庐　《红藕花馆词话》《烂柯山房琐记》

39. 刘鹏年　《鞭影楼词》《劫余残泪》

40. 庄通百　《惜日短室文籭》《知夜长斋诗筒》《有性情籍词簏》《庄庄诗话》

41. 朱鸳雏　《朱鸳雏遗著》《二雏馀墨（与姚鹓雏合作）》《凤子词》《红蚕茧集》《银箫集》《银箫遗韵》《断肠草》《消夏剩稿》《玉楼蛛网》《峰屏泖镜录》《情话钩沉》《情诗集》

42. 朱剑芒　《南社诗话》《新新诗话》《吹花嚼蕊庐艳体诗话》《燕江诗稿》《梨湖小识》《南社感旧录》

43. 孙鸿　《雪泥诗集》

44. 孙仲瑛　《顾斋诗文集》《兰苕室吟草》《北游草》《兰园诗话》

45. 李怀霜　《不知老斋诗集》《斐然庵集》《装愁盦随笔》《炙蛾灯》

46. 李夷峙　《纪遇诗》

47. 李洞庭　《万桑园诗》《万桑园游记》《未晚楼文存及别卷》《未晚楼书牍及牍存》《未晚楼联稿》《南阁诗》《赤帜馆诗》《短文八十首》《雨窗杂记》

48. 李叔同　《秋草集》《李庐诗录》《乐石集》《二十自述诗》《三十自述诗》

49. 李根源　《曲石文录》《曲石诗录》《曲石诗文续录》《曲石文

273

存》《曲石续文存》《荷戈集》《东斋诗钞续钞文钞
续钞》《九保金石文存》《镇扬游记》《娱亲雅言》

50. 寿鑈　《珏庵词》《湘怨楼枝谭》

51. 苏曼殊　《苏曼殊集》《燕子盦随笔》《无题诗三百首》

52. 余十眉　《寄心琐语》《神伤集》《灵芬馆诗集笺注》

53. 余天遂　《余天遂遗稿》

54. 汪文溥　《耒台集》

55. 汪兆铭　《汪精卫文集》《双照楼诗词稿》《南社诗话》

56. 汪旭初　《寄庵随笔》

57. 萧蜕盦　《劲草庐文钞》《蜕盦诗钞》《铄迦罗室笔记》

58. 邹亚云　《流霞书屋遗集》

59. 张心芜　《洗桐随笔》

60. 张怀奇　《思古轩词》

61. 张昭汉　《默君诗存》《白华草堂诗》《玉尺楼诗》《红树白云
山馆词》

62. 张伯纯　《天放楼文集》《袖海堂文集》《志学斋笔记》

63. 张聘斋　《鹃唳草》

64. 张挥孙　《瘦眉词卷》《婴公文存》《草间集》《闷寻鹦馆词
集》

65. 陈夒　《虑尊词》

66. 陈仲权　《倚云楼诗稿》

67. 陈仲陶　《仲陶诗钞》《将车集》《剑庐文稿》《剑庐诗话》
《剑庐词话》

68. 陈家英　《纫湘阁诗集》

69. 陈家庆　《碧湘阁集》《黄山揽胜集》

70. 陈屋厂　《淮海游草》

71. 陈柱尊　《守玄阁诗钞》《待焚诗稿》《变风变雅楼文集》《十

万卷楼说诗文丛》

72. 陈范　《蜕翁诗词刊存》《蜕翁诗词文续存》

73. 陈莲痕　《根香庐词稿》

74. 陈匪石　《陈匪石先生遗稿》《倦鹤近体乐府》《旧时月色斋词》

75. 陈巢南　《浩歌堂诗钞及续钞》《拜汲楼诗集》《挥戈录》

76. 陈蝶仙　《天虚我生诗词曲稿》《瓜山竹枝词》

77. 陈汉元　《半僧斋诗文集》《百尺楼诗集》

78. 邵瑞彭　《扬荷集》《山禽余响》《小黄昏馆词》《次公诗集》《次公词稿》《壮学堂文》

79. 吕志伊　《逊敏斋诗集》《偶得诗集》

80. 吕碧城　《吕碧城集》《信芳集》《晓珠词》《雪绘词》

81. 吴虞　《宜隐堂文集》《爱智庐诗》《吴虞文录续录别录》《秋水诗集》《杂言诗录》

82. 吴邦钰　《后汉书补注》

83. 吴眉孙　《寒芋词》

84. 吴悔晦　《弹赦集》《十国战事诗》《悔晦堂日记》《文集》《诗集杂诗》《悔晦堂笔记》

85. 吴梅　《霜崖文录》《霜崖诗录》《霜崖词录》《霜崖曲录》

86. 沈尹默　《秋明集》《秋明室诗词集》《归来集》

87. 沈宗畸　《晨风阁集》《南雅楼诗文》《南雅楼诗话》《南雅楼骈文》《南雅楼诗斑附繁霜词》《繁霜阁曲话》《便佳簃杂钞》《便佳簃读书记》《宣南梦忆录》《宣南零梦录》《晦闻室随笔》《都门本事诗》《塞上雪痕集》《东华琐录》《愧人集》

88. 沈昌直　《存庑读书偶笔》《文字源流》

89. 沈昌眉　《长公吟草》

90. 沈禹钟　《蘐照庐诗》《苏州集》

91. 沈厚慈　《在莒吟草》《悼亡诗百绝》

92. 沈钧儒　《寥寥集》

93. 沈剑霜　《剑霜龛遗稿》

94. 陆秋心　《秋心说集》《墨沼疑云录》

95. 陆更存　《绿波词》《幽忧集》《更存丛稿》

96. 杭海　　《弘道社诗文集》《漱瀣文存》

97. 周仲穆　《更生斋诗文集》

98. 周亮才　《天石诗钞》《鸣凤楼诗草》《阅江楼吟草》

99. 周实丹　《无尽庵遗集》《无尽庵札记》《无尽庵诗话》《无尽庵尊情录》《风雨怀人诗》《白门悲秋集（与高吹万、高天梅、高平庵、姚石子、何亚希、周人菊、左赚鏦、蔡哲夫、汪啸叔合作)》

100. 周芷畦　《断萍集》《燕游草》《燕游续草》《台宕游草》《探梅游草》《柳溪竹枝词》

101. 郑泽　　《郑叔容诗文词集》《萝庵遗稿》

102. 居正　　《梅川吟草》《梅川日记》

103. 郁曼陀　《曼陀诗钞》《静远诗集》

104. 林之夏　《幕府集》《海天横涕楼诗文集》

105. 林寒碧　《寒碧诗》

106. 林庚白　《丽白楼自选诗》《丽白楼诗话》《林庚白集外诗》《急就集》《吞日集》《水上集》《角声集》《过江集》《燹余集》《舟车集》《藕丝集》《空前词》

107. 杨了公　《梅花百咏》

108. 杨千里　《茧庐吟草》《茧庐长短句》

109. 庞独笑　《灵蕤阁诗话》《红脂识小录》《吴梼杌》

110. 庞檗子　《庞檗子遗集》《抱香簃随笔》《墨泪龛笔记》《龙

禅室摭谈》《灵岩樵唱》

111. 俞语霜　《春水草堂遗墨》

112. 俞剑华　《剑华集》《蜚景集》

113. 俞慧殊　《俞慧殊诗》

114. 洪荆山　《太完文编》《袭常宧诗集》

115. 姜丹书　《丹枫红叶室诗稿》

116. 姜可生　《怀人诗》

117. 范君博　《百琲词》《比珠词》《蠡园诗稿》《蠡园诗话》《小明月龛影事诗》《痛定词》《岁华丽语》《吴越国宫词》

118. 姚石子　《复庐文稿》《浮梅草》《荒江樵唱》《西泠缟纻集》

119. 姚鹓雏　《榆眉室文存》《恬养簃诗》《苍雪词》《红豆书屋近词》《老学集》《山雨集》《梅边集》《谏院集》《分搬董集》《西南行卷》

120. 胡石予　《半兰旧庐文集》《半兰旧庐诗集》《半兰旧庐诗话》《炙砚诗话》《秋风诗》《章村诗存》

121. 胡先骕　《忏庵文稿》《忏庵诗稿》《沧海楼词》《蜻洲游草》

122. 胡朴安　《朴学斋文存》《朴学斋诗存》《朴学斋词存》《朴学斋曲存》《朴学斋小说存》《朴学斋游记》

123. 胡栗长　《全韵诗》《粪心簃诗草及续集》

124. 胡寄尘　《秋山文存》《江村集》《福履理路诗钞》《上武诗钞》《他山诗钞》《村学诗钞》《胡寄尘诗》《胡怀琛诗歌丛稿》

125. 胡伟平　《南香诗钞》

126. 侯鸿鉴　《沧一堂诗文钞》《塞外纪游》《五十无量劫反省诗》《骥鹤唱和集》《藏经阁诗钞》《解放诗钞》《病骥游记》《病骥癸亥旅行记》《西秦旅行记》《浙东

旅行记》《东三省旅行记》《甲子稽古旅行记》《南洋旅行记》《寰球旅行记》

127. 柳亚子　《乘桴集》《南游集》《图南集》《骖鸾集》《鲁游集》《巴山集》《光明集》《蓬心草》《蓬心补钞》《湖海行吟草》《羿楼文集》《磨剑室文诗词集》《磨剑室诗话》《柳亚子诗词选》

128. 饶锷　《天啸楼集》

129. 闻野鹤　《野鹤零墨》

130. 费砚　《春愁秋怨词》

131. 费公直　《秋明阁诗稿》《秋明阁笔记》

132. 诸贞壮　《大至阁诗》《病起楼诗》《心太平室笔记》《箧书别录》

133. 奚侗　《庄子补注》《老子集解》《说文采正》

134. 奚囊　《绿沉沉馆诗词稿》《绿沉沉馆笔记》《香雪词》《均绿词》《湘碧词》《绣红词》《呢喃集》《玳梁忆语》《玳梁余墨》《逢云小阁诗话》《桐阴续话》

135. 钱祖宪　《畏垒山房文集》

136. 凌莘子　《紫云楼诗集》《惜秋花馆诗钞》

137. 谈月色　《梨花院落吟》《茶四妙亭稿》

138. 徐珂　《小自立斋文》《真如室诗》《纯飞馆词》

139. 徐半梦　《沧海星辰室文存》《海红楼诗录》

140. 徐自华　《听竹楼诗集》《忏慧词》《秋心楼诗词》

141. 徐信符　《南园考》《书目学》《古籍校读法》《屈原注释集粹》

142. 徐蕴华　《双韵轩诗草》

143. 高天梅　《天梅遗集》《未济庐诗集》《浮海词》《愿无尽庐诗话》《南娄劫灰录》

144. 高吹万　《吹万楼诗文集》《吹万楼日记》《望江南词六十
　　　　　　四阕》《拜鹃室词》《幽明唱和录》《湖海行吟草》
　　　　　　《思治集》《感旧漫录》《日本中兴先觉志诸人题
　　　　　　咏》

145. 高君定　《药轩漫稿》

146. 高卓庵　《自怡轩诗钞》《澹庵诗存》《啸天庐词存》

147. 黄侃　　《携秋华室词》《量守庐日记》

148. 黄梦邃　《一昔词》

149. 黄晦闻　《蒹葭楼诗》《蒹葭楼诗续集》

150. 黄宾虹　《宾虹诗钞》《宾虹游草》

151. 黄人　　《摩西遗稿》《摩西词》《石陶梨烟室集》《膏兰集》

152. 傅屯艮　《屯安诗文集》《屯安词》

153. 程善之　《倦云忆语》《骈枝余话》《沤和室诗文存》

154. 谢无量　《无量诗草》

155. 蒋万里　《振素盦诗钞》《清朝论诗绝句》

156. 赵正平　《仁斋文选》

157. 赵赤羽　《海沙诗钞》

158. 蔡哲夫　《寒琼遗稿》《寒琼室笔记》《蠹楼词》

159. 谭天风　《弯弧庐诗稿》

160. 潘兰史　《说剑堂集》《说剑堂外集》《说剑堂诗》《说剑堂
　　　　　　词》《说剑堂近著》《海上秋吟》《海山词》《老剑文
　　　　　　稿》《游樵漫草》《香海集》《长相思词》《珠江低
　　　　　　唱》《粤词雅》《闭门集》《弢弓集》《花语词》《悼亡
　　　　　　百韵》《江湖载酒集》《柏林竹枝词》

161. 王大桢　《小梅溪堂诗存》、《莫哀歌草词》

162. 王德钟　《风雨闭门斋诗稿》

163. 朱锡梁　《词律补体》

164. 刘泽湘　《钓月老人遗稿》
165. 狄膺　《小汀诗稿》《蘧庵诗稿》
166. 沈伯经　《天觊生遗诗》
167. 张冰　《冰湖诗集》
168. 邵天雷　《剥庐诗文集》
169. 赵苕狂　《玉碎珠沈录》《妇女奇冤双观》《真假婚事》《闺秀日记》《剑胆琴心录》《半文钱》《怪富人》
170. 周瘦鹃　《亡国奴日记》《南京之围》《卖国奴日记》

后记一

博士毕业快两年的时候,在业师杨海明教授的推荐下,我壮壮胆子向来苏州大学主持博士论文答辩的黄霖教授提出我想申请近代文学方向博士后师从他的愿望,黄老师当即表示了欢迎的意思,我于是很荣幸地成为了"黄门"弟子。

随后我便在黄老师的指导下,以题为"南社旧体文学作家群体研究——以交游考论为中心",顺利申请进站。黄师要求我从基本文献出发,阅读一本本南社社友的文学著述,并随手作出提要。一年之后,我获得了人事部博士后项目资助立项,在中期考核时,专家团教授认为此工作过于庞大,建议改题为"南社旧体文学著述叙录"。于是此后一年半时间我便一直在苏沪京三地图书馆逐一阅读馆藏南社社友的文学著述,以前读过的没有做提要者又重新阅读。虽然感到用在图书馆阅读的时间已经不少了,但是还是觉得没有完成原有计划,一度还有所懈怠沮丧,黄师不仅悉心指导,还热情鼓励和倍加宽容,允我以"初编"结题。因此,若这样一个小东西对后来的研究者还有些作用的话,那么,这都是要感谢黄师的指导和鼓励。

因为在图书馆阅读同时作叙录速度很慢,而所作叙录初稿还需要大量时间修改核校,所以我大概完成了我计划的三分之二的阅读量,整理修改的叙录草稿条目一半稍多些。同时我在阅读这些著述时均将其序跋复印或录入电脑,竟也积得二十余万字,编为《南社旧体文学著述序跋综录初编》,鉴于篇幅,则俟来日另行刊行。

　　校清整个"报告"的时候,竟然一点轻松感也没有,相反倒是感到还有很多的工作没有做,而完成的工作尚有很多的不尽如人意处需要修正。想想自己一路莽莽撞撞走来,能够忝列大学教师行列,常常让我对那些曾经帮助过我教诲过我的恩师生出无尽的感激之情。我从1995年随侍钱师仲联先生,后来硕士、博士一连四年,直至2003年钱师仙逝,得梦苕夫子教诲八年,这种感念将是一生的!我的博士学业后来在杨师的教诲督责下完成,杨师待我如自己孩子。如今身在黄门也如在家中,人的一生有如此的"学缘",真是一种福分!

　　带着这种幸福感,博士后将出站了,此后,或许可以再也不要为了一定要完成的任务写文章了。内子五年前博士后出站的时候长长地叹了一口气的情景仿佛在昨天,这五年应该感谢她宠着我,任由我"自我挥洒",其实我是跟着她的脚步慢慢在学术的旅途中前行的。

　　心怀感恩,我当坚韧前行,远方当有一方蓝蓝的天。

安子记于苏台秋庐

时壬辰深秋

后记二

从出站答辩到修改订补好这二十万字的博士后出站报告，我足足用了一年半的时间。虽然已经是定稿了，但似乎仍然还是没有一丝轻松的感觉。

这一年半我断断续续又增补了二万余字，本来这个出站报告就是十几年来的读书所积。我在师从梦苕夫子攻读研究生时起就已经将自己的研究兴趣调整到了清代和近代文学，当时喜欢清词和近代词，喜欢读一家家的词集，读一种就做一篇叙录。后来为了完成"清代《诗经》学研究"的硕士、博士论文，读清代《诗经》学著述更加勤些，读清代晚近人诗词文集则时断时续，其间所读不乏南社人的集子。博士后进站开题拟定了南社旧体文学著述为研究对象，二年半完成了初稿，提交答辩，壬辰年底通过答辩顺利出站。根据当时答辩专家的意见对答辩稿进行了修改核订和增补，才有了现在拙编的样子。

在这一年半的修改过程中，我仍然时时向博士后指导老师黄霖教授请教，正是有了黄师细致入微的指点，才避免了文中从字句到选目的一些错误，如选目中把河北遵化人王念祖误作绍兴人南社王念祖等。因此，这个出站报告的刊行凝聚了黄师的辛勤指导和审读全稿的汗水。在即将出版时，黄师又俯允赐序，寄以殷切的期望，此足以作为鞭策我学术前行懈怠时的"清醒剂"。感谢黄老师对我的厚爱！惟以再细致些地完成《南社旧体文学著述叙录续编》来报答师恩之万一。

在这一年半中还得到了复旦大学中文系傅杰教授的不少指点，他是出站答辩专家组委员。我与傅兄相识已经二十年了，沪苏两地，时相过从，他是我的挚友和畏友，感谢他对拙编的意见。其间我还请国家图书馆我的师姐晓春博士审读全稿，她提出了好些意见，并又复印了一些材料寄来助我修改，于此应表示真挚的谢意。在写初稿和修改期间援手帮助者尚有茆萌、晋如、惠俊、吴松诸博士，或代查原书，或订正讹误；徐瑛女史也帮忙录入很多原来我手写的文字，细致而认真。于此一并表示谢忱！

限于本人水平，本编中的不当和错误在所难免。不胜惴惴，谨请大方之家有教于我。

安子再记于甲午立秋